GUÍA ESENCIAL DEL
TAPIZADO

EDIMAT Libros

Dedicado a toda mi familia por su ayuda y apoyo: a mi querido esposo John; nuestros hijos Matthew y Jonathan y sus esposas Debbie y Jacqui; nuestros nietos Jacob, Georgia, Joshua y Thomas; y mis hermanas Patricia, Margaret y Rosemary.

Copyright © **EDIMAT LIBROS, S. A.**
Calle Primavera, 35
Polígono Industrial El Malvar
28500 Arganda del Rey
MADRID-ESPAÑA
www.edimat.es

© para lengua castellana EDIMAT LIBROS, S. A.

ISBN: 84-9764-731-9
Depósito legal: M. 26.335-2005

Título original: The essential guide to upholstery.
Editora senior encargada: Karen Hemingway
Redactores: Geraldine Christy y Justine Harding
Idea y dirección artística: Marylouise Brammer
Diseño: Caroline Verity
Fotografía principal: Andrew Newton-Cox
Fotografía adicional: Graeme Ainscough, Dominic Blackmore
y Joel Filshie
Estilización y textos adicionales: Deena Beverly
Estilización adicional: Georgina Dolling
Ilustraciones: Carolyn Jenkins
Traducido por: MTM Traducciones Matemagnum

IMPRESO EN ESPAÑA - *PRINTED IN SPAIN*

GUÍA ESENCIAL DEL
TAPIZADO

Dorothy Gates

Fotografías principales de Andrew Newton-Cox

CONTENIDOS

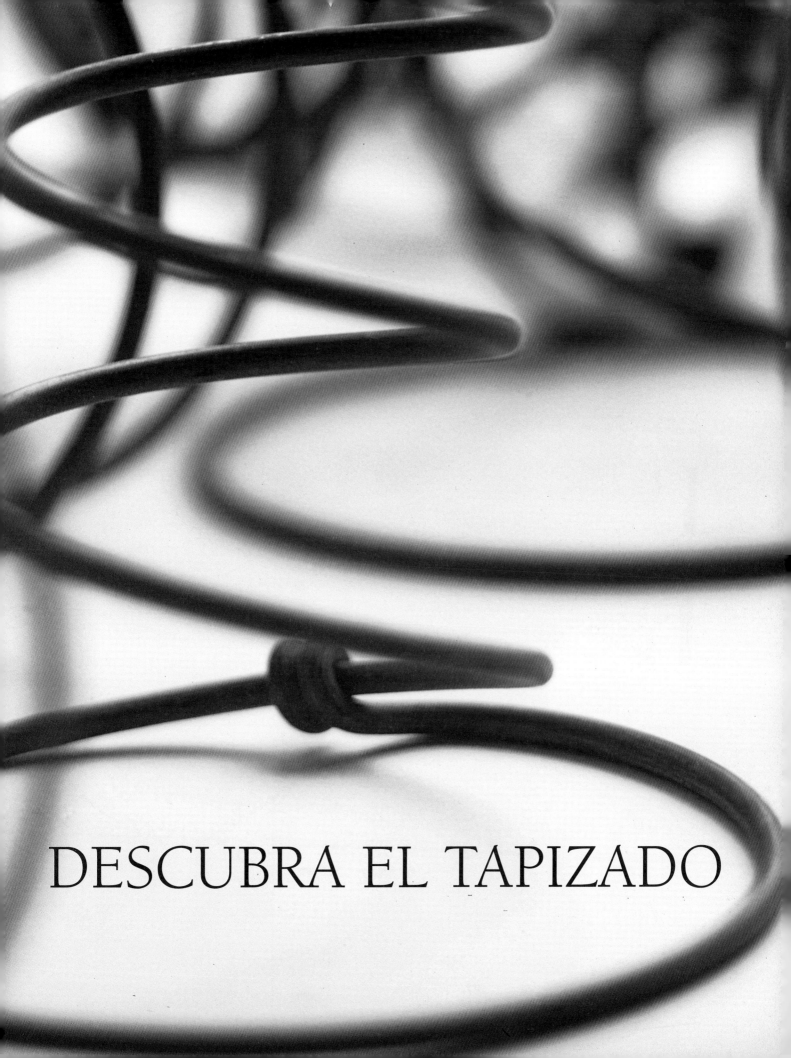

DESCUBRA EL TAPIZADO

Descubra el tapizado

Tanto si desea renovar sus muebles para darles un aire nuevo o tapizarlos de nuevo para que encajen con la nueva decoración, el tapizado le ofrece la oportunidad de cambiar el estilo y la personalidad de su casa. Además de explicar las técnicas del tapizado, tanto tradicionales como modernas, necesarias para un acabado digno de un profesional, este libro le aconseja sobre cómo elegir los muebles y le ofrece numerosas posibilidades para ayudarle a decidir el resultado final.

El tapizado de buena calidad aporta una comodidad y un estilo al hogar que hace que vivir en él sea un verdadero placer y que se pueda apreciar claramente. Si está dispuesto a hacerlo, no dudará en aprender las técnicas del tapizado por sí mismo y disfrutar de la satisfacción y el éxito que obtendrá al completar un trabajo que podrá compararse con el de un profesional.

El oficio y las técnicas del tapizado se han transmitido de generación en generación dentro de las familias y mediante el aprendizaje. Mi padre comenzó como aprendiz en 1925 y cuando se retiró era el responsable de dos generaciones más de tapiceros en nuestra familia. Habiendo crecido en este ambiente, me pareció natural dedicar toda mi vida profesional a este mismo oficio, volviendo a tapizar el mobiliario de los clientes y transmitiendo las técnicas a las siguientes generaciones de estudiantes. Mis dos hijos y mi hermana menor también se han dedicado a esto. Ciertamente es una profesión muy satisfactoria y espero que este libro transmita esas técnicas a los tapiceros aficionados que desean que su trabajo se aproxime a un acabado profesional y que, tal vez, busquen cursos para ampliar sus conocimientos y habilidades prácticas.

Guía básica del tapizado

Este libro le guiará a través de todo el proceso que implica el tapizado, desde evaluar las condiciones en las que se halla el mueble a restaurar, pasando por la reconstrucción del tapizado desde el armazón, en caso de que fuera necesario, hasta su tapizado con telas y embellecimiento con pasamanería. Le sugiere dónde puede encontrar piezas adecuadas para tapizar, en caso de no tener un proyecto diseñado por usted mismo, y le aconseja sobre las herramientas que va a necesitar y cómo crear un espacio de trabajo adecuado.

La sección Técnicas y Material le presenta un sillón de estilo victoriano con respaldo capitoné como muestra de las técnicas necesarias para tapizar una silla desde el armazón desnudo hasta la cubierta exterior y la pasamanería. Esto le ayudará a entender por completo los aspectos prácticos de

cada procedimiento y podrá realizar el seguimiento de este sillón por completo: desde la fase de retirar el anterior tapizado hasta decorar el nuevo tapizado. También se explican otras técnicas adicionales como tapizar orejeras, aplicar diferentes tipos de pasamanería y elaborar cojines. Las técnicas empleadas en el sillón victoriano con respaldo capitoné son lo más cercano posible a las tradicionales, utilizando materiales tradicionales, pero teniendo en cuenta las recomendaciones más actuales en cuanto a salud y seguridad se refiere. También se explica y se detalla la variedad existente de todos los materiales necesarios para tapizar, desde las cinchas y las tachuelas hasta la arpillera y el cordoncillo. A pesar de que algunos de los materiales que se usaban originalmente en las piezas antiguas no están disponibles en la actualidad, se pueden encontrar alternativas de gran calidad y los proveedores de material de tapizado sabrán aconsejarle al respecto. Por ejemplo, a pesar de que una amplia variedad de materiales incluyendo el «alva» (algas secas) eran utilizados como relleno antiguamente, hoy en día se tiende a utilizar fibras sintéticas y crin de caballo, que son más ecológicas

Esta página y la anterior: el tapizado se ha desarrollado a la par que la fabricación de muebles durante siglos. Las formas y técnicas del tapizado clásico florecieron en el siglo XVIII, como en este diván Hepplenwhite de estilo francés con dorados y retapizado en seda. Circa 1770, Clandon Park (The National Trust).

y resistentes al fuego. La sección Técnicas y Material será su guía y la considerará de incalculable valor a medida que aumente su repertorio de técnicas y trabaje en sus propios proyectos.

Puede elegir muchos tipos de muebles para tapizar y la sección Proyectos de este libro le ofrece una gran variedad tanto de piezas clásicas como modernas para mostrar la amplia gama de propuestas existentes. Cada proyecto ha sido elegido cuidadosamente para enseñarle los diferentes métodos, tanto si utiliza materiales actuales como espuma en el taburete tapizado, diferentes construcciones tradicionales como el claveteado en el taburete de estilo Chippendale o elecciones más atrevidas respecto al tapizado exterior, como aquellas elegidas en el sofá moderno o el arcón.

Todos ellos le muestran lo que se puede conseguir con técnicas seguras, imaginación y habilidad y es de esperar que le proporcionen soluciones prácticas a las decisiones que tendrá que tomar cuando se enfrente a sus propios proyectos.

También se le proporcionarán amplios consejos sobre cómo seleccionar los tejidos para tapizar, de manera que combinen y queden deslumbrantes. Se le proporcionarán ideas sobre cómo combinar los colores y cómo utilizar los distintos dibujos y texturas para crear una combinación que encaje con el mueble y con el resto de su mobiliario. Estas sugerencias se comentan en la sección La elección de la decoración y se desarrollan de manera más extensa a lo largo del libro para despertar su imaginación e inspirarle. El estilo es una cuestión personal y algunas de las ideas le parecerán extrañas al principio, pero intente imaginárselas todas en conjunto y sobre el mueble. Experimente un poco con ellas y adquirirá más confianza para realizar propuestas cada vez más innovadoras.

La historia de los tapiceros

A medida que practique las técnicas del tapizado y comience a sentir la satisfacción de ser capaz de hacer que los muebles cobren vida de nuevo, irá adentrándose en el mundo de los maestros tapiceros y practicando su oficio, en otros tiempos muy apreciado. A través de los siglos, una vez que los tapiceros se hubieron establecido, el tapizado evolucionó hacia un oficio distinto con unas técnicas prácticas y decorativas tradicionalmente aceptadas. En Inglaterra, por ejemplo, los gremios del comercio se vieron obligados a establecer niveles, a organizar el aprendizaje y a preocuparse del bienestar de sus miembros. En la ciudad de Londres, algunos de estos gremios para diferentes tipos de oficios comenzaron a ser conocidos como *livery companies*, cuyo nombre provenía de la librea o traje ceremonial que llevaban en ocasiones oficiales. Los tapiceros, *upholster* en la actualidad, eran conocidos originalmente como *upholder*. En 1626, se le entregaron los reales estatutos a la *Worshipful Company of Upholders* (la honorable compañía de tapiceros de Londres), a pesar de que habían comenzado sus actividades en el siglo XIV. La compañía aún prosigue sus actividades enseñando a los alumnos el tapizado y a elaborar mobiliario ligero, cortinas, cojines, ajuares, etc., apoyando con ayudas y becas a aquellos que quieren aprender el tapizado de manera profesional.

El papel de los tapiceros ha cambiado considerablemente a lo largo de los siglos. En el siglo XVII, el tapicero era un empleado fundamental en una casa puesto que era el responsable de todo el mobiliario textil. En aquella época, su responsabilidad principal era para las colgaduras de la pared y de las camas, aunque también incluía los asientos tapizados y, además, el interior de los ataúdes. Gradualmente, el papel de los tapiceros se fue volviendo cada vez más fragmentario, debido en gran medida a la disminución de la disponibilidad y extensión del aprendizaje. Esto llevó a la gente de los gremios a especializarse en los muebles, en el enmoquetado, en el

mobiliario ligero o en tapizar las paredes, en vez de ser formados en las áreas tradicionales del tapizado como se hacía dos generaciones antes. La producción de nuevos asientos para el hogar, con sus procesos modernos y el uso de la máquina de coser, les llevó a una mayor especialización si cabe. La elaboración con máquinas de los muebles modernos puede ser una parte vital del diseño, pero no todos los tapiceros se sienten cómodos utilizando una máquina y así el papel del maquinista, que antiguamente iba por separado, ahora es importante. A pesar de que la industria del mueble persigue la aproximación a un mercado de masas, todavía existe una demanda de las técnicas tradicionales del tapizado, la mayor parte de las veces en manos de pequeños negocios o de aquellos que aprenden estas técnicas para su propio disfrute. Como resultado se ha dejado de aplicar el estereotipado rol de hombres y mujeres, ya que muchas mujeres se dedican actualmente al tapizado tradicional y muchos hombres son buenos maquinistas y fabrican cortinas, ajuares, mobiliario ligero...

Abajo: un buen ejemplo del primer tapizado, esta silla inglesa de roble aún conserva su cubierta de piel original, que está fijada a la estructura simplemente con clavos. El claveteado se extiende también por toda la estructura. Circa 1660, Geffryre Museum.

En esta página y la siguiente: esta silla de William y Mary de nogal, con su actual cubierta de bordado y flecos de seda es el típico asiento decorado de manera elaborada perteneciente a las clases más pudientes. Las técnicas de fabricación de la silla y el tapizado estaban aún en sus inicios, pero la cubierta confirma, aún hoy, que pertenecía a una clase alta. Circa 1700, Clandon Park (The National Trust).

Breve historia del tapizado

El deseo de crear un entorno atractivo y confortable en el que vivir es una característica universal de la naturaleza humana que, por supuesto, también se refleja en el mobiliario doméstico. A medida que las ideas sobre el estilo y la forma de los muebles han ido desarrollándose, la habilidad y las técnicas que estaban a disposición de los tapiceros también lo han hecho. Sin embargo, no cabe duda de que en su comienzo fueron muy sencillas. Probablemente, cuando el hombre habitaba en las cavernas colgaba de la puerta pieles de animales como cortinas. Una vez provistos de una pequeña sensación de privacidad y un poco de calor, posiblemente desearan una mayor comodidad y utilizaran las pieles para elaborar un asiento mullido.

En la Edad Media, el interior de las casas era más confortable que en la época anterior y el tapizado comenzó a jugar un papel muy importante a la hora de decorar el interior de las casas de los más ricos. Esta decoración se constituía por lo que ahora se considera mobiliario sencillo, en forma de colgaduras de camas y paredes y cojines acolchados, dotando a las superficies de más comodidad, aunque también había una base sencilla de cinchas, lona o piel para escabeles, sillas y aún tronos, de decoración muy elaborada que ya mostraban los comienzos rudimentarios de los muebles tapizados.

A principios del siglo XVII, empezaron a acolcharse los asientos de las sillas; pero este tipo de tapizado aún seguía siendo muy básico. Se usaba todo tipo de relleno: aserrín, hierba, plumas, pelo de ciervo o cabra y crin de caballo, aunque en Inglaterra, la Livery Company prohibió el uso de pelo de cabra y de ciervo e impuso sanciones por tratarse de un delito. El relleno se amontonaba sobre la base de madera y se fijaba a ella mediante cubiertas decorativas y clavos. Esto produjo una característica y sencilla forma abombada, que se curvaba hacia los bordes del asiento y se decoraba con telas muy elaboradas y pasamanería dependiendo de la economía del dueño.

Hacia finales de siglo, los tapiceros comenzaron a desarrollar técnicas para distribuir y dar forma al relleno de una manera más controlada. La crin de caballo rizada empezó a utilizarse como relleno y era más fácil de fijar con puntadas de bramante, que se desarrollaron a partir de las técnicas utilizadas en las sillas de montar. De este modo, las capas del relleno podían distribuirse uniformemente asegurándose que quedaban fijadas en su sitio. En un primer momento, con el fin de que los cojines que servían de acolchado para el sofá (un cojín más bajo) fueran más estables, se les insertaba ligaduras, no sólo como cojines sueltos, sino también como una estructura acolchada bajo el tapizado superior, fijo al asiento. Aparecieron rollos acolchados en el borde de la parte delantera de los asientos, siendo primero el soporte para los cojines y más tarde para fijar rellenos más abultados bajo el tapizado exterior ya fijo.

Este crecimiento de experiencia dotó a los tapiceros de un mayor control sobre sus materiales y permitió que el tapizado se usara a lo largo de las formas curvadas del respaldo y de los reposabrazos, a medida que el mobiliario adquiría formas curvilíneas.

El tapizado clásico

Actualmente, se cree que las formas y técnicas clásicas del tapizado, que floreció en el siglo XVIII como estructuras de muebles de líneas elegantes y proporción, eran acompañadas por tapiceros que las ejecutaban de manera experta. Anteriormente, las telas lujosas y la pasamanería habían ocultado las toscas sujeciones con alfileres, pero ahora el conocimiento técnico de los tapiceros significaba que ese relleno podía controlarse a través de líneas rectas y curvas, otorgando nuevos niveles de comodidad y una elegancia indicada de manera sencilla. El tapizado siguió las líneas suaves y flotantes de los muebles con una confianza basada en técnicas muy cercanas a las que usamos en la actualidad. En sillas con el asiento curvo, respaldo y reposabrazos, los rollos acolchados de los bordes se mantenían en su sitio mediante un colchón de puntadas que le daba una forma compacta pero suave que seguía las curvas del armazón. Otro estilo se caracterizaba por líneas rectas, y el tapizado de estas sillas y sofás era de un perfil mucho más cuadrado. Se añadía un canto para aportarle altura y el rollo del borde se cosía firmemente para darle forma de esquina.

A finales de siglo, las técnicas que se usaban para crear este estilo se desarrollaron hasta acercarse a las que utilizamos en la actualidad. El canto se sustituyó por una sola pieza de lino o cañamazo, que cubría el asiento acolchado y se clavaba al armazón. También había evolucionado la combinación de la puntada ciega cerrada y la de vuelta redonda, que unían las superficies lateral y superior, y elevaban el relleno para hacer un borde superior firme. De entre las telas que se utilizaban para tapizar, la seda y el damasco eran las más populares en las casas de los ricos, aunque a menudo se usaban telas más sencillas y baratas en colores para complementar en el respaldo exterior. La pasamanería también se utilizaba de manera experta para realzar las formas del mueble e incluía el insertado, el claveteado, los ribetes y el galón.

A comienzos del siglo XIX, la preocupación por el minimalismo había llegado a tal extremo que tanto los muebles como la ropa se convirtieron en víctimas de la moda. El sentido de la austeridad había prevalecido en los periodos de la Regencia, el Imperio y el Estado Federal y podía verse en las líneas muy tirantes de los muebles, basadas en los estilos de la Grecia antigua y Egipto. Las formas se volvieron angulosas, las superficies duras, los bordes afilados e incluso los cojines se añadían sólo para dar efecto. La pasamanería también hizo hincapié en este minimalismo con cordones que resaltaban la línea, las borlas que acentuaban el punto de enfoque y los flecos que colgaban como frágiles telarañas.

Izquierda y página siguiente: las líneas sinuosas y el respaldo acolchado de este canapé con dorados fue posible gracias al desarrollo de la experiencia técnica de los tapiceros. De estilo típicamente francés, este canapé se tapizaba en seda. Circa 1770, Clandon Park (The National Trust). Abajo: esta silla inglesa de caoba nos muestra un estilo distinto del siglo XVIII. El contemporáneo tapizado bordado ha sido diseñado especialmente para ajustarse a las líneas rectas y cuadradas del armazón. Circa 1720, Clandon Park (The National Trust).

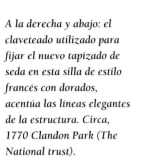

A la derecha y abajo: el claveteado utilizado para fijar el nuevo tapizado de seda en esta silla de estilo francés con dorados, acentúa las líneas elegantes de la estructura. Circa, 1770 Clandon Park (The National trust).

La opulencia victoriana

A medida que el siglo iba avanzando, se volvió a un estilo más relajado y al deseo de comodidad, dando lugar a lo que actualmente se considera como el estilo muy recargado característico del tapizado victoriano. Con la llegada de la producción en masa, los muebles tapizados estaban disponibles en gran cantidad y llegaban a todos los niveles sociales, incluyendo la clase media y la trabajadora. La disponibilidad de muelles de acero de mejor calidad y el desarrollo de las técnicas para mantener el tapizado en su sitio significó que el tapizado se podía llevar a cabo sobre asientos, respaldos y reposabrazos con relativa independencia de la estructura y la forma. El relleno se volvió aún más complejo, a los bordes se les fue dando formas muy elaboradas de rollos y volutas y el capitoné plisaba las telas en formas suaves y acolchadas. Las coberturas exteriores elaboradas con un diseño cargado y colores brillantes eran muy populares, a veces en contraste con un sencillo canto de terciopelo, superficies exteriores y doseles. Cada tipo de pasamanería concebible se usaba, no sólo para unir telas o esconder costuras y bordes, sino por la pura exuberancia de la decoración y su perceptible valor añadido, desde bordes de ruche fruncidos hasta doseles y copiosas cantidades de pasamanería. El resultado fue un lujo de grandes curvas y opulencia de telas y adornos que muy a menudo cubrían por completo la calidad del mueble que quedaba debajo, pero era la manera de mostrar la riqueza y el nivel social del propietario.

Aunque este estilo era evocador de una época, comenzó a surgir una reacción en contra a finales de siglo. Más sencillo, de líneas más fluidas, colores más suaves, y con tendencia a minimizar la pasamanería a elementos como, por ejemplo, clavos de latón y cordoncillos, que comenzaron a adquirir cierta relevancia gracias al interés en el diseño japonés y la influencia del movimiento artístico y técnico.

Desarrollos modernistas

A medida que se entraba en el siglo XX, el punto de enfoque de la sala de estar fue un juego de tres piezas, tapizado típicamente con piel, damasco, moqueta o algodón estampado. Los muebles tapizados estaban aún de moda y se utilizaban los métodos y técnicas tradicionales.

La escasez de materiales a causa de la guerra limitó la industria y en Inglaterra, por ejemplo, la industria de muebles estaba sujeta al *Utility sheme* (plan de utilidad) hasta principios de 1950. Aunque el estilo era simple hasta llegar a la austeridad, debían seguirse los estándares de un gobierno estricto, asegurando así una buena calidad y durabilidad.

En la segunda mitad de siglo, los nuevos materiales inspiraron un diseño más experimental, a veces con formas esculturales. El armazón de fibra de vidrio acolchado con espuma se fabricó en sillas con forma de útero y se moldeó la madera contrachapada con formas fluidas. El acero en forma de tubos y el aluminio permitieron ideas innovadoras

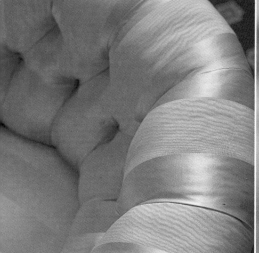

A la izquierda y arriba: el capitoné profundo, las formas bien acolchadas y la pasamanería muy elaborada eran muy populares en la época victoriana y todas hacen aparición, aunque de forma sobria, en esta chaise lounge retapizada en seda con sus borlas contemporáneas. Circa 1840, Hughendon Manor (The National Trust).

Arriba: la devoción a la religión victoriana y el esplendor se muestran a sí mismos en el trabajo con la lana y los abalorios en el tapizado contemporáneo de este reclinatorio. Circa 1850, Geffrye Museum. Página siguiente: la forma simple y escultural de la silla Balzac diseñada por Matthew Hilton en 1991 alcanza un estilo elegante para el siglo XX. Geffrye Museum.

para las formas, y el tapizado se redujo a piel o eslingas de cañamazo. Otros diseños de asientos mostraron que no necesitaban el acolchado en absoluto. Limitando la necesidad del largo proceso de las técnicas de tapizado, se rebajaba el tiempo de fabricación, se reducían los costes y los muebles se consideraban como un objeto de usar y tirar.

Actualmente, existe una gran variedad de construcción y diseño de muebles, desde la reproducción de distintos estilos a aquellos que se inspiran en la era espacial. De todas formas, los muebles tapizados más populares producidos en cantidades industriales se ven influenciados por la demanda de comodidad a un precio asequible, requiriendo el uso de muelles en los asientos, puntadas industriales de las coberturas exteriores y cojines sueltos en lugar de los rellenos fijados y cosidos de manera tradicional.

La vuelta a la tradición

Los nuevos materiales y técnicas de fabricación nos ofrecen gran variedad en la elección de muebles tapizados que aportan comodidad y cierto estilo a nuestros hogares. Pero estamos empezando a apreciar los beneficios de los probados materiales naturales y las técnicas tradicionales. Incluso aunque satisfacer este cambio de valores sea poco económico para los fabricantes, puede aprender a perpetuar esta rica tradición del trabajo por sí mismo tapizando sus propios muebles. Con una riqueza de diseños históricos y contemporáneos entre los que elegir, su tapizado puede ser tan único como usted quiera y tan sólo se verá limitado por su imaginación.

Tanto si dispone de un par de muebles que terminar como si desea tomarse el tapizado más en serio, espero que disfrute de este libro y quede satisfecho de un trabajo bien hecho.

CÓMO EMPEZAR

Cómo empezar

Reconocer el potencial de un mueble desvencijado y transformarlo en un bonito tesoro del tapizado es uno de los grandes retos que conlleva el hecho de aprender este oficio. Las siguientes páginas le indicarán cómo encontrar algo que recompense sus esfuerzos, le explicarán cómo planificar su espacio de trabajo y le describirán las herramientas básicas que necesitará tanto para los métodos del tapizado tradicionales como actuales.

Dónde encontrar los muebles

Muchos de nosotros heredamos muebles de diversas procedencias. Tal vez nuestros amigos o parientes se están mudando y han decidido comprar muebles nuevos y deshacerse de los antiguos. Estos muebles, por regla general, han estado bien cuidados y no necesitan grandes arreglos, pero el tapizado puede estar ligeramente desgastado o pasado. Con una pequeña atención puede restaurar estos muebles y adquirir una pieza entrañable.

Si no dispone de este tipo de muebles, existen muchos lugares en los que puede encontrar piezas interesantes que recompensarán su trabajo. Buscar proyectos adecuados es entretenido y puede encontrar gangas sorprendentes. Incluso buscando en el desván o el cobertizo posiblemente encuentre algunos muebles que tenía olvidados. Los contenedores de basura pueden aportar una gran variedad de artículos, incluyendo una silla desparejada, y el basurero local puede ser también un buen lugar en el que buscar. No es probable que descubra una antigüedad de valor, pero tal vez encuentre un armazón firme que valga la pena tapizar.

Otras fuentes son las tiendas de muebles de segunda mano, las tiendas de antigüedades o las subastas. Busque en su periódico local las ferias de antigüedades o subastas que se vayan a celebrar próximamente. También vale la pena buscar fuentes similares cuando está de vacaciones y visite mercadillos cerca de su casa y en países más lejanos.

Cómo elegir los muebles

El sillón de respaldo capitoné que se ha elegido para mostrarle las técnicas del tapizado tradicional es un buen ejemplo de cómo buscar un mueble. Lo encontré por casualidad en una tienda de segunda mano, que tenía muebles antiguos en el patio y simplemente pregunté al propietario de la tienda si tenía algo que necesitara ser tapizado por completo. Sacó este sillón que se caía a pedazos. A pesar de que no era precisamente barato, era justo lo que necesitaba y tenía un gran potencial.

Este tipo de sillón siempre ha sido muy popular debido a la anchura y profundidad del asiento, que aporta apoyo, a la vez que una gran comodidad. Es lo suficientemente grande como para que quepan personas de gran complexión corporal, mientras que las personas de menor tamaño pueden acurrucarse plácidamente. El respaldo es de un tamaño adecuado para apoyar la cabeza, y los reposabrazos son sólidos sin ser demasiado abultados.

Este tipo de sillón tradicional puede encontrarse en muchos hogares. Normalmente, se retapizan mediante técnicas tradicionales y, a parte del tapizado desgastado, muchos pueden conservar aún el tapizado original o incluso puede que sólo se hayan retapizado una vez. Otros pueden haber sido tapizados

No haga caso del tapizado anterior cuando busque muebles para tapizar. En vez de eso, busque piezas que tengan una buena estructura y su inversión valdrá la pena, tanto en tiempo como en dinero.

más de una vez (nuestro sillón tenía tres tapizados, uno encima de otro). No valía la pena salvar nada del antiguo tapizado, así que era cuestión de comprar materiales nuevos y tapizarlo desde cero. En tal caso, es mejor que se pregunte si quiere lo suficiente a ese sillón como para meterse de lleno en este asunto o si le va a valer la pena restaurarlo.

Cómo evaluar el armazón

El primer paso para decidir si el trabajo de retapizar la pieza le va a recompensar económica o estéticamente es verificar que el armazón está en buen estado. Coloque el mueble en el suelo y empújelo desde atrás; después por los lados para ver si se balancea o es inestable. No es un método definitivo ya que a veces es la tela la que mantiene la estructura firme, aunque, por regla general, es una buena manera de comprobarlo tanto para muebles tradicionales como modernos.

Si el armazón tiene partes de madera, verifique si existen tallas que haya podido pasar por alto. Considere si va a ser capaz de restaurarlas por sí mismo o si va a encargar a un profesional que las restaure y las pula. En este último caso, decida cuánto tiempo y dinero está dispuesto a invertir.

Si le satisface la solidez del armazón, quite todas las coberturas y rellenos antes de repararlo o pulirlo.

Cómo reparar el armazón

Reúna sus herramientas antes de comenzar y proceda a desnudar el armazón (véase página 50). Después, investíguelo a fondo para averiguar la extensión de cualquier desperfecto y la fuente de la inestabilidad.

Si la estructura tiene los travesaños dañados, encargue su reparación a un profesional. Si es inestable, limpie las juntas problemáticas, encólelas y fíjelas de nuevo en su posición natural. Utilice una sargenta o gato para mantener unidas dos piezas de madera mediante presión mientras que se seca la cola. Este tipo de grapa está hecha de metal sólido en forma de

«G» y está disponible en muchos tamaños. Regule la sargenta para que se ajuste al armazón girando el tornillo hasta que quede bien firme. Utilice un bastidor para la sargenta con el fin de mantener el armazón unido o las junturas en su sitio hasta que se seque el adhesivo. Coloque el tornillo a lo largo de la longitud de la sargenta y póngala alrededor de la zona dañada. Regule la presión que debe aplicar girando el tornillo hasta que quede firme.

Rellene también los agujeros que vea en el armazón y rebájelos con una mezcla de cola y aserrín. Deje los agujeros hechos por las tachuelas, ya que se cerrarán cuando coloquemos las nuevas. Cuando se seque la mezcla elimine el sobrante con papel de lija hasta que se quede al mismo nivel que el resto de la superficie.

Cómo rematar el armazón

Si el armazón o las patas necesitan un pulido, encerado o una mano de pintura, hágalo antes de comenzar a tapizar. Limpie el pulido anterior mediante un decapante o, si la superficie sólo necesita una limpieza, utilice una mezcla de agua y vinagre. Lije la superficie y tiña o píntela del color adecuado.

En algunos casos, deberá quitar la pintura anterior del armazón. Utilice un decapante y lana de alambre para eliminar los residuos y devolver la madera a su estado original. Si el mueble está en muy mal estado, pida consejo antes de intentar restaurarlo usted.

Muchos armazones, especialmente las reproducciones, pueden comprarse como madera blanca para teñirla y pulirla a su gusto o hacer que se la pulan.

Cuando la estructura quede reducida a la madera desnuda, puede ser encerada, pulida o pintada. Existen diversidad de acabados que puede utilizar, dependiendo de sus gustos y preferencias, el estilo del mueble y el uso que se le vaya a dar. Cuando esté seco, púlalo con un paño suave o un tampón para pulir. Envuelva las patas con calicó o estoquinete, en caso de que hayan sido pulidas o pintadas de nuevo, para evitar que se estropeen durante el tapizado. Si está trabajando en una silla con un asiento abatible, asegúrese de que el asiento sigue encajando en esta fase.

Dónde obtener el material

A lo largo del libro, aparece una descripción del material que necesitará para el tapizado así como de las técnicas utilizadas.

Si está en buenas condiciones, podrá volver a utilizar el material en otras ocasiones. De todas formas, es conveniente cambiarlo regularmente; este tipo de material está disponible en ferreterías. Asimismo, puede conseguirlo en los tapiceros locales, aunque algunos de ellos podrían mostrarse reticentes en cuanto a vender pequeñas cantidades. Determinados mayoristas ofrecen un servicio de venta por correo, aunque posiblemente tengan estipulado una cantidad mínima de pedido. Si dispone de un almacén o puede agruparse con otros estudiantes, considere la opción de adquirir cantidades mayores puesto que le saldrá más económico. Como punto de referencia al final del libro encontrará un listado de proveedores.

El espacio de trabajo

Disponer del espacio de trabajo adecuado es esencial, especialmente si desea tapizar muebles de gran tamaño. Si cuenta con mucho espacio, deberá planificar cómo acondicionarlo o de lo contrario correrá el riesgo de llenarlo con demasiadas cosas y apenas dispondrá de espacio para trabajar. Para espacios pequeños también deberá planificarse y de manera más cuidadosa.

Si tapiza por afición, probablemente utilice cualquier espacio disponible en su casa en ese momento, y por tanto deberá estar preparado para trasladar sus cosas de un lugar a otro, por ejemplo, del garaje al salón y del salón al garaje. En estas condiciones, terminar un proyecto requiere mucha dedicación, pero el resultado merece la pena. La mayoría de aficionados aprenden a improvisar con el espacio del que disponen, a pesar de que lo ideal es ocupar un espacio por completo, como una habitación que esté libre o un garaje. El espacio necesario debe ser al menos de 3x3m para dejar el suficiente espacio en la habitación como para trabajar cómodamente, guardar las herramientas y acomodar muebles grandes, como por ejemplo, un sofá.

Abajo: tenga en cuenta todo el espacio cuando diseñe su espacio de trabajo, incluyendo las paredes.

Es más fácil trabajar si eleva los muebles con respecto al nivel del suelo. Un par de caballetes de 76cm de altura serían muy útiles; también podría utilizar una mesa baja. La mesa debería al menos ser tan ancha como la media de la anchura de la tela, 137cm, y lo suficientemente larga como para permitir que se corte la tela a medida que la desenrolla, como mínimo 137cm, ya que facilita esta labor. También puede resultarle útil una mesa abatible, ya que cuando no trabaje en ella puede recogerla y disponer de más espacio libre. Para la superficie sobre la que cortará la tela en la mesa de caballete, puede utilizar madera contrachapada o aglomerada, pero recuerde que aún necesitará espacio en el suelo para los muebles cuando utilice la mesa para cortar. Si no tiene a su disposición una mesa, puede utilizar el suelo para cortar, pero asegúrese de que está completamente limpio antes de comenzar.

Para trabajar de manera segura y teniendo facilidad de movimiento, deje al menos 75cm de espacio libre alrededor del mueble en el que está trabajando. Recuerde que probablemente necesite espacio para una máquina de coser y enchufes adecuados, en caso de que utilice herramientas eléctricas.

Muchas escuelas y colegios locales imparten clases de tapizado. Generalmente, estos cursos cuentan con medios, así que antes de alterar toda la casa en un intento de encontrar espacio, inténtelo primero en una de estas clases.

Si tiene intención de establecer un negocio de tapicería, su espacio de trabajo dependerá del local que encuentre y que pueda pagar, que deberá cumplir con la normativa que afecta a los locales comerciales.

Abajo: si cuelga las herramientas de la pared podrá mantenerlas limpias y en orden y también en buenas condiciones.

Herramientas

El tapizado no requiere muchas herramientas. Las más básicas consisten en un mazo, un formón, dos martillos, tijeras, un tensor para los trabajos tradicionales y agujas para tapizado. La lista que se ofrece a continuación describe cada una de las herramientas del tapicero e incluye algunas más que pueden serle útiles, muchas de las cuales podrá adquirir a medida que las vaya necesitando. La mayoría de los tapiceros modernos también confían en las herramientas eléctricas, pero todavía siguen guardando una serie de herramientas básicas para utilizarlas cuando las necesiten.

1. REGLA DE MADERA O ACERO. Regla de un metro que utilizará cuando corte plano sobre la mesa.

2. FLEXÍMETRO. Se usa para medir grandes superficies.

3. TIJERAS. Dos pares. Utilice un par de hoja larga para cortar las telas en la mesa y otro par de hoja pequeña para cortar y para darle forma a la tela y así adaptarla al mueble.

4. MAZO. Se utiliza junto con el formón para quitar el anterior tapizado al mueble. Hay muchos tipos a su disposición, ya sea con la cabeza cuadrada o redonda.

5. TENSOR DE CINCHAS. El tipo de pala y clavija es el más utilizado, pero también existen los tensores de pico. Los tensores de piel se utilizan a veces para tensar las cinchas; son especialmente útiles para los extremos pequeños de cinchas ya que no necesita más para ensartar el tensor.

6. JABONCILLO. Se utiliza para marcar. Es aconsejable que lo utilice en el envés de la tela, en caso de que sea posible, ya que no siempre es posible borrarlo.

7. MARTILLO DE OREJAS. El gancho que hay al final es para desclavar las tachuelas o los clavos y el otro extremo es para trabajos más duros, como el cinchado.

8. FORMÓN. Se utiliza junto con el mazo para quitar las chinchetas cuando se destapiza.

9. DESPUNTADOR. Esta herramienta tiene un extremo metálico que se divide en forma de horca. La horca se pone debajo de la tachuela, permitiendo así el levantarla y quitarla.

10. MARTILLO MAGNÉTICO. Este tipo de martillo es útil para dejar una mano libre cuando trabaje, ya que al tener un extremo magnético dejará fija la tachuela en su extremo para que usted sólo tenga que colocarla. Su uso requiere cierta práctica, antiguamente los tapiceros ponían las tachuelas en su boca, de manera que podían trabajar con mayor rapidez,

empujando la punta con la lengua hacia el martillo (se recomienda no hacerlo). A veces se tragaban la tachuela, pero el remedio era comerse un trozo de pan inmediatamente después de que esto hubiera sucedido.

11. *REGULADOR.* Esta herramienta multiusos es útil para mantener la tela en su sitio mientras se clava, al mismo tiempo que se regula el relleno en los bordes bordados. La hoja plana sirve para colocar los pliegues cuando se hace el capitoné profundo.

12. *PUNZÓN.* Sirve para marcar la madera o hacer marcas guía.

13. *QUITA GRAPAS.* Se utilizan para quitar las grapas cortándolas por la mitad y sacándolas después de la madera. Se pueden comprar en una ferretería.

14. *PINZAS.* Se pueden utilizar como tenazas. Tienen un mejor mango y una cabeza más pequeña.

15. *CUCHILLO PARA MANUALIDADES.* Se utiliza para cortar en forma de esquina y para eliminar el exceso de tela.

16. *MARTILLO DE CARPINTERO.* Un martillo con una cabeza muy pequeña que se utiliza para trabajar en madera vista o superficies delicadas.

17. *CINTA MÉTRICA.* Se utiliza principalmente para medir objetos rodeándolos cuando necesite calcular la cobertura.

TENAZAS. Se utilizan para quitar tachuelas y clavos. Algunas tenazas tienen un extremo en forma de gancho para llegar a sitios complicados. *ESCOFINA* o *RASPADOR.* Sirve para desbastar las esquinas de las sillas antes de desclavar el cañamazo.

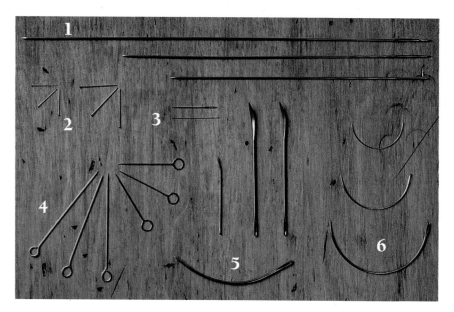

Herramientas eléctricas

Los métodos modernos de tapizado incluyen el uso de una gran cantidad de herramientas eléctricas para ahorrar tiempo. En algunos casos, también se combinan con los métodos tradicionales porque son menos agresivas y no dañan tanto los muebles de madera delicados.

Asegúrese de que tiene suficientes enchufes y de que están situados convenientemente para ser utilizados con un margen de seguridad mientras trabaja. Desenchufe cualquier herramienta eléctrica que no esté utilizando en ese momento.

1. PISTOLA DE ENCOLAR. Se utiliza, sobre todo, para encolar pasamanería. Las barras de cola se funden y según se presiona el gatillo, va saliendo el adhesivo. La desventaja es que el pegamento se endurece con mucha rapidez, así que es necesario colocar el adhesivo con cierta exactitud. (También tiene a su disposición tubos de pegamento especial para tela con los que se trabaja mejor).

2. GRAPADORA AUTOMÁTICA. Es una máquina esencial en la mayoría de los trabajos de tapizado modernos. Incluso en el tapizado tradicional se utilizaban las grapas en el rebaje, ya que esta técnica dañaba mucho menos la madera que las tachuelas. La grapadora es muy precisa cuando se utiliza, según toca la pared. (Las tachuelas todavía se utilizan, ya que para hacer un tachonado temporal son más fáciles de quitar que las grapas).

Las grapas están disponibles en 8mm, 10mm y 14mm. Los diferentes tamaños y grosores dependen de la fábrica de la grapadora.

3. MÁQUINA UNIVERSAL INALÁMBRICA. Esta herramienta puede utilizarse como destornillador o taladro gracias a los distintos accesorios que posee. Se tiene que recargar la batería, pero es muy útil en caso de que esté trabajando en un mueble que no tenga cerca ningún enchufe.

Agujas y alfileres

Existen muchos tipos de agujas y alfileres para profesionales del tapizado. Las agujas están diseñadas para los distintos usos y para coser todo tipo de materiales. Los alfileres están diseñados para sujetar la pieza de tapizado firmemente, mientras usted sigue trabajando otras partes del mueble.

1. AGUJA BICIPILE O DE COLCHONERO. Su punta es redondeada en cada extremo y un ojo en uno de ellos. Se utiliza principalmente para las puntadas en los bordes, las ligaduras para el relleno y el capitoné. Está disponible en diferentes tamaños desde los 20cm hasta los 40cm.

2. ALFILERES PARA TAPIZADO. Son unos alfileres de acero con una punta fina y fuerte. El tamaño más común es el de 3 y 4cm, se utilizan para sujetar y fijar en su sitio la tela.

3. AGUJAS DE COSER. Agujas rectas de coser con punta muy afilada; son muy útiles en diferentes longitudes y anchuras. Use agujas de tapizado de punta roma cuando sea necesario.

4. ESPETONES O USONES. Se usan para lo mismo que los alfileres, pero son mucho más largos y fuertes. Están disponibles en diferentes tamaños a partir de 10cm.

5. AGUJA PARA MUELLES. Aguja curva con punta de bayoneta que se usa para coser cinchas y arpilleras y cuando se cosen los muelles. La AGUJA DE ARPILLERA es parecida pero con el extremo superior curvado.

6. AGUJA CIRCULAR. En la actualidad tiene forma de semicírculo; se utiliza para dar puntadas a través de arpilleras y telas, y encordar. Se fabrican en distintos tamaños y anchuras para que se adapten al trabajo que se está realizando.

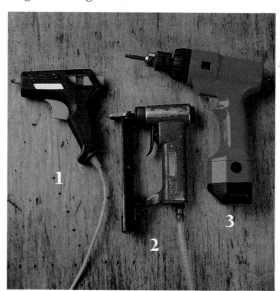

Máquinas de coser

En el tapizado tradicional, a menos que necesitara un cojín para un asiento, un ribete o un volante, se podía tapizar una silla completa sin necesidad de usar la máquina de coser. Sin embargo, esta máquina es uno de los instrumentos más necesarios en el tapizado de muebles modernos, ya que las cubiertas se cosen en primer lugar y después se enfundan. Todo lo que necesita es una máquina robusta que haga un cosido plano.

UNA MÁQUINA DE COSER DOMÉSTICA le será suficiente en caso de que utilice una aguja para tareas pesadas, pero asegúrese de que podrá con todos los grosores de las telas que utilice antes de comenzar. Por ejemplo, la aguja debe coser al menos tres capas cuando haga ribetes. Puede ser complicado poner una tela gruesa bajo el pie de una máquina de coser doméstica. Muchas telas tienen un envés que retrasa el cosido y el residuo se puede quedar en el pie, así que compruébelo antes de estropear su máquina. Tal vez merezca la pena comprar una máquina especial para tapizado de segunda mano.

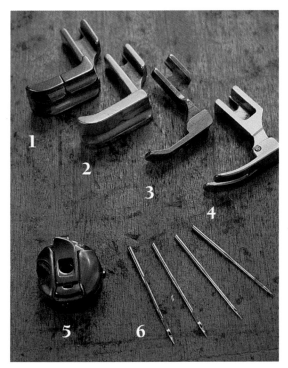

LAS MÁQUINAS DE COSER INDUSTRIALES han sido construidas para soportar un uso más duro, pero también son muy versátiles, y con una aguja fina pueden coser telas más delicadas. Una máquina con un pie móvil es una buena opción, porque el pie agarra y mueve la tela; es especialmente útil ya que una tela gruesa o con pelo resbalaría. Como alternativa también puede utilizar una máquina eléctrica.

También puede comprar *MÁQUINAS DE COSER AUTOMÁTICAS* con programas especiales para coser.

Accesorios de las máquinas de coser

Cualquiera que sea la máquina que utilice, necesitará ciertos accesorios para utilizar de manera general y otros para usos más determinados.

1. DE DOBLE AGUJA. Ideal para hacer ribetes dobles de la manera más efectiva.

2. DE AGUJA SIMPLE PARA RIBETEAR. Es perfecta para hacer un ribete sencillo, también se puede utilizar para hacer un ribete doble y para coser en el reborde del cordón.

3. PIE PARA CREMALLERAS. Una herramienta muy versátil para coser cremalleras que también puede servir para hacer ribetes.

4. PIE NORMAL. Este pie básico sirve para coser recto.

5. CANILLA. Afloje o tense el tornillo en la bovina para ajustar la tensión en el hilo de abajo. Compruebe siempre la tensión antes de comenzar.

6. AGUJAS. Las agujas de punta afilada de las tallas 14-19 son las más útiles, pero utilice bolígrafos para telas sintéticas o telas con un refuerzo de lana y bayoneta para cuero. Utilice siempre una aguja afilada para evitar empujar o romper el hilo en la tela.

Arriba: tómese su tiempo para alinear el estampado con cuidado para un perfecto acabado.

Cuando cosa a máquina la cobertura superior, prenda con alfileres la costura, de manera que coincidan con las muescas y con las cabezas de los alfileres mirando hacia usted, ya que así estarán listos para ser retirados a medida que avance la tela. Sujete siempre ambos lados de la tela mientras pasa por la aguja. La mano que sujeta la parte de atrás mantiene la tela recta y en tensión e impide que ésta aumente. La mano que sujeta la parte de delante mantiene la tela tensa y guía la tela hacia la aguja.

Hacer una costura recta

Ajuste el pie de la máquina. Coloque la tela de manera que la aguja esté a una distancia de 1,25 cm del borde de la tela. Mantenga el pie paralelo al borde sin coser, a medida que vaya dando puntadas. Trace una línea de puntadas rectas manteniendo siempre la misma distancia con el borde. El pie tiene un talón con muelle de presión en la parte de atrás, de manera que cuando pase por encima de una costura o unión saltará por encima.

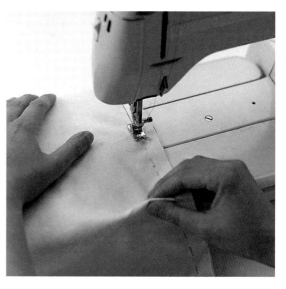

Cómo coser a máquina

Antes de comenzar a coser la cobertura exterior, compruebe siempre la puntada en un pedacito de tela. Cosa el mismo número de capas de la tela tal y como lo hará después sobre la tela de verdad, para asegurarse de que la tensión de la puntada es la apropiada. Las condiciones dependerán del apresto de la tela y el número de capas, pero es más fácil y menos costoso hacer los ajustes en este momento que más adelante, cuando ya esté cosiendo. Si el hilo superior está suelto, ajuste la tensión de la canilla y si el hilo inferior está suelto, ajuste el control superior de la tensión.

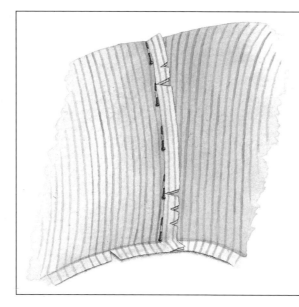

CÓMO HACER MUESCAS

Cuando los dos trozos de tela hayan quedado bien cosidos, coloque el haz de la tela más alto y prenda con alfileres la tela en su sitio en el mueble. Haga las muescas cortando a medio camino en las costuras, a través de ambas capas de tela. Ahora puede utilizar las muescas como guía para que las piezas encajen cuando se vuelvan a prender con alfileres, esta vez del lado del haz, listas para coser las costuras.

Cómo hacer que el estampado coincida

Haga coincidir el estampado de los dos trozos de tela. Prenda la costura con alfileres, manteniendo los alfileres paralelos al ribete natural. Puede volver a comprobar que el estampado está alineado en este momento separando y regulando la tela. Ajuste el pie de la máquina a la máquina de coser. Haga la costura de manera precisa a lo largo de la línea de alfileres y la coincidencia será perfecta. No cosa por encima de los alfileres o romperá la aguja y cambiará el ritmo de la máquina de coser.

Cómo hacer costuras curvas

Prenda la tela con alfileres e hilvánela igual que si fuera una costura recta, pero cuando cosa por la curva haga una serie de cortes por el ribete natural hacia la línea de la costura. Esto hará que la tela se abra durante la curva, pasando por debajo de la aguja sin necesidad de empujar o plisar.

cione la distancia media de las puntadas en la máquina de coser). Ponga el borde del pie de manera que toque justamente el cordón envuelto. La aguja coserá entonces un trozo a partir de este borde. (Véase página 97 para aprender a hacer ribetes).

Cómo preparar la máquina para hacer un ribete doble

Ponga el pie de doble aguja en la máquina. Dé la vuelta a la tela sobre un trozo del cordón, coloque una de las agujas en el pie sobre el cordón y cosa cerca de él para encerrarlo. Dé la vuelta a la tela sobre el segundo cordón y por debajo del primero. Coloque el centro de las agujas del pie entre los cordones y cosa a lo largo de la fila inicial de puntadas. Con práctica, este procedimiento pude hacerse en un paso. (Véase página 100 para ver este método de manera más detallada).

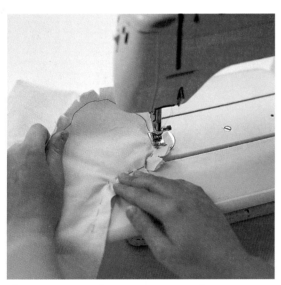

Cómo preparar la máquina para hacer un ribete sencillo

Ajuste el pie para coser cremalleras a la máquina de coser. Ponga la máquina a una longitud media (selec-

Preparado para tapizar

La base del éxito en cualquier oficio es una buena preparación y el tapizado no es una excepción. Tras crear un espacio en el que se pueda trabajar cómodamente, y reunir y ordenar todas las herramientas de manera que estén disponibles cuando las necesite, compruebe, en especial, que su máquina de coser sea adecuada para su trabajo. Habiendo hecho todo esto, está preparado para embarcarse en la excitante tarea de aprender las técnicas necesarias y elegir las telas y pasamanería para transformar sus muebles.

LA ELECCIÓN
DE LA DECORACIÓN

La elección de la decoración

Un mueble bien tapizado aporta estilo y comodidad a una habitación. Existen diversos factores que debe tener en cuenta al elegir la tela y ello forma parte de la faceta de diversión del tapizado. Tanto si desea seguir un estilo tradicional como uno más actual, dispone de una amplia gama de materiales y pasamanería entre los que elegir. En las siguientes páginas, se le iniciará para tener en cuenta el color, el diseño y la textura y se le guiará en la elección de la cubierta exterior para que combine con sus muebles, su habitación y su estilo de vida.

Cómo elegir la tela

El tapizado no es un oficio rápido o barato, es vital invertir tiempo y cuidado en elegir las telas, así como trabajar en todos los procesos que requiere el tapizado. El resultado será un mueble que no sólo estará tapizado de manera confortable, sino que deberá encajar a la perfección en el lugar destinado, y sumarse al ambiente de su hogar en los años venideros. Para conseguirlo, existen determinados y sencillos factores que deberá tener en cuenta al elegir las telas.

El uso

Obviamente, la funcionalidad es lo primero. Si la tela que ha elegido no es la adecuada para el trabajo que está realizado, pronto se verá reflejado. Por ejemplo, las sillas de comedor de uso diario necesitan una tela resistente que pueda soportar el uso continuo e, idealmente, fáciles de limpiar con un trapo húmedo en caso de verter bebida o comida sobre ellas. Una tela resistente de algodón pulverizada con un protector para telas es una magnífica elección.

Por regla general, las telas de los muebles siguen unas directrices de uso apropiado, y los comercios y almacenes competentes disponen del personal adecuado para asesorarle sobre la utilidad y conservación de las diferentes telas. No obstante, siempre será su opinión la que prevaldrá. Si decide colocar una silla de comedor como punto visual en una habitación que apenas se usa, puede dejar volar su imaginación usando un material de tapizado menos práctico. En la sección Técnicas y Material (véase página 74), encontrará más consejos para decorar sus muebles.

El estilo

Tras considerar los aspectos prácticos, observe detenidamente el estilo de los muebles que está tapizando. Su forma y acabado le servirán de orientación. Una silla sencilla y rústica pobremente pintada se prestará a lucir una tela modesta, de aire rural, como lino de color crudo. Sin embargo, puede dejarse llevar por el hecho de ir en contra del carácter inherente del mueble. A lo largo de la historia, los decoradores dotados de gran inspiración se han divertido jugando con el diseño en este sentido. La misma silla pintada sencillamente, puede tener un estilo marcado con una simple tela de algodón a rayas o con detalles de carpintería que resalten entre dorados; el asiento puede cubrirse con una franja de seda estilo regencia con salpicaduras de delicadas flores.

Los motivos en los tallados y molduras de los muebles pueden darnos alguna idea en el diseño de las telas que elija. Una silla con colmenas, por ejemplo, tapizada en seda de damasco con un motivo de abejas napoleónicas parecerá ingeniosa y sofisticada.

Elija la tela de manera que se adecue al uso y el estilo de la silla. Una tela de algodón resistente con una textura repetida y sutil resulta más práctica que la seda, que quedaría mejor en sillas de comedor de mejor calidad. Una tela de cuadros sencilla tiene un aire hogareño para una silla de estilo rural, mientras que los colores ácidos sobre blanco combinan perfectamente con una estructura de metal.

La forma global del mueble también puede ser un factor a tener en cuenta. Tapizar un sofá de aspecto gráfico y de líneas rectas en un tejido dobby (pequeñas figuras geométricas tejidas en la tela) aportará énfasis en sus líneas geométricas y limpias. Sin embargo, si desea distinguir su aspecto contemporáneo de líneas duras, deberá tapizarlo en una tela de estampado sinuoso y de textura profusa para transformar los ángulos y añadir cojines tapizados de tonalidades diversas y formas suaves.

El periodo histórico del mueble ofrece información adicional a la hora de elegir la tela. Puede jugar sobre seguro y utilizar el mismo tipo de seda de damasco que la de una silla georgiana, o ser más atrevido y utilizar una tela más moderna como el neopreno o el ante sintético.

La ubicación del mueble también influirá en su decisión final. Deberá decidir entre si desea crear armonía con los muebles que le rodean o si, al contrario, prefiere que resalte entre todos ellos. Si sus muebles son dispares, por haberlos ido adquiriendo poco a poco, puede decidir tapizarlos con la misma tela para crear un nexo entre ellos. O si, tal vez, ya tiene un sofá de un color y un sillón de otro, combinando esos colores en la tela estampada de un tercer sillón y colocando algunos cojines forrados con esta tela en los otros dos muebles, obtendrá una apariencia plenamente armoniosa y coordinada.

Ambiente y atmósfera

Los muebles tapizados pueden aportar efectos determinados al ambiente de una habitación. Tal vez desee reforzar un ambiente o un aspecto. Para conseguirlo, elija telas que encajen bien en la combinación ya existente. Mantenga los colores, estampados y texturas armoniosas en lugar de intentar un contraste lleno de efecto. Por ejemplo, un despacho íntimo, forrado de libros con muebles de madera color oscuro, con paredes pintadas de colores intensos y poca luz natural, necesita telas de tonos apagados y texturas tradicionales y recargadas, como lana tejida o telas con pelo.

Como alternativa, puede animar o cambiar el ambiente de la habitación añadiendo un nuevo mueble. Una sala de estar sombría que necesite renovarse puede animarse con un color vivo de texturas nítidas y contemporáneas, como algodón de Madrás vitalista ribeteado en naranja o una tela de cuadros de color rosa llamativo.

La tela bien elegida anima el ambiente de una habitación. Cree un ambiente de una suntuosidad descarada con terciopelos afelpados con estampado de animales o un ambiente sencillo con un simple estampado de flores. Complemente un armazón antiguo con dorados con una tela de hilos dorados que refleje la luz, o intente sorprender y elevar el ánimo con una combinación de colores atrevidos.

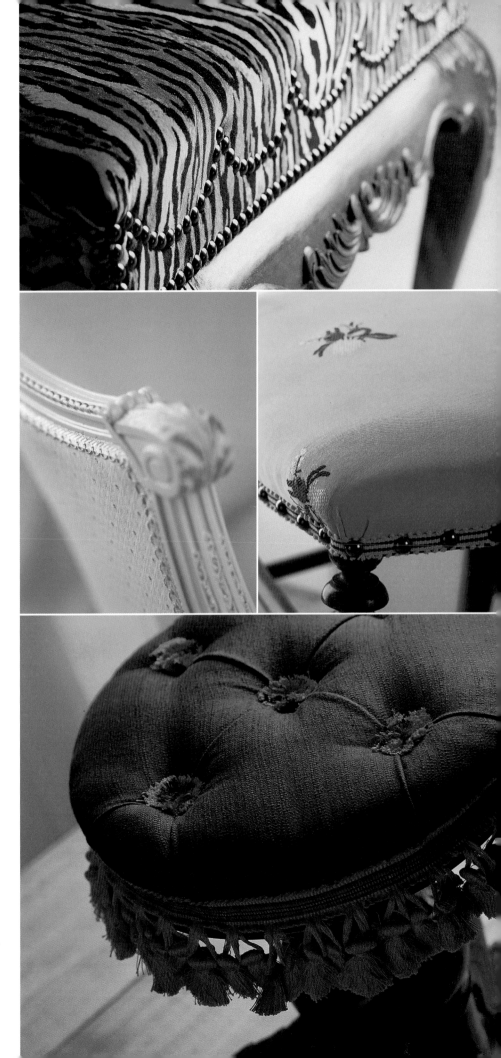

Incluso una variedad limitada de rojos y colores neutros pueden combinarse para lograr diferentes efectos. En esta página, la armonía de un rojo suave con un cálido beige, realzadas por el pelo y la textura de la tela, producen un escabel que invita a relajarse cómodamente. La audaz combinación de colores neutros en el terciopelo hacen que el estampado de piel animal sea mucho más estimulante y los abalorios añaden un toque de decadente opulencia.

No debe subestimarse el efecto de la luz en el color. A veces, la iluminación de una habitación exige una combinación de color determinada, a menos que desee un nuevo planteamiento de la iluminación. Es difícil añadir luminosidad a algunas habitaciones que reciben muy poca luz natural, utilizando solamente tonos pálidos en la pintura, en las colgaduras de las paredes y las telas. El blanco parece simplemente gris si no le da la luz natural, así que sería una buena elección enfatizar la naturaleza íntima de la habitación mediante un tono intenso en las paredes y añadiendo calidez con focos de luz que provengan de lámparas individuales. Utilice el tapizado y el mobiliario ligero para aportar mayor sensación de comodidad e intimidad. Los terciopelos, brocados y damascos en tonos suntuosos de joyas añaden profundidad y calidez.

Si contrariamente, tiene la suerte de disponer de una habitación con mucha luz, su elección de color, estampados y texturas es prácticamente ilimitada. Un ambiente amplio puede enfatizarse manteniendo colores claros, mejor que tonos apagados, y utilizando telas frescas y limpias, como por ejemplo, el algodón y el lino.

A parte de la luz, también deberá tener en cuenta la función de la habitación. Dependiendo de su estilo de vida, necesitará que su comedor, por ejemplo, sea un lugar de calma y relax donde su familia y usted puedan escapar del estrés y las presiones de la vida diaria. Si éste es el objetivo, use colores natu-

rales y cómodos que armonicen. Tal vez desee recibir invitados de manera regular y quiera crear una habitación vibrante y estimulante con una atmósfera animada; en ese caso tiene la oportunidad de utilizar colores brillantes y combinaciones provocadoras.

La elección del estampado y la textura juega un papel muy importante en el ajuste del tono de una habitación. Los terciopelos suntuosos, las sedas y las chenillas a simple vista aportan lujo, confort y relax, y le invitan a acurrucarse con un cojín y un buen libro. En un entorno de utilidad cotidiana como un cuarto de baño, una silla tapizada con un algodón fresco aportará un toque brillante y animado que parecerá un soplo de brisa marina en la rutina del aseo diario.

Cómo usar el color

Obviamente, el color es lo más importante. Existen tantas posibilidades, que mucha gente se pone nerviosa cuando debe combinar el color en su hogar y elegir combinaciones familiares de telas, cojines, mobiliario y ajuares que se coordinen a la perfección. Aunque es una opción muy tentadora, el resultado puede restar espontaneidad e imaginación. Si el tapizado combina exactamente con el resto de los elementos de la habitación, el resultado será decepcionante. Afortunadamente, gracias a la respuesta de los fabricantes de telas ante la creciente moda de propuestas informales, podrá

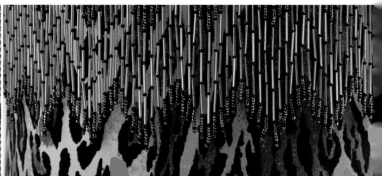

encontrar gran variedad de telas que no necesariamente lleven todas el mismo motivo y color, pero sin embargo han sido diseñados para combinarse unas con otras.

Con unas sencillas directrices podrá elegir el color que transformará idóneamente su hogar e, incluso, su bienestar, ahora que diversos estudios han confirmado que el color puede afectar al estado emocional. El color puede ser estimulante, como los rojos y los naranjas, o relajante, como los azules y los verdes. Cada vez más, el color se utiliza con fines terapéuticos en los edificios públicos como hospitales y oficinas. Las habitaciones de hospitales se pintan en rosas claros para calmar y tranquilizar, mientras que un café tendrá grandes cantidades de superficies en rojo para crear una atmósfera animada y ruidosa. También puede atenuar el tema de un habitación en su propio hogar con un uso cuidadoso del color, evocando cualquier atmósfera que usted desee, ya sea romántica, lujosa, sensual o alegre.

Combinación de colores

Aunque a menudo la gama de colores primarios y secundarios es la indicada como recurso estándar para crear combinaciones de color, no existe sustituto a su propio instinto. Cree un diccionario visual de lo que le guste. Busque en libros, dibujos, la naturaleza y las películas. Recopile pruebas de pintura, hojas sueltas de revistas, restos de pasamanería, cualquier cosa que le llame la atención.

Los estampados comenzarán a surgir. Aunque todo ello, probablemente, no encaje con las teorías demostradas sobre el color, le resultará mucho más sencillo el hecho de ir adquiriendo confianza trabajando con el color de esta manera, que estudiando la teoría e intentando tomar decisiones basadas en lo que se puede llegar a convertir en un puro cálculo de equilibrio.

Descubrirá que, por regla general, las buenas combinaciones de colores se reducen a una categoría muy sencilla. Dedíquese a observar e interpretar cuidadosamente las combinaciones de color que vea y pronto ideará mezclas por sí mismo. Por ejemplo, combinaciones de distintos tipos de marrón, como caramelo, masilla, tostado y chocolate, instantáneamente producen una atmósfera sofisticada de elegancia improvisada y natural. Este es un ejemplo de un esquema monocromático (literalmente usar un solo color, mono=uno).

Pueden producirse otros efectos elegantes similares utilizando tono sobre tono de un mismo color; por ejemplo, con distintos tonos de azul, desde azul plata o acero hasta cobalto oscuro. Utilizando distintos tonos de negro, pasando por los grises hasta el blanco en un esquema monocromático, pueden dar un ambiente de estilo impecable, aunque puede resultar difícil convivir con ellos. Si es un iniciado en cuanto a la combinación monocromática se refiere, es aconsejable empezar de manera suave formando el tono sobre tono en un color menos agresivo, como, por ejemplo, partiendo del lila hasta el

Aquí el rojo se ha combinado con el verde, su color complementario, en una tonalidad oscura. Los colores están en perfecto equilibrio, recibe la aprobación del estampado dorado y termina en una impresión de confianza que aporta elegancia. La última combinación de colores neutros es bastante monocromática. Este escabel en algodón con un galón de grosgrén, aportará cierta sencillez que le ayudaría a encajar en un ambiente moderno o rural.

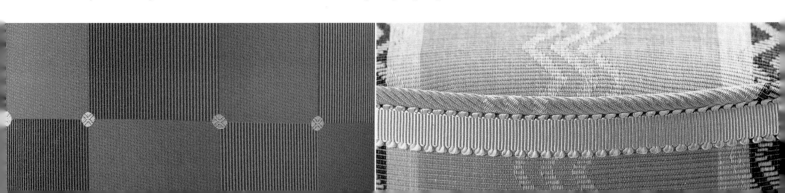

morado oscuro, o desde un pistacho claro hasta un verde oscuro.

Los colores acentuados se utilizan mucho para avivar combinaciones monocromáticas. Son especialmente útiles para aportar un poco de fuerza a una gama que de otra manera sería limitada. Por ejemplo, imagínese una habitación con las paredes empapeladas con imágenes litográficas neoclásicas y escasamente amueblada en blanco y negro. Colocando una silla de formas clásicas tapizada en un efectista rosa o verde lima, en una posición preeminente puede cambiar la personalidad de la habitación por completo: siendo en un principio elegante y tal vez un poco desalentadora, a una habitación con un toque de humor y valentía. Por supuesto, éstos son colores acentuados llevados al extremo, pero incluso en un entorno doméstico tradicional, los colores acentuados pueden utilizarse para avivar una combinación ya existente con un mínimo esfuerzo y coste. Añadir cojines y cubre sofás a los muebles tapizados es una manera fácil de experimentar con elecciones más atrevidas de color, antes de verse inundado por metros de tela.

Los colores complementarios también son muy utilizados por parte de los diseñadores, y las combinaciones de colores característicos que se oponen unos a otros en el círculo cromático, por ejemplo, rojo y verde, o azul y naranja. Los colores complementarios contrastan poderosamente, resaltando el uno al otro mientras mantienen su propio poder individual. Puede utilizar estos conocimientos para crear combinaciones intensas y espectaculares, poniendo la misma cantidad de colores complementarios que combinen, o añadir pequeñas cantidades de un color complementario que aumente el efecto de su color predominante; por ejemplo, añada un cojín rojo oscuro a un sillón de orejeras tapizado en verde botella.

Utilizar colores que armonicen es otra manera de obtener más recetas de diseño. Son colores que se encuentran cerca unos de otros en la rueda de colores y, como los buenos amigos que se pueden sentar juntos en una habitación sin la necesidad de estar hablando continuamente, se llevan bien en amigable silencio. Armonizar colores promueve un efecto final cómodo y es ideal para habitaciones en las que se quiere relajar totalmente, más que dar una impresión de gran estilo. Los rojos y los naranjas dorados, violetas y azules, verdes y azules... todos son ejemplos de combinaciones de colores que pueden ir bien.

Es emocionante jugar con la textura, ya que evoca un estado de ánimo mediante el tacto y por la forma de reflejar la luz. Desde el extremo del tranquilo y fresco algodón, al lujo cálido de la piel natural oscura, la textura añade, en todas sus formas, intensidad y riqueza a la decoración interior, que puede terminar en el mueble tapizado.

Colores neutros

Igual de relajante y cada vez más popular en los últimos años, es el uso de los colores neutros para evocar un aire limpio y sencillo que realza el sentimiento de un espacio en el que se puede pensar y reflexionar. El uso de telas en su estado natural y el nacimiento de comercios especializados en estos materiales tan característicos, ha llevado a un éxodo del diseño hacia el no color. Mucho más limitada que la monocromía, la gama de los neutros consiste en colores que apenas destacan, como el color piedra, leche o masilla. Incluso con sus nombres evocan un aire sereno y contemplativo. El efecto es sorprendentemente tranquilo y combina tanto en interiores modernos, como en los de época.

Incluso cuando se utiliza un esquema de colores neutros, el resultado no tiene por qué ser soso. Mire de cerca su creciente montón de dibujos y pruebas y se dará cuenta de que el estampado y la textura son tan importantes como el color a la hora de conseguir un mayor impacto decorativo. Por ejemplo, volvamos al hipotético caso de la silla en la habitación monocromática, tapizada en un impactante rosa o verde. Utilice un sencillo terciopelo y le dará un aire de opulencia clásica, con un borde ligeramente animado gracias a la elección del color. Utilice un fresco algodón de cuadros en verde lima y fucsia para un ambiente más informal y moderno.

Cómo combinar el estampado

Mucha gente duda a la hora de mezclar estampados y texturas. Innegablemente, algunos decoradores, tanto profesionales como aficionados, poseen el don de combinar fácilmente estampados incongruentes y conseguir efectos espectaculares; pero si observa detenidamente diversas imágenes, se percatará de que determinadas combinaciones se repiten con frecuencia por la simple razón de que son composiciones efectivas. Por ejemplo, cuadros y rayas en tonos que armonicen, siempre aportan un aire fresco y elegante, y han sido utilizados durante siglos sin variaciones.

Algunas combinaciones clásicas nacen de contextos históricos. Cuando mezclamos seda con telas estampadas, cuerdas y borlas, el resultado es un entorno neoclásico, pero tal vez no seamos conscientes de que nos hemos basado en las banderitas con franjas que adornaban los edificios para celebrar la victoria de Napoleón, y las cuerdas y borlas militares que predominaban en los uniformes se han convertido en elementos de decoración. Estas asociaciones, reforzadas por toda la imaginería pictórica que nos rodea en el cine, los anuncios y la televisión, han creado un extenso vocabulario visual, resultado de un compendio de una época y un sentir sin necesidad de explicaciones históricas. Mezclemos estampados elegantes y florales con estampados de hojas

de acanto en damasco y crearemos un ambiente artesanal. William Morris tal vez no indicó exactamente las mismas combinaciones que utilizamos hoy en día, pero probablemente hubiera aprobado nuestro creciente coraje a la hora de mezclar y emparejar la amplia gama disponible de estampados para crear un aspecto individualizado.

Cómo usar las texturas

Jugar con las texturas es muy ameno. Cuando introduzca telas nuevas en su hogar, recuerde que además de la amplia variedad de colores y estampados también existe una gran cantidad de texturas para elegir y con las que experimentar. Utilice las texturas para enfatizar el estilo de un mueble o de una habitación o combine un tipo de texturas que contrasten para conseguir un aspecto ingenioso. Por ejemplo, una chaise lounge victoriana puede ser retapizada con un agradable terciopelo, tal y como estaba originalmente, en perfecta armonía con su uso y contexto histórico. Sin embargo, si ha heredado el mueble y debe adaptarlo a su hogar, mucho más actual, atrévase y escoja una nueva cubierta con un deje de ironía. Las estructuras tradicionales pueden aparecer impresionantes tapizadas en texturas aparentemente incongruentes, como el denim o el cutí. De alguna manera, el contraste que nos proporcionan telas tan sufridas sólo sirve para enfatizar las líneas elegantes del mueble clásico. Tal vez estemos tan acostumbrados a ver esos muebles en acabados más tradicionales, que hemos dejado de apreciar su forma arquitectónica. El impacto visual de ver una silla Bidermeier vestida de cuero artificial, sin embargo, tal vez sea ir un poco lejos.

Cualquiera que sea la elección del estampado y la textura, elija una escala que sea apropiada tanto para el mueble como para todos los elementos que le vayan a rodear en la habitación. Mezclar y equilibrar proporciones es una habilidad que adquirirá con la práctica. En general, los estampados deben tener algún tipo de afinidad o conexión, ya sea el color, aspecto o tipo. Mezclar escalas para obtener un resultado armónico es preferible que tener muchos estampados distintos del mismo tamaño luchando por captar su atención. Visite interiores que le inspiren, tanto interiores espectaculares como más cotidianos, para encontrar sugerencias con respecto a cómo los decoradores han combinado a lo largo de los años los estampados para lograr buenos efectos.

Ciertas combinaciones clásicas de estampados funcionan bien. El efecto animado de las repeticiones pequeñas puede limitarse combinándolo con telas lisas e, incluso, estampados más grandes pueden dar un buen resultado junto a colores con los que armonicen. Cuadros, rayas y otros elementos geométricos hablan el mismo lenguaje y en tonos que armonicen producen un efecto elegante fácil de conseguir.

Cómo elegir la pasamanería

La tela rosa y lisa en esta silla auxiliar es el lienzo perfecto para una pasamanería exuberante. La cuerda tricolor y las rosetas se han utilizado para dar un toque de elegancia, realzada por la asociación con la época del estilo Imperio. Como contraste, la cinta plisada, esculpida con bonitas formas, viste la silla de una manera mucho más frívola.

Elegir correctamente las telas es una tarea ardua. Sin embargo, cuando las haya elegido, podrá disfrutar echando un vistazo a la amplia gama de pasamanería·que se le ofrece. Ello no quiere decir que se lo deba tomar a la ligera porque, para que sea efectiva, debe haber sido elegida como complemento del mueble del que va a formar parte. La pasamanería puede crear una suntuosa fiesta visual, pero también es funcional. Cordoncillos, galones y clavos decorativos han sido utilizados tradicionalmente para disimular las tachuelas y los bordes de la tela. Los ribetes y cordones definen las líneas del mueble y además protegen los bordes, que habitualmente a sufren más el uso y las roturas. La pasamanería más elaborada, como borlas y rosetas, crea un foco espectacular que dirige la mirada hacia un bonito detalle o forma, y los flecos se utilizan a menudo alrededor de la parte de debajo de un sillón o un sofá para disimular las patas. Recuerde, es probable que la pasamanería necesite una limpieza o una reparación antes que el tapizado, así que es mejor coserla que pegarla.

La popularidad de la pasamanería más elaborada ha experimentado un gran auge en los últimos tiempos. Existen diversos cursos para aprender a hacer pasamanería, junto con todos los materiales para fabricar una gran colección de borlas, flecos y otros embellecedores. En el mercado de alto nivel, la pasamanería compone una miscelánea que son obras de arte, de formas esculturales, y su maestría en la armonía de colores y texturas siempre aporta calidad a cualquier elemento que embellezca.

Sin embargo, la pasamanería no tiene por qué ser elaborada y fantasiosa. Una sencilla cinta de grosgén da un buen acabado al mueble, de una elegancia sencilla,

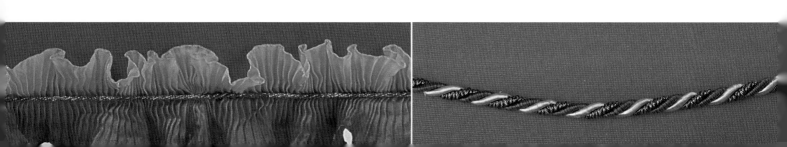

mientras que el mismo mueble complementado con un galón elaborado más suntuosamente aporta un aire más decadente. Al igual que sucedía con la elección de la tela para tapizar, elegir la pasamanería puede verse influida, en gran parte, por el uso que se le vaya a dar al mueble. No sería una buena elección colocar flecos con abalorios a una banqueta para piano que se utilice constantemente y que vaya a ser manipulada por los bordes laterales del asiento, sin embargo en zonas que no vayan a tener un uso tan constante, se puede utilizar una decoración más fantasiosa e intrincada.

Además de las opciones más tradicionales, como el cordoncillo, los galones, los flecos, las borlas y el cordón, los diseñadores toman cada vez más ideas del mundo de la moda y utilizan materiales más efímeros, como cintas y abalorios. Eche un vistazo a las revistas y a las tiendas de pasamanería en busca de inspiración. Esto puede ser una fuente de ideas que luego puede adaptar. La pasamanería moderna ha

experimentado con mucho éxito el uso de objetos y materiales poco usuales en su trabajo; por ejemplo, haciendo elaboradas borlas de yute, que normalmente se utiliza para hacer cordeles. Puede hacer sencillas borlas y cordones trenzados de materiales tan diversos como seda y yute, cuentas de cristal y guijarros. El límite es su imaginación. Redescubra las técnicas de la sencilla artesanía de la niñez. Elabore pompones de lana de colores brillantes para adornar cabeceros de cama o esculpa cintas plisadas en forma de flores para utilizarlas en vez de borlas.

Los diseñadores han ido adaptando materiales como elementos decorativos a lo largo de los siglos. Crear su propio estilo es sólo cuestión de adaptar y mezclar todo aquello que está a su disposición y aquello que pueda permitirse hasta que consiga un efecto que le agrade. Con instinto, experiencia y dominio de la teoría del color, tiene todo lo necesario para crear un hermoso tapizado.

El extraordinario armazón de un prie dieu necesita una pasamanería que dé cierta impresión. El elaborado galón se ha colocado por todo el contorno para aportar énfasis en la forma de la silla con un lujo sencillo. La combinación del cordón y la borla, con el color perfectamente coordinado con la tela, es igualmente hermosa, pero de una forma más tradicional.

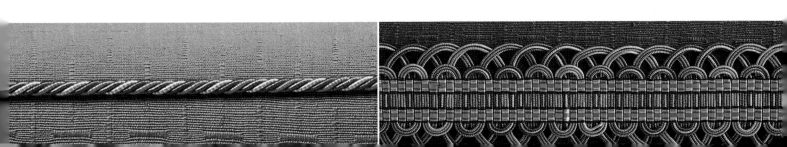

TÉCNICAS Y MATERIALES

EL ORDEN DE TRABAJO ADECUADO

Las técnicas del tapizado siguen unas pautas determinadas que permiten familiarizarse

con el orden de trabajo adecuado antes de adentrarse con más detalle en las técnicas.

Medidas de la demostración de un sillón con respaldo capitoné

Alto: 84 cm
Ancho: 74 cm
Largo: 76 cm

De cara a la planificación, en el tapizado es básico no pasar por alto ningún proceso. Trabaje en un orden lógico para acceder a todas las partes. Una de las mejores maneras de lograrlo, detallada en el cuadro de la página siguiente, es tapizar el asiento y el interior de los reposabrazos primero, hasta asegurar el primer relleno; después tapice el respaldo por la parte de dentro, comenzando también el capitoné, hasta el calicó. Luego, recubrir los asientos y los brazos con calicó, antes de proceder a cubrir la parte interior. Lo siguiente es cubrir el exterior y ajustar la cubierta externa. La pasamanería debe colocarse en el momento apropiado y empotrar el capitoné en la parte interior del asiento.

Otra manera, aplicada en la silla de muestra, es hacer cada proceso en todas las partes de la silla, una detrás de otra, lo más allá que se pueda, para dar una práctica constante en cada técnica y reforzar su aprendizaje.

Por regla general, el orden de trabajo debe adaptarse al mueble en el que está trabajando. Sin embargo, se aplican los principios básicos. A medida que adquiera experiencia, aprenderá a evaluar el orden adecuado para cada proyecto.

CONSEJO

Es una buena idea hacer una foto del sillón antes de comenzar; le servirá de guía para el boceto original del tapizado.

CALCULAR EL MATERIAL

DESENTELAR

ENCINCHAR la base

Poner los MUELLES y ATAR la base

Coser los muelles a través de la ARPILLERA

Coser las LIGADURAS a la arpillera

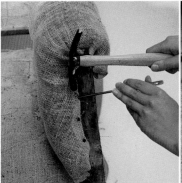

Clavar el cañamazo después del PRIMER RELLENO

Poner las LIGADURAS PARA EL RELLENO en el reposabrazos

LISTA DE CONTROL

El listado que viene a continuación es una secuencia de trabajo habitual y de las técnicas usadas en el tapizado de un sillón con respaldo capitoné, aportando una descripción de control y una buena comprensión sobre cómo se realiza el proceso.

La demostración del sillón que se realiza en esta sección se hace de una forma ligeramente distinta, para reforzar el aprendizaje de las técnicas y también se utiliza un orden de trabajo diferente en algunos de los proyectos, para adaptarse al tipo de mueble.

1. Calcular el material

Calcule el nuevo material y el relleno que va a necesitar a medida que retire la vieja tapicería y el relleno del mueble.

2. Destapizar

Retire la tela, el relleno, tachuelas y grapas de la estructura.

3. Repare la estructura

Limpie y encole las junturas en caso necesario.

4. Elimine el barnizado antiguo

Lije hasta que quede liso, después barnice o dé cera a las patas y asegúrese de que ya está seca antes de continuar con el tapizado.

5. Haga el asiento hasta el primer relleno

CINCHADO. Ponga las cinchas en la base del asiento.
COLOCACIÓN DE MUELLES. Coloque y cosa los muelles.
ATADO. Sujete los muelles con cuerdas.
ARPILLADO. Aplique la arpillera sobre los muelles y clávela con tachuelas. Cosa los muelles en su sitio a través de la arpillera.
LIGADURAS. Cosa las ligaduras a la arpillera.
PRIMER RELLENO. Ponga el relleno y cúbralo con cañamazo.
LIGADURAS PARA EL RELLENO. Ponga las ligaduras para el relleno.
PUNTADAS CIEGAS. Cosa con puntadas ciegas a lo largo del borde delantero.
PUNTADAS DE VUELTA REDONDA. Cosa el contorno del borde delantero.

6. Haga los reposabrazos hasta el primer relleno

CINCHADO. Ponga las cinchas en los reposabrazos.
ARPILLADO. Aplique la arpillera.
LIGADURAS. Cosa las ligaduras a la arpillera
PRIMER RELLENO. Ponga el relleno; cúbralo con cañamazo.
LIGADURAS PARA EL RELLENO. Ponga las ligaduras para el relleno.
PUNTADAS CIEGAS. A lo largo de los rollos delanteros.
PUNTADAS DE VUELTA REDONDA. Cosa el contorno alrededor de los rollos.

Continúa en la siguiente página >

Preparar las PUNTADAS CIEGAS

BORDE COSIDO alrededor del rollo

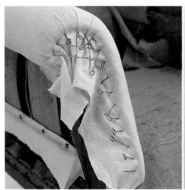

AJUSTAR EL CALICÓ al reposabrazos

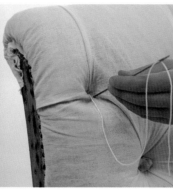

CAPITONÉ EN EL CALICÓ del respaldo interior

REGULAR la tela para tapizar

AJUSTAR la cubierta exterior en el respaldo interior

REFORZAR los reposabrazos con arpillera

CUBIERTA NEGRA en la base

LISTA DE CONTROL

7. Haga el respaldo interior hasta el calicó

CINCHADO. Ponga las cinchas en el interior del respaldo.

ARPILLADO. Aplique la arpillera. Marque los paneles superiores, laterales y lumbares para preparar el primer relleno.

CAÑAMAZO. Cosa el cañamazo en su sitio, deje hueco el panel central.

LIGADURAS. Cosa las ligaduras a la arpillera.

PRIMER RELLENO. Ponga el primer relleno y cúbralo con los paneles de cañamazo.

LIGADURAS PARA EL RELLENO. Ponga las ligaduras en el borde superior.

PUNTADAS CIEGAS. Cosa con puntadas ciegas alrededor de los rollos traseros.

PUNTADAS DE VUELTA REDONDA. Cosa el contorno alrededor de los rollos traseros.

SEGUNDO RELLENO. Cosa más ligaduras sobre toda la parte de atrás y rellene.

CAPITONÉ SOBRE CALICÓ. Marque la posición del capitoné en la arpillera del respaldo. Cubra con calicó, utilizando arandelas de calicó para las marcas del capitoné y cosa alrededor de los rollos.

8. Termine los reposabrazos hasta el calicó

SEGUNDO RELLENO. Cosa más ligaduras y rellene.

AJUSTE EL CALICÓ. Cubra con calicó y cosa alrededor de los rollos.

9. Termine el asiento hasta el calicó

SEGUNDO RELLENO. Cosa más ligaduras y rellene.

AJUSTE EL CALICÓ. Cubra el asiento con calicó y cosa a lo largo del borde delantero.

10. Cubierta superior

CORTAR LA TELA. Tome las medidas para la tela. Planee la posición del estampado.

CUBRA EL RESPALDO INTERIOR. Cubra con una entretela. Cubra con la tela exterior y termine el capitoné. Cosa alrededor de los rollos.

CUBRA EL ASIENTO. Cubra con una entretela. Cubra con la tela exterior y cosa a lo largo del borde delantero.

CUBRA EL REPOSABRAZOS INTERIOR. Cubra con una entretela. Cubra con la tela exterior y cosa alrededor de los rollos.

11. Exteriores

REFUERZO. Cubra los paneles exteriores de la estructura con calicó.

CUBIERTA SUPERIOR. Recorte y aplique los rollos. Cubra el alrededor de los paneles con la tela para tapizar.

12. Terminar

TERMINAR LA BASE. Aplique la cubierta negra a la parte inferior del asiento.

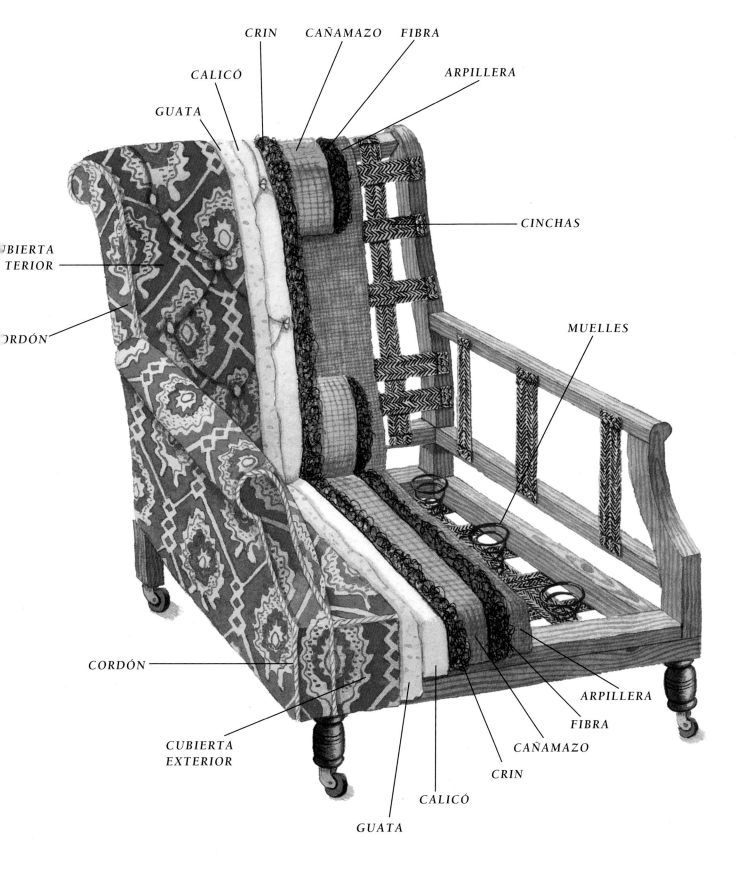

LAS CAPAS DEL TAPIZADO

CRIN   CAÑAMAZO   FIBRA

CALICÓ   ARPILLERA

GUATA

CINCHAS

CUBIERTA
INTERIOR

MUELLES

CORDÓN

CORDÓN

ARPILLERA

FIBRA

CAÑAMAZO

CRIN

CUBIERTA
EXTERIOR

CALICÓ

GUATA

CÓMO CALCULAR EL MATERIAL

Las técnicas empleadas en la demostración del sillón con respaldo capitoné se detallan a continuación. Aunque cada mueble difiera en cuanto a técnicas y material requeridos, siempre deberá empezar calculando la cantidad de material necesario.

A menos que el mueble esté muy bien constituido debajo del tapizado, probablemente tendrá que sustituir todo el material anterior, incluido los rellenos, por otro más moderno. En concreto, el alva (algas secas) y la antigua floca (hecha de retazos de los gabanes del ejército) ya no están disponibles y no cumplirían con las regulaciones actuales de seguridad. Por cuestiones de salud y de seguridad todos los materiales actuales deben cumplir con las normas y regulaciones legales.

Es importante planear con antelación. No hay nada más molesto que haber rellenado medio asiento, sólo para darse cuenta de que no ha tenido en cuenta la suficiente fibra o crin, sobre todo, porque éste no es el tipo de artículo que se puede encontrar en una tienda normal.

Normalmente, es mejor empezar el proceso de calcular la mayoría de los materiales antes de retirar el tapizado a restaurar, cuando todavía se puede apreciar el tamaño y la forma del relleno. Aunque es mejor que no haga cálculos para el tapizado exterior, ya que es preferible realizarlos cuando el sillón está nuevamente tapizado en calicó. No caiga en la tentación de reutilizar la arpillera, el cañamazo o el calicó antiguos que ya han sido cortados.

HERRAMIENTAS

Cinta métrica
Cuaderno
Lápiz

1 Tome las medidas de cada sección del sillón. Mida a través del punto más ancho y baje alrededor de los travesaños de la base en cada sección. Para las medidas del respaldo interior, mida hacia abajo dentro del capitoné. Añada 10cm de más a cada medida.

2 Para la guata sume las medidas de todas las secciones interiores y exteriores.

3 Para calcular la arpillera y el cañamazo sume las medidas de todas las secciones interiores, más los rollos y el canto delantero.

4 Para el calicó sume las mismas medidas que para el cañamazo, más la suficiente tela como para cubrir todas las secciones exteriores.

5 Para la fibra y la crin es necesario que quite el tapizado antiguo. Como guía necesitará, aproximadamente, 450g de fibra por cada 930cm^2 y 225g de crin por cada 930cm^2 para ser cubierto.

6 Apunte todas las medidas y cantidades en un cuaderno y guarde las notas como referencia.

Las cantidades enumeradas para este sillón le servirán de guía para un sillón de tamaño medio, aunque cada mueble es distinto. La lista del material que viene con cada proyecto le dará una idea de lo que puede necesitar para otro tipo de muebles. Siempre es preferible pasarse que quedarse corto y darse cuenta de que no puede terminar el mueble. Siempre puede guardar el material que le ha sobrado para otros proyectos.

SECCIONES A MEDIR

RESPALDO EXTERIOR

ROLLO TRASERO

RESPALDO INTERIOR

REPOSABRAZOS INTERIOR

ROLLO FRONTAL

REPOSABRAZOS EXTERIOR

ASIENTO

CANTO DELANTERO

DESTAPIZAR
El primer paso hacia el retapizado de un sillón es retirar el antiguo tapizado y calcular qué se puede dejar intacto o si el sillón necesita retomarse desde el armazón.

CONSEJO

Coloque un guardapolvo bajo el sillón antes de comenzar, e intente mantenerlo dentro del mismo. Esto le evitará tener que limpiar después.

Es posible reutilizar la crin de caballo que esté en buen estado si ésta es limpia y mullida. Si está en buenas condiciones cárdela y sepárela con las manos, pero no la lave. Por regla general, tendrá que sustituir la mayoría del material. Este sillón estaba en tan malas condiciones que no pudo aprovecharse nada y tuvo que ser retapizado desde el armazón.

La primera tarea es comenzar a destapizar de manera ordenada.

1 Coloque el sillón sobre un guardapolvo, de rodillas, con la parte delantera de los reposabrazos mirando al suelo. Quite la cubierta inferior retirando todas las tachuelas y grapas viejas de la parte de abajo del sillón. Utilice el mazo

HERRAMIENTAS
Guardapolvo
Mazo
Formón
Despuntador
Quita grapas
Tenazas
Tijeras

y el formón o el despuntador para quitar las tachuelas y un quita grapas para retirar las grapas. Utilice el formón a lo largo de la veta de la madera para evitar las hendiduras y los golpes en el armazón. Meta el formón bajo la tachuela y golpéelo con el mazo, de manera que salga la tachuela.

2 Retire la cobertura del respaldo exterior cortando las puntadas de alrededor de los bordes exteriores y quite todas las tachuelas y las grapas. Elimine toda la tela, arpillera, cañamazo o ligaduras del respaldo exterior y cualquier material remetido y clavado a los travesaños; de hecho, retire cualquier cosa que no sea el propio armazón.

3 Vuelva el sillón y colóquelo sobre el costado. Comience a quitar la tela y el material de los reposabrazos exteriores y después, de los interiores, de la misma manera que el respaldo exterior. Corte cualquier ligadura que sujete el material. Levante las molduras delanteras haciendo palanca con el mazo y el formón, si están clavadas, retire las fijaciones mediante tornillos, si se ha utilizado este método. Guarde los tornillos en un lugar seguro para más adelante.

4 Retire todo el relleno y la cobertura del respaldo interior.

5 Quite todas las tachuelas y ligaduras del canto delantero. Todo el asiento debería caer ahora sobre el guardapolvo, dejando el armazón desnudo.

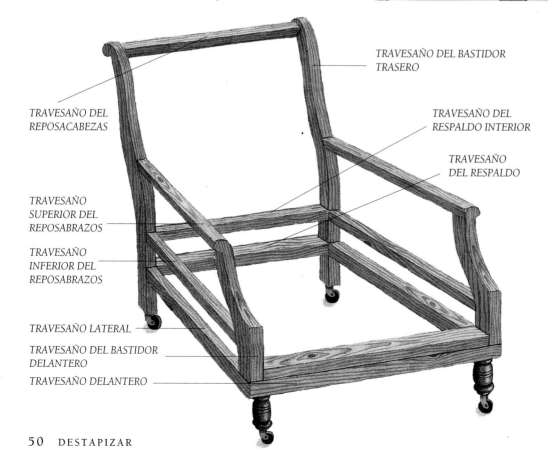

TRAVESAÑO DEL BASTIDOR TRASERO

TRAVESAÑO DEL REPOSACABEZAS

TRAVESAÑO DEL RESPALDO INTERIOR

TRAVESAÑO DEL RESPALDO

TRAVESAÑO SUPERIOR DEL REPOSABRAZOS

TRAVESAÑO INFERIOR DEL REPOSABRAZOS

TRAVESAÑO LATERAL

TRAVESAÑO DEL BASTIDOR DELANTERO

TRAVESAÑO DELANTERO

CINCHADO

Las cinchas se utilizan para la base o los cimientos del sillón y es muy importante aplicarlas adecuadamente. Un asiento firme depende de unos buenos cimientos, con cinchas que se colocan espaciadas para soportar una distribución equitativa del peso y abarcan el diámetro de los muelles.

Existen diversos tipos de cinchas, todas con un uso determinado. Utilice la mejor que se pueda permitir. La cincha inglesa, con un tejido de espinapez, es la de mejor calidad, más resistente y se recomienda para todo el tapizado tradicional. Es la más indicada para encinchar asientos, aunque las cinchas de yute también pueden usarse para los respaldos y los reposabrazos por cuestiones de economía.

HERRAMIENTAS
Tensor
Martillo magnético
Tijeras

tachuelas de 16mm sobre la cincha formando una línea cerca del doblez. Clave dos más hacia el borde interior del travesaño, dejando un espacio con respecto a las primeras, para formar una «W». Esta disposición de las tachuelas evitará que la madera se raje.

El asiento

Cada silla o sillón se encincha adaptándose al tamaño y la forma del armazón. En un asiento, deje un espacio de no más de tres dedos de ancho entre cada cincha. Un asiento medio llevará cinco cinchas en cada dirección. El asiento puede encincharse bajo los travesaños de la base, cuando se necesita cierta profundidad para los muelles, o a través de la parte superior de los travesaños cuando no es necesario.

1 Dé la vuelta al sillón y asegúrese de que se sostiene. Marque el centro de la parte de abajo del travesaño trasero.

2 Doble sobre sí mismo el extremo de la cincha, aproximadamente 2,5cm. Colóquela en la marca central, justo a partir del borde del travesaño. Clave tres

3 Lleve la cincha al centro del travesaño delantero. Doble la cincha para formar un lazo e introdúzcalo en el tensor. Ponga el gancho a través del lazo. Sujete el lado acolchado del tensor bajo el centro del travesaño frontal. Manténgalo contra la estructura, tire del mango hasta que la cincha esté tan tensa como un tambor.

ENCINCHAR

Las cinchas se extienden sobre la estructura para formar una base que mantenga los muelles y la arpillera en su sitio. Hay varios tipos de cinchas disponibles, adecuados para cada aplicación.

1. CINTA INGLESA BLANCA Y NEGRA, 5cm de anchura, con un tejido de espinapez, es la más fuerte.

2. CINCHA DE YUTE, 5cm de ancho, de color beige, es también bastante fuerte. Se usa mucho para los respaldos, los reposabrazos y algunos asientos.

3. CINCHA PIRELLI, es una cincha de caucho que se utiliza como muelle plano en asientos y respaldos. Grapas o ganchos de acero fijan la cincha al armazón o también puede clavarse con tachuelas. El tamaño estándar es de 5cm. Este tipo de cincha forma una base firme y resistente para el cojín del asiento. Otras hechuras de cinchas de caucho están también disponibles. CINCHA DE POLIPROPILENO (no aparece en la imagen), se puede encontrar en los muebles modernos y es más barata que las otras.

CONSEJO

Utilice la cincha desde el rollo. No la corte en trozos, ya que desperdiciará un trozo cada vez que la pase por el tensor.

TACHUELAS, ALFILERES PARA CORDONCILLO Y GRAPAS

Las tachuelas, los alfileres para cordoncillo y las grapas se utilizan para fijar las cinchas, las telas y la pasamanería al armazón del mueble.

1. TACHUELAS En el tapizado tradicional se utilizan tachuelas finas, con una cabeza más pequeña, y tachuelas mejoradas, con una cabeza más grande. Las tachuelas de acero son las más adecuadas, ya que sujetan mejor la madera y no tienden a oxidarse. Los tamaños más útiles son 10mm (mejoradas para arpilleras y cañamazo y finas para el calicó y la cubierta negra), 13mm (mejoradas para el encinchado y finas para el clavado temporal y la cubierta exterior) y 16mm (mejoradas para en encinchado), todas disponibles en cajas de 500g.

2. ALFILERES PARA CORDONCILLO Están disponibles en diferentes colores, en tamaños de 10mm y 13mm y en 16mm sólo en negro. Clavos pequeños con cabeza plana; se usan para fijar el cañamazo y los galones, así como en las zonas delicadas en las que clavar tachuelas sería muy pesado. Se venden en cajas de 500g.

3. GRAPAS se usan para el material moderno y se colocan con una grapadora. También se pueden utilizar en los rebajes delicados en los que se podría dañar la madera y en las telas finas para evitar que se tire o se desgarre el hilo. Los tamaños más útiles son los de 8mm (para las molduras), 10mm (para la espuma, el calicó, la cubierta negra y la cubierta exterior) y 14mm (para el encinchado), se venden en cajas de 5.000.

4 Clave tres tachuelas temporalmente formando una línea a lo largo de la cincha hacia el borde delantero.

CONSEJO

Si el armazón es frágil, use tachuelas mejoradas de 13mm en vez de las de 16mm. Una grapadora dañará menos la madera que las tachuelas.

5 Clave en firme, luego corte la cincha con 2,5cm de dobladillo. Clave en firme con dos tachuelas haciendo una «W».

6 Coloque el siguiente trozo de cincha en el travesaño trasero, dejando un espacio de 5cm o tres dedos ancho. Fije la cincha con tachuelas como antes y llévela hacia delante, colóquela en el travesaño delantero, dejando un espacio ligeramente más largo que en el trasero. Ello se debe a que la parte delantera de un sillón es normalmente más ancha y necesitará espaciar el encinchado por igual en ambos travesaños siguiendo la forma del asiento, de manera que no termine con un espacio entre la parte delantera del asiento y el reposabrazos. Proceda del mismo modo hasta que las cinchas estén colocadas desde la parte de delante hasta la de atrás.

7 Antes de comenzar a encinchar por los laterales, calcule la distancia que necesita para sostener los muelles y dar apoyo en las zonas en las que más se necesite. Después, haga un entramado con la cincha sin cortarla del rollo, llévela por entre las cinchas que ya ha colocado, bajo la primera, sobre la segunda y así hasta el final. No fije la cincha en este momento, para que se pueda «tejer» con facilidad. Una vez hecho esto, dejando un espacio entre la cincha y el travesaño trasero, clávela a través de la estructura. Repita el mismo proceso con la siguiente cincha, llevándola por encima y debajo de las demás para formar un entramado. Dejando un espacio entre ellas y la primera cincha, fíjela en su sitio. Siga hasta que termine de encinchar el asiento.

Reposabrazos

El reposabrazos interior se encincha para sujetar la arpillera y el relleno. Una cincha doblada por la mitad a medio camino del respaldo interior actúa como un travesaño extra al que se puede coser el material del tapizado y la tela.

1 Doble la primera cincha longitudinalmente. Coloque el borde doblado hacia la parte de atrás del reposabrazos para hacer un bastidor firme. Clave el ribete natural plano al travesaño inferior del reposabrazos, aproximadamente a 5cm de distancia del respaldo, tense la cincha tirando hacia arriba, hacia el travesaño superior, y clave tres tachuelas formando una línea. Corte a 2cm de distancia de las tachuelas, dejando un ribete natural.

2 Coloque otro trozo de cincha sin doblar a medio camino a lo largo del reposabrazos. Clave en firme de la misma manera que en el asiento. Añada una cincha final de 5cm desde el bastidor delantero y clávela en su sitio. Repita el mismo proceso en el otro reposabrazos.

Respaldo

1 Coloque las cinchas a través del respaldo interior, colocando dos más juntas en la zona lumbar. Añada una en el centro, justo por encima del nivel del reposabrazos, una en la parte de arriba, justo debajo del travesaño del reposacabezas y otra exactamente entre estas dos.

2 Clave la primera cincha en el travesaño del respaldo interior. Para evitar que se deforme el contorno del sillón, no entrelace la cincha, póngala por detrás de las otras cinchas. Ténsela alrededor del travesaño del reposacabezas delantero y clávela. Prosiga para enchinchar el respaldo interior, manteniendo las cinchas equitativamente espaciadas y comenzando a cada lado de la cincha central.

CONSEJO

Para un apoyo lumbar más pronunciado, coloque las cinchas de abajo en el interior del respaldo y entrelace las cinchas verticales por encima y debajo formando un entramado.

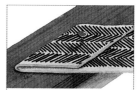

El clavado temporal

Las tachuelas se clavan en el armazón hasta la mitad, para que el material o la tela se mantengan en su sitio. Se pueden quitar fácilmente en caso de que el material necesite ser tensando de nuevo, o pueden clavarse en firme.

Clavado en firme

Las nuevas tachuelas se clavan planas sobre el armazón y se quitan las tachuelas temporales.

MUELLES

Habiendo completado el encinchado, puede abordar el poner los muelles. No todos los asientos necesitan de los muelles, pero éstos añaden profundidad y confort y son un elemento importante en el tapizado tradicional.

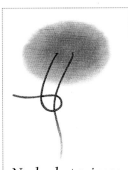

Nudo de tapicero

a) Haga una puntada con bramante de derecha a izquierda. Mantenga el hilo derecho tenso, pase el final izquierdo por debajo y después por encima, sáquelo por el espacio y otra vez por debajo de sí mismo.

b) Cruce el mismo extremo sobre la delantera de ambos lados, formando un segundo lazo.

c) Saque el extremo alrededor de la parte de atrás del bramante derecho y a través del lazo de abajo hacia delante. Tire del nudo con fuerza hacia arriba.

Los muelles forman parte de la base y tienen que ser colocados de manera correcta, de forma que no se tuerzan. Las ataduras que los sujetan al armazón juegan un papel importante, ya que los mantienen en la mejor posición para que absorban el peso. Las ataduras sujetan los muelles alrededor de los lados del armazón, pero les permiten formar una ligera cúpula en medio del asiento. Cuando nos sentemos, todos los muelles se hundirán al mismo nivel y se distribuirá el peso equitativamente.

1 El asiento es la única parte que necesita muelles en el sillón y en este caso, necesitará nueve muelles helicoidales de calibre 9, de 17,5cm para un asiento firme.

HERRAMIENTAS

Jaboncillo

Aguja para muelles

Tijeras

Martillo

---

2 Coloque los muelles en posición sobre el cinchado, con las junturas mirando al centro. Ponga los muelles delanteros ligeramente más separados para que puedan seguir el contorno del asiento. Los dos en los bordes delanteros exteriores, cerca de los travesaños laterales y delanteros, deberían estar situados aproximadamente a 10cm de los travesaños. Mantenga las filas siguientes a la misma distancia de los travesaños, siguiendo el contorno de la estructura. Deje un espacio de, aproximadamente, 15cm entre los muelles y el travesaño trasero para tener sitio para el relleno del respaldo interior. Marque la posición de cada muelle con jaboncillo, de manera que pueda quitarlos y coserlos de forma individual.

3 Cosa los muelles, comenzando por la parte delantera del muelle trasero de la izquierda. Enhebre la aguja para muelles con bramante y, dejando hilo suficiente, pásela desde la parte de abajo del asiento a través de la cincha. Llévela a la espiral inferior del muelle y pásela otra vez a través de la cincha. Vuelva la silla del revés y haga un nudo de tapicero. Después apriete el nudo con un nudo corredizo, que es un nudo sencillo, pero al que se le pone un impedimento para mantenerlo seguro. Vuelva la silla del derecho.

4 Dé una puntada larga bajo el cinchado y saque la aguja otra vez a través de la cincha hacia el lado derecho del muelle. Pase el bramante sobre la espiral otra vez y lleve otra vez la aguja hacia abajo pasando a través de la cincha. Haga un nudo sencillo debajo, manteniendo una fuerte tensión en toda la puntada. Las siguientes ilustraciones muestran el sillón apoyado en sus patas traseras.

5 Continúe cosiendo y anudando, de manera que haya cuatro nudos a la misma distancia para asegurar el primer muelle. Pase el bramante a través de la mitad del muelle en la fila de atrás. Repita el proceso para asegurar este muelle con sólo tres nudos hechos a la misma distancia.

6 Repita estos pasos hasta terminar la fila de atrás. Después siga con la fila de en medio y después con la de delante. En cada fila, los muelles laterales tendrán

cuatro nudos y los muelles centrales sólo tres. Cuando llegue al último nudo, anúdelo debajo y asegúrelo con un nudo sencillo. Este método asegura que todos los muelles quedarán sujetos de manera segura y que no se moverán de su posición.

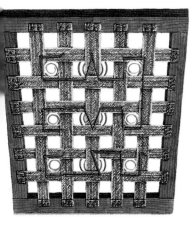

Atar los muelles

1 Ponga el sillón sobre las patas, listo para atar los muelles. Tome una tachuela mejorada de 16mm, colóquela en ángulo, con la cabeza mirando hacia fuera, en el centro del travesaño trasero, en línea con el muelle central y clávela hasta la mitad. Continúe alineando las tachuelas con los muelles exteriores y repita esta maniobra en los travesaños laterales y los delanteros.

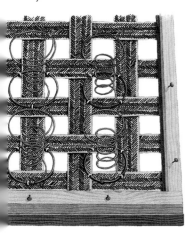

2 Tome un trozo de cordel cuya longitud vaya desde el travesaño delantero hasta el trasero, después doble este trozo y corte. Esto le dará el suficiente cordel como para hacer todos los nudos en esta fila.

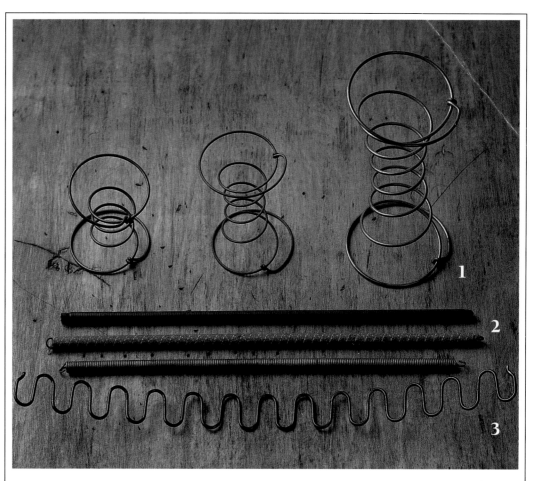

MUELLES

Hay un tipo distinto de muelle para cada tipo de sillones y sofás. Reemplácelos por el mismo tipo de los que se han utilizado en el tapizado original.

1. MUELLES HELICOIDALES. Se hallan disponibles en diferentes tamaños, desde 10cm hasta 32,5cm y en varios calibres, dependiendo de dónde van a ser utilizados. Use el calibre más grueso, 8 o 9, para asientos y el calibre medio, 10, para respaldos o asientos. El calibre más delgado, 12 o 13, se utiliza para respaldos y brazos. Los muelles helicoidales se utilizan en el tapizado tradicional.

2. TENSORES. Consisten en una larga cola con un gancho en cada extremo, que normalmente tiene una ranura en un muelle plano, ajustado a los lados del travesaño. Se utilizan en el tapizado moderno.

3. SERPENTINA (muelles en zizag o sinuosos). Se cortan a la medida que se desee y se fijan con clavos al asiento o a la estructura trasera. Se utilizan en el tapizado moderno.

MALLA DE MUELLES (no aparecen en la imagen). Estos muelles se fabrican en tamaños medios desde los 45 x 50 x 45 hasta los de 155 x 62,5 x 110, con profundidades desde 11,25 hasta 13,55 cm, o también pueden hacerse a medida. Son unos buenos asientos o respaldos y se utilizan con material tradicional.

Doble nudo

Lleve el cordel a la parte superior del alambre del muelle. Páselo alrededor hacia abajo y atrás sobre la parte superior del alambre del muelle. Enróllelo alrededor hacia abajo y sobre el alambre otra vez, llevando el extremo a través del segundo lazo. Tire fuerte del nudo (véase foto de la derecha).

Medio doble nudo

Lleve el cordel sobre la parte superior del alambre del muelle. Lleve el extremo bajo el alambre, sobre el cordel y otra vez bajo el alambre. Tire fuerte del nudo.

3 Comience por el respaldo y trabaje hacia delante, ate un solo nudo alrededor de la tachuela que está en el centro del travesaño trasero, dejando suficiente cordel como para regresar al principio del muelle más tarde. Haga un nudo sencillo en la tachuela y después clave en firme.

4 Empuje el primer muelle hacia abajo con su mano izquierda hasta que lo sienta firme cuando lo pruebe con la otra mano. Coloque el cordel sobre la primera espiral, directamente por debajo de la parte superior del muelle y haga un doble nudo. Suelte el muelle y haga otro doble nudo en la espiral superior, en el lado opuesto del muelle.

5 Mantenga el muelle central hacia abajo y, manteniéndolo recto, haga el siguiente doble nudo en la espiral superior. Lleve el cordel a través de este muelle y anúdelo en el otro lado.

6 Continúe, atando el cordel al muelle delantero. Haga un doble nudo en la espiral superior y después haga otro en la segunda espiral, en el lado opuesto.

7 Asegúrese de que los muelles están rectos, después haga un solo nudo alrededor de la tachuela que está en la parte delantera del armazón y clávela en firme. Lleve otra vez el cordel a la espi-

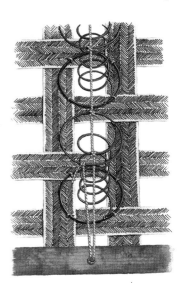

HILO, BRAMANTE Y CORDEL

Para dar las puntadas, hacer lazos y atar muelles se utiliza una gran variedad de hilo, bramante y cordel.

1. *HILO PARA COSER A MANO. Se vende en madejas de 50g en varios colores. Se utiliza para coser a mano telas fuertes.*

2. *BRAMANTE DE TAPICERO. Está disponible en diversos grosores; nº 6, el más grueso, y nº 3 de grosor medio, son los más útiles. El bramante se usa para las ligaduras, las ligaduras para el relleno y dar puntadas en los bordes. Se suele vender en ovillos de 254g. Elija un bramante de buena calidad que corra suavemente.*

3. *BRAMANTE DE HILAZA DE LINO. No de muy buena calidad, pero es muy utilizado para dar puntadas. Se vende en ovillos de 250g.*

4. *MIXTO POLIÉSTER ALGODÓN. Se suele usar para coser a máquina, pero también para coser a mano telas delicadas. El hilo fuerte de calibre medio está disponible en muchos colores, en carretes de 700m y 400m.*

5. *BRAMANTE DE NYLON PARA CAPITONÉ. Bramante retorcido muy fuerte y blanco muy adecuado para el capitoné, aunque a veces se utiliza para dar puntadas.*

6. *CORDEL. Se utiliza para atar los muelles helicoidales en el tapizado tradicional. Es muy fuerte y se vende en ovillos de 500g.*

HILO DE NYLON CLARO PARA COSER A MÁQUINA (no hay imagen). Se utiliza como hilo «invisible». El hilo de color natural también se puede utilizar en trabajos más ligeros.

Nudo de cierre o sencillo

Tome el extremo del bramante y haga un lazo sobre sí mismo en la base del nudo anterior. Lleve el extremo a través del lazo y tire fuerte del nudo.

Vuelta de agarre

Para sujetar el cordel en su sitio según cruza a otro (ver paso 8) llévelo por encima y alrededor del otro cordel, tire fuerte y continúe atando.

ral superior y, tirando del muelle hacia abajo durante un segundo, anude el cordel con un medio doble nudo y un nudo sencillo. Repita esta técnica en los muelles de atrás.

8 Repita este proceso en las otras dos filas, desde atrás hacia delante, después ate de lado a lado. Cuando los cordeles se crucen el la parte superior del muelle, enrolle el cordel sobre lo que ya ha atado para sujetarlo.

ARPILLERA

La arpillera es la tela de cobertura que mantiene el relleno en su sitio y es parte de la base de cualquier mueble de tapicería. Sin ella, el relleno de este sillón caería sobre los muelles.

La arpillera también sujeta el relleno en aquellos lugares de un sillón en los que no se necesitan muelles, ya sea en una base de madera o sobre las cinchas.

Utilice siempre una arpillera de buena calidad. Una de mala calidad tenderá a ser débil y casi siempre es el motivo por el que el tapizado se viene abajo.

Asiento

1 Mida y anote las medidas desde el travesaño trasero al delantero por encima de los muelles y sumando 10cm extra para dobleces. Después mida desde una travesaño lateral al otro, pasando otra vez por encima de los muelles y teniendo en cuenta los dobleces.

2 Corte un trozo de arpillera fuerte, de al menos 340g de peso, a medida. Coloque la arpillera sobre los muelles. Asegúrese de que las

---

HERRAMIENTAS
Tijeras
Martillo magnético
Aguja circular
Aguja para muelles

---

hebras, o hilos de urdimbre y tela cuadran con el armazón del asiento, clave temporalmente la arpillera en el punto central de los travesaños trasero, delantero y laterales.

3 Siga clavando temporalmente a partir de los puntos centrales a lo largo del travesaño en todos ellos. Cuando la arpillera haya sido cua-

---

drada y esté tensa, clave en firme. Cuando llegue a una esquina, doble la arpillera hacia atrás desde el bastidor, de manera simétrica, a través de la esquina. Corte la arpillera desde la esquina de la tela hasta la esquina interior del bastidor. Recorte el exceso, dejando 2cm para que se pueda hacer un doblez. Repita en cada esquina.

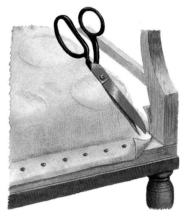

4 Doble el ribete natural de la arpillera sobre sí mismo a lo largo de cada travesaño y clávelo entre las primeras tachuelas. Deje a la vista los ribetes naturales. En la esquinas, doble la tela sobrante desde el bastidor y clávela.

ARPILLERA

La arpillera es un tejido suelto que parece tela de saco y está hecha de yute. Se usa para los cimientos del tapizado, manteniendo el relleno en su sitio. El peso más utilizado es de 285g y 340g, de una anchura de 90cm y 180cm. Sobre los muelles se utiliza un tarpaulin de mayor peso (los tapiceros lo llaman «tarp» y también se le conoce como cañamazo para los muelles).

Festón

Sujete el bramante y sáquelo del borde de la tela. Haga una puntada de 1cm, 1cm a la izquierda. Lleve el hilo alrededor de la parte de atrás de la aguja. Tire de la aguja a través y haga lo mismo para las siguientes puntadas.

Reposabrazos

1 La arpillera cubre el espacio entre los travesaños superiores e inferiores del reposabrazos, dándole un apoyo al relleno sobre las cinchas. Anote las medidas del reposabrazos interior desde la parte superior a la inferior, sume 10cm para dobleces. Mida desde la cincha doblada, en la parte de atrás del travesaño, teniendo en cuenta el doblez.

2 Clave temporalmente la arpillera en el centro de cada travesaño y bastidor. Siga clavando temporalmente, dejando sin asegurar el borde trasero a lo largo de la media cincha. Cuando la arpillera haya sido cuadrada en su lugar, clave en firme.

3 Doble los bordes como en el asiento y clávelos a cada travesaño. En el borde trasero, sujete con alfileres la arpillera al borde doblado de la cincha. Use una aguja circular y bramante, haga un festón en la arpillera a lo largo del borde de la cincha. Repita en el otro reposabrazos.

Respaldo

1 Aquí la arpillera sujeta el relleno del respaldo interior. Anote las medidas desde la parte de atrás del travesaño del reposacabezas, hasta el travesaño del respaldo interior, sume 10cm para dobleces. Después, mida desde un bastidor hasta el otro, sumando los dobleces. Clave la arpillera al respaldo interior usando exactamen-

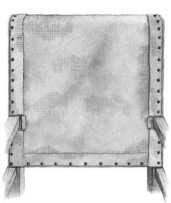

te el mismo método que en el asiento y los reposabrazos y corte alrededor de los travesaños superiores de los reposabrazos.

Coser los muelles

Cosa los muelles a través de la arpillera, utilizando una aguja para muelles y bramante. Utilice el mismo método y estructura que cuando cosió los muelles a las cinchas.

LIGADURAS

Estas ligaduras se cosen a la arpillera para formar lazos que se superponen y que sujetan la fibra como una masa continua. También se pueden ajustar para variar la profundidad del relleno.

CONSEJO

Si hace un arco con la mano bajo los hilos a medida que cose cada ligadura, tendrá un ancho para hacer los lazos de las ligaduras que siempre estará igual de suelto y del mismo tamaño.

Se cosen las ligaduras al interior de los reposabrazos, del respaldo y al asiento. Alrededor del respaldo interior se forma un canto de paneles de cañamazo, como preparativo para el primer relleno. Las ligaduras también se cosen en el panel central del respaldo interior, cuando todavía se puede acceder a él, pero éstas no se van a utilizar hasta más tarde, cuando procedamos al segundo relleno.

HERRAMIENTAS

Una aguja de colchonero
Una aguja circular
Tijeras
Martillo magnético
Espetones
Lápiz para marcar

Reposabrazos

1 Enhebre una aguja para muelles con bramante, de una longitud suficiente como para hacer todas las ligaduras de uno de los reposabrazos. Comience por la parte superior, cerca de la cincha doblada, con un nudo corredizo de tapicero y un nudo sencillo. Trabaje de izquierda a derecha, pase la aguja a través de la arpillera 10-15cm a la derecha del comienzo para hacer un lazo largo en el reposabrazos interior. Saque la aguja 2,5-5cm a la izquierda, haciendo un pespunte corto. Deje la puntada un poco suelta para poder poner el relleno más tarde.

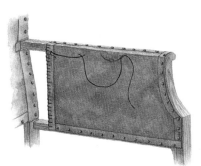

2 Continúe hasta el final de la fila superior, dé una puntada larga hacia abajo y cosa una segunda fila en la mitad del reposabrazos. Lleve otra puntada abajo y cosa la última fila de ligaduras. Termine firmemente en el bastidor delantero con

dos nudos sencillos. Repita en el otro reposabrazos, comenzando por el extremo del bastidor delantero.

3 Haga una serie ligaduras para tachuelas a lo largo del travesaño superior del reposabrazos. Ponga parejas de tachuelas mejoradas de 10mm a lo largo de la parte superior del travesaño, de manera que cada pareja forme una ligera diagonal. Coloque las tachuelas en el reposabrazos interior a intervalos similares a los de las ligaduras. Sujete el primer extremo del bramante a la segunda tachuela desde el respaldo con un nudo sencillo y clave en firme. Repita en la tachuela de atrás. Lleve el bramante al siguiente par de tachuelas y átelo a la de delante, dejándolo lo suficientemente suelto como para rellenar después. Clave en firme. Ate el bramante a la tachuela de atrás, como en la anterior. Siga hasta el final del travesaño y después haga lo mismo en el otro reposabrazos.

4 Ponga ligaduras para tachuelas a lo largo del travesaño del bastidor delantero, con los lazos cerca unos de otros. Comience bajo el borde exterior del rollo y trabaje hacia abajo en dirección a la parte de abajo del borde delantero. Repita el proceso en el segundo bastidor.

CAÑAMAZO

El cañamazo es un material parecido a la arpillera, pero tiene un hilo más fino, un tejido más suelto y está hecho de hilo de lino o yute. Se usa para dar forma al primer relleno y los bordes cosidos en el tapizado tradicional, es mucho más fuerte de lo que parece. Está disponible en un ancho de 180cm.

Respaldo interior

1 Dibuje un cuadrado central en la arpillera del respaldo interior. Primero, dibuje una línea horizontal a lo largo de la anchura del respaldo interior, inmediatamente por debajo de la curva de los rollos traseros. Dibuje una línea horizontal a lo largo de la parte superior de la zona lumbar, aproximadamente 5cm por debajo de la línea del armazón de los reposabrazos. Después dibuje una línea vertical a cada lado, a un cuarto de camino de cada borde, terminando, de este modo, el recuadro central y creando un canto de paneles alrededor.

2 Tome medidas para dos trozos de cañamazo para los paneles laterales, desde la línea superior a la inferior, teniendo en cuenta los dobleces. Mida para el panel superior de cañamazo, desde la línea superior por encima del respaldo al travesaño del reposacabezas y de un lado al otro, alrededor de los bordes de la parte trasera de los bastidores. Mida para el panel inferior de cañamazo, desde la línea inferior hasta la base del travesaño trasero y después de lado a lado, como antes.

3 Corte cuatro trozos de cañamazo, teniendo en cuenta el doble del ancho medido en cada panel. Esto le dará lo suficiente como para cubrir el primer relleno y meterlo por los bordes, listo para ser clavado.

4 Doble sobre sí mismo el lado largo de una pieza lateral de cañamazo, unos 4cm más o menos, y ponga el borde doblado de cañamazo sobre una de las líneas verticales de la arpillera con la mayor parte del cañamazo sobre el panel central, de manera temporal.

5 Haga un pespunte con el cañamazo en la arpillera, desde las esquinas superiores a las inferiores del recuadro, utilizando bramante con una aguja circular. Comience sujetando el bramante y cosiendo la primera puntada. Lleve la aguja a través del respaldo y sáquela de nuevo una puntada por delante de la anterior. Pase la aguja hacia el respaldo al final de cada puntada anterior. Repita este proceso, de manera que las puntadas formen una línea recta continua. Doble el cañamazo hacia atrás, sobre el panel lateral.

6 Repita este proceso en el otro panel lateral. Después, hágalo también en los paneles superior e inferior, cosiendo a través de la arpillera desde una de las esquinas del recuadro a la otra y haciendo los pespuntes después hacia los finales sueltos de los paneles laterales.

7 Clave con alfileres los paneles de cañamazo en la mitad del recuadro central con un espetón para mantenerlos apartados y déjelos en esta fase.

8 Haga series de ligaduras en la arpillera de los paneles laterales, superior e inferior, de la misma manera que en los reposabrazos. Comience por arriba y trabaje a lo largo del respaldo, insertando filas de ligaduras separadas 15cm, aproximadamente. Después trabaje hacia abajo cada lado a lo largo del panel inferior de la misma forma. Si tiene que unir el bramante, hágalo terminando y comenzando, pero asegúrese de que los lazos se superponen.

9 Saque el espetón y doble el cañamazo sobre los bordes exteriores del sillón. Ahora trabaje en el panel central y cosa cuatro líneas de ligaduras con bramante continuo, comenzando por la esquina superior izquierda.

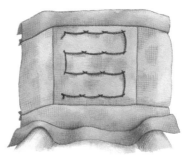

10 Sujete con espetones el cañamazo apartándolo otra vez y trabaje en los bastidores traseros. Ponga ligaduras para tachuelas a lo largo de un bastidor, comenzando por debajo del borde trasero del rollo y trabajando hacia abajo hasta donde el bastidor se encuentra con el travesaño inferior, de la misma forma que con los bastidores delanteros. Repita en el otro lado.

Asiento

Cosa ligaduras a través de la arpillera. Comience en el borde delantero y trabaje hacia el respaldo, utilizando bramante continuo y dejando un espacio entre las ligaduras como en las otras secciones.

Pespunte

Trabaje de izquierda a derecha, dé una puntada, metiendo de la aguja a través. Haga la siguiente puntada dos veces más larga, comenzando al final de la anterior. Repita para hacer una línea continua de puntadas.

CONSEJO

Asegúrese de que ha cortado el cañamazo al hilo, es decir, entre dos hilos a lo largo del entramado. Esto hace que sea mucho más fácil mantener las líneas de sus puntadas rectas y con la correcta tensión.

ASEGURAR EL PRIMER RELLENO

El primer relleno es el relleno principal que le da forma y comodidad al sillón. La fibra se usa para darle una base firme y las hebras tienen que estar separadas para quitar los nudos y enredos de manera que la fibra pueda llenar las ligaduras y darles aún mayor densidad.

Si el primer relleno se hace bien, la siguiente fase de cubrir con cañamazo saldrá aún mejor. Las ligaduras para el relleno se cosen después, para mantener el relleno y el cañamazo en su sitio.

HERRAMIENTAS
Martillo
Tijeras
Aguja de colchonero
Regulador

Reposabrazos interiores

1 Comience con los reposabrazos, ya que son más accesibles antes de rellenar el respaldo o el asiento. Pese uno o dos montones iguales de fibra, métalo en bolsas y use una de ellas para cada reposabrazos. Esto le ayudará a que ambos tengan el mismo tamaño.

2 Comience rellenando con fibra las ligaduras en los reposabra-

zos interiores desde la parte de atrás del travesaño hacia delante. Separe la fibra con los dedos, de manera que no queden nudos o enredos. Con la mano llena de fibra cada vez, empújela bajo las ligaduras y cárdela. Rellene con la fibra a través de las filas, asegurándose de que no quedan huecos.

3 Comience en la segunda fila y saque la fibra hacia abajo, a la fila de debajo y asegurándose también bien de que no quedan huecos.

4 Haga lo mismo con el otro reposabrazos hasta que estén al mismo nivel y después siga llenando ambos reposabrazos interiores. Trabaje al mismo tiempo en ambos para asegurarse de que coinciden.

5 Rellene de fibra las ligaduras para tachuelas a lo largo de la parte superior del reposabrazos y alrededor del borde delantero del mismo. Cuando haya terminado, debería parecer mucho más voluminoso porque todo habrá sido metido por dentro del cañamazo y, de hecho, puede que tenga que añadir más antes de comenzar a coser.

6 Tome medidas para el suficiente cañamazo como para cubrir el reposabrazos interior, desde el bastidor delantero hasta el trasero y desde el travesaño inferior del reposabrazos al exterior del travesaño superior. Después añada 15cm de más en todo el contorno.

7 Corte dos trozos de cañamazo iguales y coloque un trozo en uno de los reposabrazos interiores, asegurándose de que la trama de la tela va pareja a la estructura.

8 Clave temporalmente el cañamazo en el exterior del travesaño inferior del reposabrazos, después tire a través del hueco del lado al reposabrazos interior. Aflo-

FIBRA Y COIR

La fibra y el coir se utilizan para el primer relleno y, compactas, forman un grueso relleno.

FIBRA. La fibra tintada en negro tiene hebras largas y rizadas y es muy áspera. Normalmente se tiene que cardar ya que tiende a tener bultos enmarañados. Se utiliza principalmente para el primer relleno, ya que forma un borde muy duro.
COIR. Hecho de cáscara de coco, es de color rojo. También se utiliza como primer relleno.

je el cañamazo por encima y alrededor del relleno, por encima del la parte superior del reposabrazos hasta la parte de debajo del travesaño superior del reposabrazos.

Ligaduras para el relleno

1 Cosa las ligaduras para el relleno a través del reposabrazos utilizando bramante de tapicero y una aguja de colchonero. Comience con un nudo corredizo de tapicero y un nudo sencillo en la parte de atrás del reposabrazos, cerca del respaldo interior. Trabaje hacia el rollo delantero, haga una fila de puntadas rectas de, aproximadamente, 3cm de largo en el reposabrazos exterior y 15cm en el interior, cosa recto a través del reposabrazos. Siga hacia abajo y complete la segunda fila de abajo.

2 Tire del bramante hasta que las ligaduras mantengan el relleno en su sitio, pero no demasiado apretado. Ate con un nudo temporal, en vez de cerrar el nudo, deje un lazo, de manera que pueda deshacerlo fácilmente o apretarlo después.

3 Meta el cañamazo bajo la fibra alrededor del rollo delantero y debajo del bastidor delantero. Clave temporalmente.

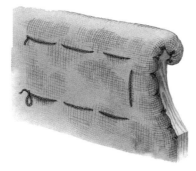

4 Afloje el cañamazo hacia la parte de atrás del reposabrazos. Corte el cañamazo donde se encuentra con el travesaño superior para que pueda remeterse. Meta el borde por debajo y cósalo a la cincha.

5 Vuelva a cortar el cañamazo para permitir que se abra por todo el travesaño del bastidor trasero. Añada más fibra bajo el cañamazo para darle mejor forma. Meta el borde del cañamazo hacia abajo, ya que así no se deshilachará y clávelo al travesaño del bastidor trasero usando tachuelas mejoradas de 10mm.

6 Retire las tachuelas temporales del travesaño inferior del reposabrazos. Doble el borde del cañamazo hacia abajo, ya que así no se deshilachará y clávelo.

7 Ahora comience a trabajar por debajo del travesaño superior del reposabrazos. A medida que saque las tachuelas, añada la cantidad de fibra que sea necesaria para darle una forma consistente y bien redondeada, doble el borde del cañamazo y clave en firme con tachuelas nuevas a lo largo del travesaño a medida que introduzca el relleno.

8 Alise el cañamazo hacia los bastidores delanteros y quite las tachuelas temporales. Añada más fibra para que el frontal del reposabrazos quede firme. Compruebe que el tejido va recto a lo largo del reposabrazos antes de continuar. Clave temporalmente de nuevo.

9 Cuando haya rellenado completamente los reposabrazos, cosa ligaduras para el relleno a lo largo del borde exterior del reposabrazos, empujando la aguja desde la parte superior y dando las puntadas a través del tapizado hasta la parte de abajo del reposabrazos.

CONSEJO

Encontrará más sencillo alternar el relleno, de manera que trabaje en los dos reposabrazos al tiempo. Asegúrese de que utiliza la misma cantidad de relleno en cada reposabrazos, ya que si se queda sin fibra, puede rellenar con la misma cantidad.

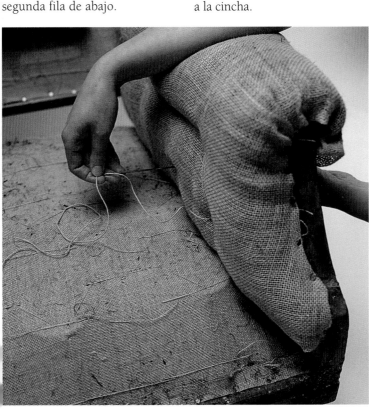

10 Termine alrededor del bastidor delantero. Comenzando en la parte central superior del rollo

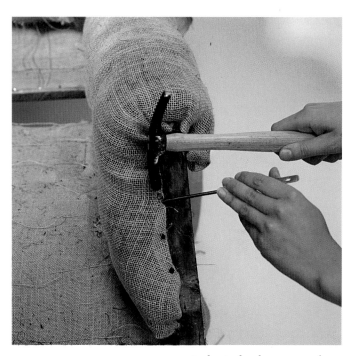

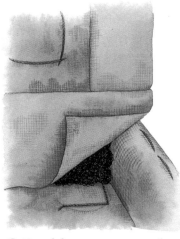

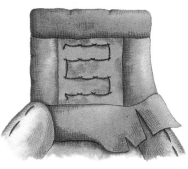

y quite las tachuelas temporales a medida que trabaje, pliegue el cañamazo por igual alrededor del rollo, usando un regulador para mantenerlo en su sitio mientras clava el borde abajo. Coloque las tachuelas nuevas, cerca unas de otras, alrededor del rollo y siga asegurando el cañamazo hacia abajo, al bastidor.

11 Clave en firme todas las tachuelas temporales antes de continuar.

Respaldo interior

1 Rellene con fibra las ligaduras para el relleno en el panel superior del respaldo interior.

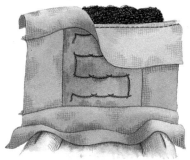

2 Rellene con fibra las ligaduras en los paneles laterales y por debajo de las ligaduras para tachuelas en los rollos y abajo en los bastidores. Rellene el panel inferior particularmente bien y firme para formar el panel lumbar. Deje el panel central vacío.

3 Tire del cañamazo en ambos lados por encima de la fibra. Clave el cañamazo a lo largo de cada bastidor trasero, de la misma forma que en los travesaños del reposabrazos, añadiendo más fibra cuando sea necesario.

4 Tire del panel superior de cañamazo sobre la fibra y, añadiendo más fibra para hacer un contorno más redondeado, clave a lo largo del travesaño del reposacabezas. Pliegue el cañamazo alrededor de la parte superior de los rollos y clávelo como en los rollos delanteros.

5 Haga cortes en el panel inferior de cañamazo y en la parte superior y la base de los reposabrazos, casándolos con los cortes hechos en el cañamazo de los reposabrazos. Meta el cañamazo a través del hueco de cada lado y clave en firme en los travesaños de los bastidores traseros. Compruebe que hay suficiente relleno en el panel lumbar y meta el cañamazo a través del respaldo y clave en firme en la parte superior del travesaño del respaldo interior.

6 Cosa las ligaduras para el relleno a lo largo del borde superior del respaldo, como en los reposabrazos, para mantener la fibra en su sitio.

Asiento

1 Vuelva al asiento y rellene con fibra las ligaduras. Asegúrese de que usa la suficiente fibra como para formar una ligera cúpula en el centro del asiento y para hacer un borde firme en la parte de delante. Corte un trozo de cañamazo para cubrir justo por encima del relleno, dando un poco más de tela para clavar a lo largo de los travesaños de la base.

2 Cubra el asiento con el cañamazo, comprobando que el tejido de la tela está recto con respecto a la estructura. Corte el cañamazo en los travesaños rectos, para que se pueda tirar hacia abajo alrededor del asiento. Meta el cañamazo a través y clávelo en los travesaños laterales y traseros.

3 Tire del cañamazo hacia el borde delantero y, manteniendo la tela recta con respecto al travesaño, clave el ribete natural abajo. Clave a lo largo del travesaño, manteniendo las tachuelas muy cerca una de otras. El sillón está ahora preparado para moldear el relleno y formar bordes cosidos firmes.

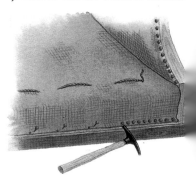

BORDES COSIDOS

Coser los bordes es una parte del tapizado cuya buena realización necesita un poco de práctica. Es una técnica importante porque moldea y hace que los bordes sean firmes, mejorando su uso y definiendo el contorno de los muebles.

Después de cierta experiencia, sabrá si el borde está lo suficientemente duro. Primero practique el coser los bordes en un proyecto pequeño, como la silla de comedor victoriana (véase página 174).

Se utilizan dos tipos de puntadas para hacer los bordes. La puntada ciega lleva el relleno hacia el borde para hacer una pared firme. La puntada de vuelta redonda lleva el relleno justamente hacia el borde superior para hacer un rollo compacto. La cantidad de puntadas utilizadas depende de la profundidad y de la anchura que quiera darle. Un asiento, siendo muy profundo, normalmente lleva dos o tres filas de puntadas ciegas y dos de vuelta redonda. Los rollos traseros suelen ser más pequeños y llevan sólo una fila de puntadas ciegas y una de vuelta redonda, mientras los rollos delanteros, que son más anchos, llevarían dos filas de puntada ciega y una de vuelta redonda.

> **HERRAMIENTAS**
> *Aguja de colchonero*
> *Regulador*
> *Tijeras*

Puntada ciega

1 Antes de comenzar a coser, regule el relleno, de manera que quede distribuido regularmente por todo el borde. Tome el cañamazo en la parte superior y a medio camino de la de abajo del lateral, entre el pulgar y los otros dedos y note cómo el regulador tira del relleno hacia el borde. El borde tiene que estar lleno de manera sólida y el relleno distribuido equitativamente.

2 Enhebre una aguja de colchonero con bramante. Comience por el final izquierdo, justo por encima de la línea de tachuelas. Empuje la aguja hacia arriba en ángulo, de manera que la aguja salga por la superficie superior, a unos 10cm del borde delantero. Tire de la aguja a través hasta que el borde enhebrado esté a unos 13mm por debajo de la superficie.

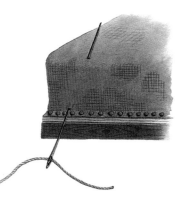

3 Vuelva la aguja, de manera que el extremo enhebrado salga justo por encima de la línea de tachuelas, 2cm a la izquierda. Tire de la aguja hacia

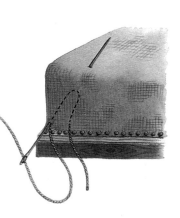

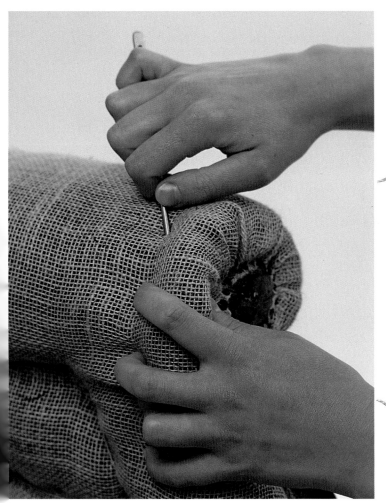

fuera y empújelo temporalmente hacia la parte superior para mantenerlo en un lugar seguro. Ate un nudo corredizo de tapicero con los dos extremos del bramante y termine con un nudo sencillo.

4 Ahora haga una fila de puntadas ciegas. Avance 4cm e introduzca la aguja de nuevo, moviéndola ligeramente hacia la izquierda, de manera que agarre la fibra. Como antes, no saque toda la aguja.

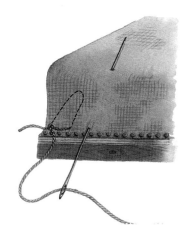

5 Empuje el extremo enhebrado de la aguja hacia abajo para sacarla justo por encima de la línea de tachuelas en el centro de la última puntada. Saque la aguja a medias y pase el bramante por encima de la aguja con la mano derecha. Dé tres vueltas a la aguja con el bramante.

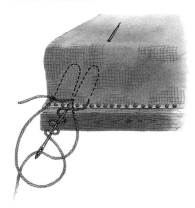

6 Ahora, saque la aguja y el bramante por los lazos. Clave la aguja en la parte de arriba por seguridad. Enrolle el bramante firmemente en la mano. Tire de él primero a la izquierda y luego a la

derecha, hasta que el nudo quede prieto, la puntada se cierra y la fibra queda abajo.

7 Continúe cosiendo hasta que haya trabajado a lo largo de todo el borde. Ate para terminar girando un extremo del lazo de bramante una vez alrededor de la aguja como de costumbre, una vez en la dirección opuesta con el otro extremo del bramante, después otra vez más como siempre. Tire fuerte del bramante y cierre.

Puntada de vuelta redonda

1 Haga las puntadas de vuelta redonda como ha hecho con las puntadas ciegas, pero cuando suba la aguja desde la pared delantera, sáquela por la superficie superior.

2 Dé una puntada que se vea a simple vista en la superficie superior, llevando el extremo enhebrado de la aguja hacia abajo aproximadamente 2cm a la izquierda, y sacándolo por la pared delantera, en el centro del punto.

3 Proceda de la misma manera que con la puntada ciega, pero siga haciendo una fila de puntadas en la parte superior al igual que en la pared delantera.

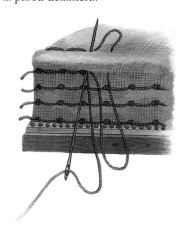

Asiento

1 Regule el relleno en el borde delantero del asiento, dejando una línea uniforme.

2 Cosa tres filas de puntada ciega a lo largo del borde delantero, comenzando justo por encima de la línea de tachuelas en el travesaño delantero y espaciando las filas regularmente hacia arriba para formar una pared firme.

3 Cosa una fila de puntada de vuelta redonda a una distancia de unos 6cm del borde para formar un rollo compacto.

Reposabrazos interiores

1 Regule el relleno hacia el borde delantero del reposabrazos alrededor del bastidor.

2 Cosa dos filas de puntadas ciegas alrededor del borde delantero del reposabrazos para formar el rollo, de la misma manera que hizo con el borde delantero del asiento.

3 Cosa una fila de puntadas de vuelta redonda a una distancia de unos 6cm del borde para formar un rollo compacto.

4 Repita el proceso en el otro reposabrazos, comprobando, a medida que cose, que el final se está formando de la misma manera para darle la misma forma que al reposabrazos anterior.

Respaldo interior

Cosa los bordes alrededor de los bastidores traseros y los rollos de la misma manera que lo hizo en los reposabrazos.

SEGUNDO RELLENO

La crin se utiliza actualmente como el segundo relleno tradicional sobre el cañamazo en este sillón, preparado para formar un relleno blando y mullido bajo el calicó.

La crin se mantiene bien en su sitio y es más mullida y resistente que la fibra. Tendrá que utilizar guata de piel en la parte superior del calicó para evitar que la crin pase a través. Hay otros materiales que también se pueden utilizar en vez de la crin y que, a menudo, van bien con otro tipo de muebles, como verá más adelante en otros proyectos.

HERRAMIENTAS
Aguja de colchonero
Tijeras

Reposabrazos interiores

1 Cosa otro juego de ligaduras en el cañamazo de los antebrazos, en filas, como antes.

2 Separe la crin con sus dedos y trabaje entre las filas, coloque la crin en las ligaduras para hacer una manta uniforme.

3 Añada más crin en los lugares que crea que se van a utilizar más. Ahora vaya a la siguiente sección del libro y ajuste el calicó al interior de los reposabrazos inmediatamente, de manera que la crin no se desplace.

Respaldo interior

1 Vuelva al respaldo interior y cosa más ligaduras en los paneles exteriores de cañamazo, en filas, como antes.

2 Llene por completo el respaldo interior con crin, incluyendo el panel central. Rellene el panel central, de manera que así estará bien echado hacia delante, en relación con los otros paneles. Ahora vaya a la otra sección y ajuste el calicó y prepárese para hacer el capitoné del respaldo interior.

Asiento

Ahora vuelva a trabajar en el asiento. Cosa más ligaduras en el cañamazo del asiento, en cuatro filas, separadas equitativamente, a unos 5cm del borde delantero. Está preparado para cubrir el sillón con calicó.

CRIN

La crin de caballo es inigualable como segundo relleno del tapizado tradicional, a pesar de que es algo cara. La crin de caballo de buena calidad es especialmente larga y rizada, de manera que aguanta bien las puntadas y forma un excelente relleno, blando y mullido, y a la vez resistente. Puede reutilizar la crin de caballo si está limpia y en buen estado, pero tiene que cardarla bien.

Otra alternativa, más moderna, sería la mezcla de distintos tipos de pelo de animales, pero el pelo es corto y tiende a salirse traspasando la cobertura exterior con más facilidad que la crin de caballo.

Tendrá que utilizar guata de piel con todo tipo de rellenos de pelo para evitar que las hebras se salgan atravesando la cobertura exterior.

CALICÓ Y TELA BASE

El calicó se utiliza sobre el segundo relleno para mantenerlo en su sitio y la tela base se utiliza como base para el cojín del asiento, cubriendo los tensores.

CALICÓ. Tela de algodón, normalmente sin teñir, disponible en diferentes pesos y anchuras de 90cm, 135cm y 180cm. Se usa para cubrir y dar forma al relleno, previamente al tapizado exterior. Un calicó de buena calidad y pesado se puede utilizar también como cobertura superior bajo fundas sueltas.

TELA BASE. De algodón en varios colores. El mejor tipo es de tela cruzada ya que es fuerte, pero el forro de algodón de peso medio se utiliza mucho. Está disponible en anchuras de 120cm y 135cm. Se utiliza como base bajo el cojín del asiento, sobre los tensores.

AJUSTAR EL CALICÓ

El trabajo de la tela de calicó sobre del relleno es una técnica muy importante en el tapizado, porque le da la forma final. El calicó se coloca y ajusta a cada parte del sillón tan pronto como el segundo relleno se ha puesto en su sitio, para que el relleno no se desplace.

La forma final del asiento se le da ahora; tal vez haya que añadir más crin para darle al sillón un buen contorno.

Los reposabrazos son los primeros en estar listos para ser recubiertos de calicó. Cuando los reposabrazos ya se han cubierto, regrese al respaldo interior para comenzar el segundo relleno. Después cúbralo con calicó y comience a hacer el capitoné, tal y como se explica en la siguiente sección. Después de eso, el respaldo quizá necesite un poco más de relleno de crin, especialmente en los lugares en lo que se encuentra con los reposabrazos. Para terminar, proceda al segundo relleno del asiento y después cúbralo con calicó, tal y como se describe al final de la siguiente sección.

Utilice un calicó de buena calidad que esté tejido de manera compacta, pero no demasiado pesado. Un calicó fino puede que no sujete bien el relleno y que se rompa.

Reposabrazos

1 Mida el calicó para los reposabrazos, desde debajo de la parte superior del travesaño del reposabrazos, bajando por encima del relleno hasta el travesaño inferior y la longitud a lo largo del exterior del reposabrazos desde el travesaño del bastidor trasero hasta el rollo. Añada un poco más de tela para poder manejarlo y corte dos trozos iguales.

2 Clave temporalmente el calicó para fijar su posición básica, comenzando con unas pocas tachuelas a lo largo de la parte de atrás del travesaño inferior del reposabrazos. Levante el calicó por encima del interior del reposabrazos hacia el travesaño superior del

<table>
<tr><td>HERRAMIENTAS</td></tr>
<tr><td>Martillo</td></tr>
<tr><td>Tijeras</td></tr>
<tr><td>Espetones</td></tr>
<tr><td>Aguja circular</td></tr>
</table>

mismo, usando una mano para tirar y la otra para alisar y empujar. Asegúrese de que el tejido del calicó está recto con respecto a la estructura. Clave temporalmente bajo el travesaño superior del reposabrazos, colocando una tachuela en el centro y otras dos a cada extremo del travesaño.

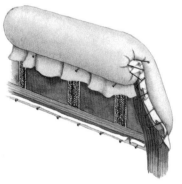

3 Tire del calicó hacia la parte de atrás del reposabrazos, métalo a través del espacio que hay entre el reposabrazos y el respaldo interior y clávelo temporalmente al travesaño trasero del bastidor. Después alise el calicó en dirección a la parte de delante del reposabrazos y asegúrelo con espetones, alrededor del rollo, al borde cosido justo por debajo del rollo hecho con el cosido.

4 Ahora puede ajustar el calicó con más exactitud. Suéltelo del travesaño del bastidor trasero y vuelva a clavarlo temporalmente a lo largo de travesaño inferior del reposabrazos, comenzando por la parte delantera. Cuando llegue al travesaño del bastidor trasero, corte el calicó en el travesaño en forma de «Y». Meta de nuevo el calicó a través del espacio entre el respaldo interior y el reposabrazos. Termi-

ne clavando temporalmente al travesaño inferior del reposabrazos y clave temporalmente con espetones el calicó a la cincha doblada. Clave todas las tachuelas en firme.

5 Regrese al clavado temporal a lo largo del travesaño superior del reposabrazos, comenzando por delante. Cuando llegue atrás, haga varios cortes hacia el travesaño del bastidor trasero. Cuando el calicó haya quedado perfectamente alisado, clave en firme al extremo del travesaño del reposabrazos y en el bastidor trasero.

6 Regrese a la parte delantera del reposabrazos. Doble el calicó alrededor del rollo delantero y fíjelo con espetones otra vez. (Si prefiere que el aspecto quede fruncido en vez de doblado, haga una línea de puntadas rectas en hilo para coser a mano alrededor del calicó, desde donde el rollo comienza a curvarse en el reposabrazos interior, hasta donde deja de curvarse a medida que se encuentra con el exterior del reposabrazos. Coloque una tachuela temporalmente en

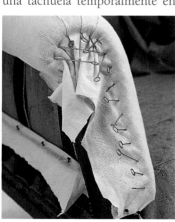

cada extremo y frunza el calicó hacia arriba entre ambos puntos). Siga asegurando el calicó con espetones a lo largo del borde cosido y clave temporalmente la esquina de abajo del bastidor delantero.

7 Utilizando una aguja circular larga, enhebre con bramante, dé una fila de puntadas ciegas alrededor del borde delantero del reposabrazos, cosiendo a través del calicó a lo largo de la línea de puntadas ciegas en el cañamazo.

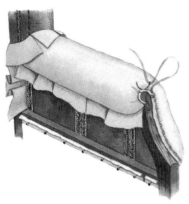

8 Recorte el calicó de la parte trasera del reposabrazos, dejando bastante tela para hacer un doblez. Doble el calicó hacia abajo de manera que se encuentre con el respaldo interior y después déjelo de manera que se pueda ajustar después de que se rellene el respaldo.

9 Clave el calicó al bastidor delantero, en la parte inferior del borde cosido. Recorte el exceso de calicó de todo el contorno del reposabrazos.

10 Repita todo este proceso en el otro reposabrazos, asegurándose de que la forma es idéntica a la del reposabrazos anterior.

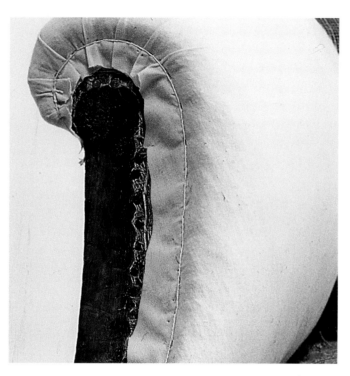

Corte recto

Para dejar que la tela vaya en diferentes direcciones, como por ejemplo, rodear un travesaño lateral y un bastidor trasero, haga un corte recto en el punto en el que se encuentran dos travesaños.

Corte en forma de «T»

Para que la tela se abra alrededor de los dos lados de un travesaño, dóblela sobre sí misma diagonalmente a través de la esquina, alinee el doblez con el travesaño. Haga un corte recto que vaya al borde de la esquina del travesaño. Doble la tela hacia abajo o tire de ella alrededor del travesaño.

Corte en forma de «Y»

Para ajustar una tela alrededor de tres lados en un travesaño, dóblela hacia atrás sobre sí misma, de manera que el doblez tope con el travesaño. Corte recto hacia al centro del travesaño, parando a 2,5cm. Corte hacia cada lateral del travesaño. Doble la solapa central hacia abajo y ponga las otras dos a ambos lados del travesaño.

CAPITONÉ PROFUNDO EN CALICÓ

Lo primero que quiere hacer un estudiante son los respaldos de capitoné profundo y es una de las técnicas más difíciles, así que si quiere terminar su sillón favorito con un respaldo de capitoné profundo firme y regular, practique antes en un proyecto más pequeño y sencillo.

El respaldo de capitoné profundo perfecto se consigue poniéndolo todo en su sitio en la fase del calicó. Tiene que asegurarse de que el relleno esté firme y que los botones están separados regularmente mientras aún sigue trabajando en el barato calicó. Después el proceso del capitoné en el tapizado exterior, más caro, será mucho más sencillo.

HERRAMIENTAS

Martillo
Tijeras
Aguja de colchonero
Aguja circular
Lápiz para marcar
Cinta métrica
Traducir
Regulador

Respaldo interior

1 Marque las posiciones de los botones en el cinchado del respaldo exterior. Marque una línea vertical en el centro del respaldo exterior hacia abajo y tres líneas a cada lado a intervalos iguales. Marque la primera línea horizontal justo debajo del rollo trasero y la línea de abajo, justo por encima del panel lumbar. Espacie otras dos a la misma distancia entre ellas.

2 Marque la posición de los botones en forma de diamante, cuatro en la fila superior, tres en la siguiente y así hasta que termine.

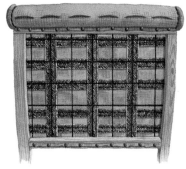

3 Empuje el regulador desde el respaldo, a través de las marcas y el relleno. Separe el relleno alrededor del punto del regulador para hacer un agujero en el respaldo interior.

4 Mida la cantidad de calicó con cinta métrica, desde debajo del travesaño del reposacabezas, por encima de la parte superior del relleno hacia el primer agujero, después, sobre el relleno, a los otros agujeros, continúe midiendo por encima del panel lumbar y hacia la parte de bajo el travesaño base del respaldo. Mida a través de la misma manera, añadiendo un poco de tela extra para coserla a los rollos traseros.

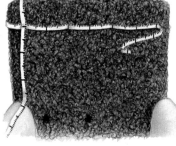

5 Corte un trozo de calicó para este tamaño básico, añadiendo 10cm para poder manipularlo mejor.

6 Marque el dibujo del capitoné en el calicó. El diseño básico es el mismo que el del respaldo, pero hay que añadir más tela para que ésta vaya sobre el relleno, entre los botones. Mida la distancia entre los agujeros de los botones asiendo la cinta métrica y empujándola dentro del agujero del relleno del respaldo interior hasta que llegue a la arpillera y midiendo la base del siguiente agujero de la misma manera. Mida la distancia de los botones, tanto vertical, como horizontalmente y márquelas en el centro del calicó. Anote las medidas para utilizarlas después en el tapizado.

7 Coloque el calicó sobre el respaldo interior, haciendo que coincidan las marcas y los agujeros. Enhebre una aguja de colchonero con bramante para botones y métala a través de la marca del botón central de abajo y a través de su correspondiente marca en el calicó. Dé una puntada pequeña y saque de nuevo la aguja hacia fuera por el respaldo exterior. Cosa un rollo pequeño de calicó bajo la puntada para evitar que la puntada rompa el calicó, tire de los dos extremos de bramante del respaldo y haga un nudo corredizo de tapicero. Coloque un rollo pequeño de calicó debajo y tire del bramante hasta que los dos rollos estén colocados en su sitio.

8 Repita este proceso trabajando en la posición del botón diagonalmente a la izquierda de la siguiente fila de arriba, después en diagonal al de la izquierda en la fila de abajo, haciendo una figura de medio diamante.

9 Trabaje en el lado izquierdo de la misma manera, haciendo las primeras y las segundas filas. Siga haciendo lo mismo, fila por fila, hasta que llegue arriba.

CONSEJO

Si la almohadilla con forma de diamante entre los botones no está firme, añada más crin antes de tirar con fuerza del bramante.

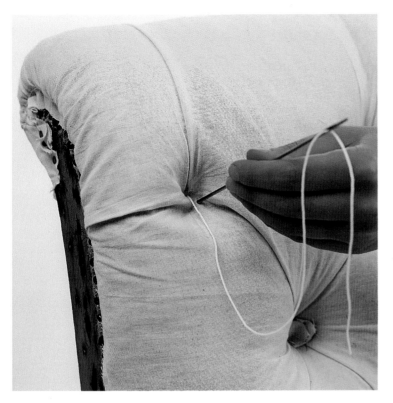

tadas ciegas con una aguja circular a lo largo de cada bastidor y alrededor de cada rollo.

15 Corte el calicó de la parte de debajo de los travesaños de los reposabrazos, donde se cruzan con los travesaños de los bastidores traseros. Meta el resto del borde inferior del calicó bajo el asiento y termine clavando temporalmente a lo largo del travesaño del respaldo interior.

16 Haga cortes en el calicó en los travesaños superiores de los reposabrazos. Métalo a través del respaldo y clávelo temporalmente a los bastidores traseros.

17 Compruebe que el capitoné está firme y que todos los dobleces están rectos, después clave el calicó por completo.

10 Utilizando la hoja del regulador, mueva con cuidado los dobleces que se han formado en el calicó entre cada botón a medida que va trabajando. Colóquelos de manera que todos miren hacia el asiento.

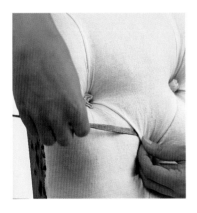

11 Desde las posiciones del capitoné superior, doble el calicó sobre la parte superior del respaldo, haciendo cuatro pliegues, dos mirando a la izquierda y otros dos a la derecha. Clave temporalmente bajo el travesaño del cabecero.

12 Levante el calicó y divida el relleno del panel lumbar en líneas a partir de la última fila de botones.

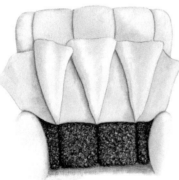

13 Ponga el calicó sobre el relleno y tire del calicó por debajo del travesaño del respaldo interior y clave temporalmente, tanto como pueda, a la parte de arriba del travesaño, doblando el exceso de calicó una línea recta con respecto a las marcas del capitoné. Añada más crin en este punto para hacer que el panel lumbar sea más firme.

14 Ajuste el calicó alrededor de los rollos traseros, de la misma manera que hizo con los rollos delanteros, doblándolo en línea recta con respecto a cada marca del capitoné que esté más cerca del rollo. Asegúrelo con espetones y cosa una línea de pun-

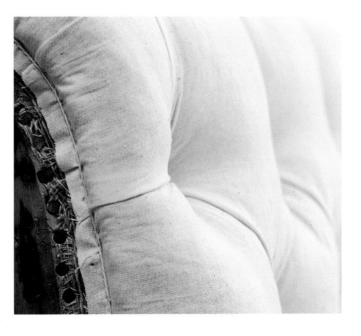

Asiento

1 Regrese al asiento para ponerle el segundo relleno. Coloque la crin en las ligaduras después de separarla. Haga un colchón firme a través del asiento, añadiendo más en el centro, de manera que forme una ligera cúpula. La crin debería tener una altura suficiente como para rellenar el espacio que queda entre los reposabrazos y el respaldo, una vez que el calicó esté metido por dentro, así que añada la crin necesaria.

2 Mida y corte una pieza de calicó lo suficientemente larga como para ser clavada en los travesaños traseros y laterales, dejando 10cm de tela por todo el contorno para manipularla. Coloque el calicó en el asiento, métalo por debajo del respaldo y clave temporalmente al travesaño trasero, haciendo cortes en las esquinas de atrás para que la tela se ajuste a los travesaños.

3 Meta el calicó por cada lateral, cortando la esquina delantera para permitir que la tela pase a través. Clave temporalmente a la parte superior de los travesaños inferiores.

4 Extienda el calicó sobre el borde central del asiento, manteniendo la trama de la tela recta. Aplique los espetones, manteniéndolo tenso desde la parte de atrás hasta la de delante y las laterales a lo largo del borde delantero.

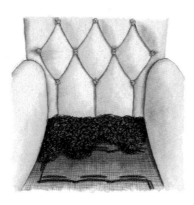

5 Cosa una fila de puntadas ciegas con bramante bajo el borde delantero. Doble el calicó hacia abajo a cada lado para formar un borde cuadrado, añadiendo más crin para acolchar la esquina de manera firme, si fuera necesario.

6 Comience a clavar en firme en el travesaño trasero. Después, trabajando al mismo tiempo, clave en los dos travesaños inferiores de los reposabrazos. Tense el calicó a medida que trabaja. Recorte todo el exceso de tela.

CONSEJOS SOBRE EL TAPIZADO

Ahora ya ha terminado el relleno y el cosido, moldeados por el calicó, parte fundamental del tapizado. Si hay problemas con el tapizado, como que el relleno es muy blando o que los bordes estén mal cosidos, aparecerán ahora. Así que es el mejor momento para examinar su trabajo minuciosamente y hacer los cambios necesarios. Es mejor trabajar más ahora, que cometer errores más caros, como cortar la tela para tapizar demasiado pronto.

Muchos tapiceros principiantes no pueden esperar a llegar a este punto, porque piensan que todo el trabajo duro ya está hecho y están ansiosos por empezar a tapizar. Pero haga un alto, y eche un buen vistazo al mueble cuando aún está cubierto de calicó para asegurarse de que todo está como debiera antes de precipitarse y tapizar.

COMPRUEBE los siguientes puntos y si encuentra algún problema, resuélvalo ahora. Ya sea tensar el calicó o rectificar el tapizado de debajo, de manera que se pueda tapizar finalmente con facilidad y con un acabado profesional.

• *¿Es cómodo el tapizado? La mejor manera de averiguarlo es sentarse y comprobarlo.*

• *¿Las zonas rellenas están lo suficientemente firmes? Examine el asiento cuando se levante y vea si el calicó se ha estirado dejando una abolladura en el centro.*

• *Si se sienta en la silla y apoya los brazos en el reposabrazos y la espalda en el respaldo, ¿quedan luego abolladuras?*

• *¿Las líneas del tapizado son limpias? Compruebe que la forma es simétrica y que los bordes están rellenos firmemente.*

CÓMO ELEGIR LA TELA

Ahora que la base del tapizado está en su sitio, puede «poner la guinda al pastel» y elegir el tapizado. Mucha gente encuentra esta parte como la más excitante del tapizado: ver cómo el mueble surge y recoge el esfuerzo sembrado de tiempo y esfuerzo.

El color, el estampado y la textura de la tela que elija le darán al mueble su carácter e influirá en el impacto que tendrá en su entorno.

Sin embargo, es importante realizar una buena elección de la tela si el proyecto resulta bien y está bien de precio. Así, que merece la pena invertir un poco más de tiempo en tener en cuenta las siguientes consideraciones. Recuerde: tendrá que vivir con la elección que haya hecho.

Qué buscar

Asegúrese de que compra una tela que es de un peso adecuado para el tapizado. Eche un vistazo a las recomendaciones del fabricante y no tenga miedo a pedir consejo si no está seguro de si es adecuada o no. Descubrirá que los tapiceros y los comerciantes al por menor, gracias a su experiencia, sabrán qué telas irán bien y qué tipo de tela será más adecuada al tipo de mueble que usted desea.

Por último, la decisión es suya, sin embargo, no se comprometa hasta que no esté seguro.

Consideraciones básicas

Tenga en cuenta el uso y el lugar que va a ocupar el mueble tapizado antes de comprar la tela y si va a tener luz o un uso constante. Por ejemplo, seguro que no es una buena idea tapizar una silla en algodón satinado de color blanco si se tiene la intención de utilizarla en la habitación de los niños.

Las telas están sujetas a normas de seguridad, por ejemplo, las leyes británicas exigen que todos los tapizados tengan un tratamiento retardador del fuego, a menos que el mueble sea anterior a 1950. Los muebles hechos o tapizados después de ese año tienen que cumplir la norma. Esto quiere decir que la mayor parte de los muebles que están exentos están tapizados de manera tradicional. Un tapicero profesional cumpliría la normativa, pero usted está tapizando el mueble por sí mismo, la responsabilidad de utilizar o no este tipo de tela es suya.

Hay telas que tienen un retardador del fuego inherente. Si desea elegir una tela que no cumpla la normativa, pregunte sobre cuáles han sido tratadas y cuáles no. Las telas pueden tener el envés recubierto a un precio razonable. El recubrimiento por el envés ha mejorado razonablemente desde los comienzos y es más fácil trabajar con ellas, pero aún se atascan en las máquinas de coser y forman mucho polvo cuando se cortan. Sin embargo, las telas con un retardante medio para el fuego inherente son más flexibles y menos rígidas cuando se trabaja con ellas y por eso son más populares entre los tapiceros.

LA ELECCIÓN DE LA TELA

La cantidad de telas entre las que elegir es tan enorme, como el ingenio de los tapiceros y el avance de la tecnología. Cualquiera que sea la que elija, asegúrese de que sea adecuada al propósito, un argumento de peso en el tapizado.

BROCADO. Originalmente hecho en seda, ahora en algodón y fibras artificiales. Estampado, normalmente, con flores con un brillo suntuoso en la superficie. El reverso está rayado a través de la trama. Una trama fuerte de hilo le da fuerza, pero la tendencia del hilo satinado a rasgarse en la parte frontal, le hace más adecuado para tapizar muebles que no se vayan a utilizar demasiado.

BROCATEL. Semejante al damasco, pero con una apariencia acolchada en la superficie, está hecho de algodón y rayón.

CHINTZ. Algodón con un acabado satinado. El recubrimiento tiende a desaparecer con el tiempo. La tela puede ser lisa o estampada. No es aconsejable para el uso diario, se utiliza mucho en el tapizado de los dormitorios.

ALGODÓN. Fibra natural que sirve de materia prima, se utiliza para fabricar muchos tipos de telas. Es muy versátil y se puede tejer o afelpar, dejar de un solo color o estampar. A menudo cruje, un efecto característico. También se utiliza como envés en otros tejidos.

DAMASCO. Un tejido de estampado natural con motivos en relieve sobre un fondo satinado. El efecto de luces y sombras se consigue con un cambio del tejido en el envés. Se fabrica en diferentes pesos de seda, algodón, rayón y fibras artificiales. Se utiliza para muchos tipos de tapizado dependiendo del peso del tejido.

PIEL (CUERO). La piel de vaca o búfalo tratada está disponible en muchos colores. Muchas capas, llamadas flor de piel lanar, se sacan de la piel, oscilan desde las delgadas y flexibles, hasta las más gruesas, con las que es muy difícil trabajar. La piel es poco económica, ya que, a menudo, el revés está marcado con pequeños cortes y clarea hacia los bordes. Un cuidadoso planeamiento antes de cortarla hará que «produzca intereses». La piel desgastada imita una superficie antigua. El ante, el interior de la piel, tratado y afeitado hasta conseguir una superficie uniforme, tiende a ajarse rápidamente.

LINO. De origen vegetal. A veces se mezcla con otras fibras para darle mayor resistencia. Normalmente está tejido y se presenta en colores lisos o estampado con motivos.

Qué tela elegir

Qué tela elegir es un punto importante a tener en cuenta. Si coloca el mueble en un área de uso constante, probablemente descubrirá que un tejido estampado es la elección más sensata. Si prefiere materiales lisos, sin embargo, busque géneros que se puedan lavar o limpiar con una esponja. Muchas telas han sido tratadas previamente con un producto que las impermeabiliza o, incluso, usted mismo puede aplicar un spray al mueble después de haberlo tapizado. Estos productos no producen ningún cambio en el color y se recomiendan, especialmente, para colores claros.

Si los muebles son para un uso menos frecuente, tiene una gran variedad de tejidos y texturas, pero asegúrese de que utiliza una tela para tapizar algo pesada (no tela para vestidos o para otro tipo de mobiliario) o no le gustará el resultado. Es más difícil trabajar con un tejido que sea ligero y si es un principiante se tiene más probabilidades de que el resultado no quede bien.

Color y estampado

La mayor parte de la gente suele pensar que el color es lo primero que hay que tener en cuenta. Otra vez, sin embargo, tendrá que pensar en términos de utilidad práctica y de uso. Imagínese la habitación o el lugar en el que va a colocar el mueble y tenga en cuenta los colores que habrá cerca. ¿Encajará bien con ellos? e, incluso, ¿los realzará? Si tiene una silla de madera vista, estudie el color del armazón y capte las vetas de la madera, de manera que el tejido se complemente con ella.

Considere si será más adecuado una tela lisa o una estampada en términos de utilidad y el tipo de uso al que se le va a someter al mueble.

El estampado puede darle carácter a un objeto o seguir con un estilo en particular. También puede añadirle una dimensión visual, lo que le permitirá elegir tejidos que repitan las formas o los motivos del armazón de mueble o complementen otros detalles del diseño de la habitación. Asegúrese de que el estampado que elige realza y le sienta bien al objeto. Por ejemplo, no abrume una silla pequeña utilizando un estampado que sea tan grande que tenga que estropear el diseño cortando la tela por la cabeza o la cola para que se ajuste al asiento.

Evite elegir cuadros o rayas para muebles redondos hasta que tenga más experiencia, puede ser difícil conseguir que las líneas queden de manera uniforme y se necesita un gran cuidado para ajustar el estampado.

Valor económico

Cuesta mucho entrar en el juego, pero, por regla general, es aconsejable que compre el mejor tejido que pueda pagar. Los precios y normas de las telas difieren, así que verifique la calidad del género para ver exactamente por lo que está pagando.

Mire el tejido para ver si no está suelto y examine la tela cuidadosamente para asegurarse de que no hay hilos sueltos ni otros defectos.

Si compra una pieza de tela de oferta, mire el color y compruebe que el tinte es uniforme y que el color no se ha corrido. Asegúrese de que tiene tela suficiente si está comprando varios trozos. No será una ganga si descubre que no tiene suficiente para tapizar todo el mueble y que va a tener que comprar otra pieza de otro material distinto.

Elegir in situ

Pregunte a su tapicero local si le puede prestar libros de estampados, de manera que pueda ver los tejidos tanto con luz natural, como con luz artificial. Los colores pueden cambiar radicalmente cuando los ve en diferentes lugares y es importante mirar las telas en la habitación que van a ir o en la posición que van a ocupar.

Muchos fabricantes le ofrecen un servicio de muestras. Este servicio es mucho más amplio que el libro de muestras y le dará una idea más próxima de cómo se verá el tejido. Cubra el mueble con la muestra durante un par de días y pronto sabrá si le encanta o la odia. Recuerde siempre que tiene que devolver las muestras o tendrá que pagar por ellas.

No es pronto para tener en cuenta las diferentes opciones de pasamanería en esta fase. Muchas de estas consideraciones son relevantes, como elegir los colores y el tipo que quedará bien tanto con el tejido, como con el tipo de mueble. Hay disponibles libros de estampados y puede encargar cortes para colocarlos con las telas y hacerse una idea de cómo quedarán juntas.

Tejidos y fibras

Los tejidos pueden estar hechos de diferentes tipos de materiales naturales, cada uno de ellos le ofrece un tipo de calidad. Las fibras naturales, incluyendo las fibras vegetales, como el algodón y el lino y las fibras de origen animal, como la seda y la lana. El rayón es también una fibra de origen natural y se saca de la madera. Las fibras artificiales, como el nailon, el poliéster y el acrílico se derivan del petróleo. Se puede mezclar las fibras naturales y las artificiales para tomar lo mejor de ambos mundos. Por ejemplo, el lino y la viscosa juntos hacen que la tela no se arrugue.

El modo en que la fibra está tejida y el tejido determinan la textura y el manejo de la tela. Cuando elija el tejido, tiene que tener en cuenta lo flexible que es, en especial si el mueble tiene curvas, así que examine el tejido cuidadosamente. Las telas con el tejido suelto no son recomendables, ya que tienden a separarse cuando se arrugan o se tensan. Toque la tela para comprobar su flexibilidad y su capacidad de recuperar la forma inicial cuando la aplica al mueble.

LA ELECCIÓN DE LA TELA

MATELASSÉ O ACOLCHADO. Es un tejido muy parecido al brocatel, pero tiene un tejido más plano.

MOQUETA. Tiene una felpa rizada que puede estar cortada o sin cortar y el diseño puede ser liso o estampado. Es un tejido con mucho apresto hecho de lana, algodón o fibras sintéticas y se suele utilizar en los lugares públicos con mucho uso. Ambos tipos, cortado y sin cortar, se utilizaban mucho en 1950 y actualmente se ha retomado.

TEJIDOS AFELPADOS. Terciopelo, velours y chenilla se siguen haciendo de seda o algodón. Las versiones sintéticas, sin embargo, tienden a ser utilizadas en lugares de mucho uso y son más fáciles de limpiar. Naturales o sintéticos, estos tejidos pueden llevar colores lisos, estampados o con relieves.

SEDA. Tejido de seda hecho de gusanos de seda. Las hebras de seda se unen entre sí para formar un hilo que después se teje en una gran variedad de telas, como el damasco, el velours y el brocado.

TAPIZ. Las tapicerías hechas a mano en cañamazo se pueden utilizar como simple tapizado, pero la tela, diseñada para un efecto parecido, también está disponible y es fácil de manejar. Hecha de algodón, lino o lana, los diseños pueden ser modernos o tradicionales y la tela tiene mucho apresto.

TWEED. Hecho de algodón, lana o una mezcla de hilos. Puede tejerse en liso o en cruzado. El tweed es de un apresto muy duro, de aspecto cálido y agradable cuando se trabaja con él, pero tiende a deshilacharse cuando se corta, así que corte tela de más para hacer un doblez y dé puntadas más cortas cuando cosa a máquina.

VINILO. Una tela que imita la granilla y los colores del cuero, pero que también está disponible en muchos otros diseños y colores. Se puede limpiar fácilmente pasando un trapo húmedo por encima. Se utiliza en los coches y los barcos y también en el tapizado doméstico. Tiene un refuerzo tejido para darle mayor flexibilidad.

LANA. Tejida de la lana de las ovejas y otros animales, también se puede mezclar con otras fibras para darle una mayor versatilidad. El tweed de lana se utiliza a menudo en el tapizado y puede ser liso o tejido con diferentes hilos de colores.

CALCULAR LA TELA

Una vez que ya ha elegido el tejido con el que va a tapizar, necesita calcular cuánto va a

necesitar. Mida el mueble cuando aún está en la fase del calicó.

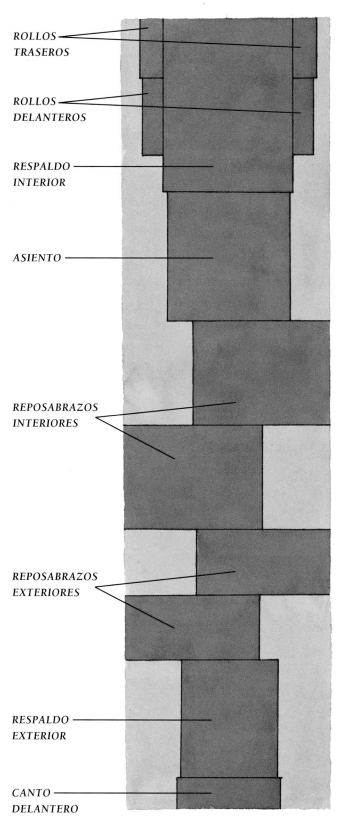

ROLLOS
TRASEROS

ROLLOS
DELANTEROS

RESPALDO
INTERIOR

ASIENTO

REPOSABRAZOS
INTERIORES

REPOSABRAZOS
EXTERIORES

RESPALDO
EXTERIOR

CANTO
DELANTERO

Dibujar un patrón le ayudará a visualizar cómo se pueden cortar en la tela las piezas de las diferentes secciones y a calcular la longitud total necesaria. Hay dos tipos: un patrón de estimación para la tela lisa y un patrón de estampado para las telas estampadas.

Medir

1 Primero, haga un borrador del sillón, marcando las piezas que tiene que cortar y la dirección en que el estampado irá. Tome las medidas de cada pieza del sillón y apúntelas en el borrador.

2 Mida siempre a través del punto más ancho y en la dirección en la que irá la tela. Añada lo suficiente para poder hacer los dobleces y, al menos, 10cm de más, de manera que pueda manejar la tela mientras tapiza. En particular, para el respaldo interior, mida la longitud que va desde el travesaño trasero del reposacabezas hacia el capitoné y hacia el travesaño trasero de la base, añadiendo más cantidad de tela para poder clavarla. Después, mida el

ancho, teniendo en cuenta que debe añadir la suficiente tela para el capitoné y los bordes laterales para poder coserla bajo los rollos. Para los reposabrazos, mida desde el travesaño superior del reposabrazos por encima de la parte superior hasta el travesaño inferior del reposabrazos.

3 Utilice sus medidas para planear el patrón. Dibuje un rectángulo largo que represente el ancho de la tela y dibuje en él todas las piezas como simples rectángulos. Jamás corte una pieza con la medida o la forma justa antes de haberla clavado temporalmente en el sillón. Haga una lista de las longitudes medidas a lo lago del lateral y las anchuras a lo largo de la parte superior del borrador. Compruebe que los anchos concuerdan con el ancho de la tela y añada las medidas necesarias para darle la longitud total de la tela que necesita.

4 En caso de que utilice una tela lisa, puede utilizar este patrón para cortar la tela. Si la tela es estampada, no comience a cortar todavía.

HERRAMIENTAS

Cuaderno

Lápiz

Cinta métrica

Ejemplo de las medidas del sillón

Anchura de la tela 137 cm

	largo (cm)	ancho (cm)
Respaldo interior	85	109
Asiento	81	81
Reposabrazos interiores	91	66
Reposabrazos exteriores	89	41
Canto delantero	66	20
Rollos delanteros	14	48
Rollos traseros	15	38
Respaldo exterior	63	74
Ribetes	*(ajustados en cortes y deje más si lo necesita)*	

Colocar el estampado

1 Si va a utilizar una tela estampada, mida las piezas como antes, pero planee cuidadosamente la posición del estampado y deje más tela. El estampado debe estar en el centro del sillón, de manera que vaya verticalmente hacia el respaldo, a través del asiento y hacia el canto delantero. También tiene que ir horizontalmente, por ejemplo, a través de la parte inferior del respaldo interior a cada reposabrazos interior, de manera que el estampado case en todo el mueble. Necesitará un nuevo patrón para tener en cuenta todos estos detalles.

2 Lo primero que va a planear es el respaldo interior. Si la tela tiene un estampado grande, colóquela de manera que el dibujo principal no desaparezca sobre la parte superior del respaldo o del asiento.

3 Alinee el estampado del asiento con el estampado del respaldo interior y básese en el mismo principio si hay un cojín para el asiento. Alinee también el estampado del canto delantero con el del asiento.

4 Alinee el estampado del reposabrazos interior con el del respaldo interior y el asiento. Los reposabrazos interiores se tienen que cortar de manera simétrica. El lado exterior también tiene que cortarse como si fuera una pareja y casar con el interior.

5 Los rollos también tienen que formar parejas, pero no siempre pueden ser simétricos, a menos que la tela sea también simétrica.

6 Haga otro esquema de las piezas en un nuevo patrón, utilizando las medidas y el método para el patrón de estimación, pero colocando cada pieza según el lugar en el que caiga el estampado. Cuanto más grande sea el estampado, más tela necesitará. Un tejido estampado tiene repercusiones en los costes, pero una planificación cuidadosa minimiza el gasto. Añada las longitudes para obtener la cantidad de tela necesaria.

Arriba: para unir la tela con una sección ancha, busque una parte distintiva del motivo y doble un trozo de tela hacia abajo formando una línea. Ponga este trozo de tela en la parte superior de la otra. Haga que coincida el diseño y coloque alfileres en la nueva línea. Coloque los lados correctos juntos y vuelva a poner alfileres a lo largo de la costura. Compruebe el alineamiento antes de coser.

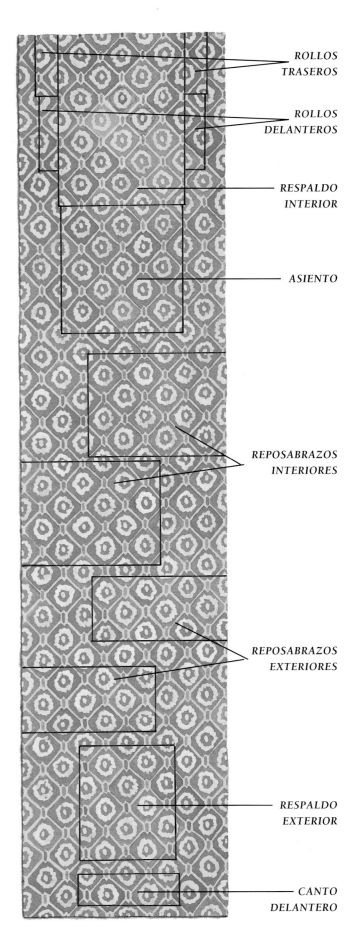

ROLLOS TRASEROS

ROLLOS DELANTEROS

RESPALDO INTERIOR

ASIENTO

REPOSABRAZOS INTERIORES

REPOSABRAZOS EXTERIORES

RESPALDO EXTERIOR

CANTO DELANTERO

COMENZAR A TAPIZAR

Se eligió una tela preciosa y suntuosa para el sillón con respaldo capitoné. Una buena colocación y que la tela coincida es esencial y, en este caso, el estampado hace juego particularmente con el diseño del capitoné.

Una vez que haya quedado satisfecho con el sillón en la fase del calicó, puede continuar con el forro y el tapizado. Comience por el interior del sillón para que así pueda tener acceso al armazón y después termine con el exterior. Planee las piezas de tela y la posición de cada estampado antes de comenzar a cortar la tela. Corte las piezas como simples rectángulos y no le dé forma a ninguna de ellas.

HERRAMIENTAS
Patrón
Tijeras
Jaboncillo
Herramientas para medir
Espetones
Aguja de colchonero
Regulador
Martillo
Aguja circular

Cortar

1 Extienda la tela con la que va a tapizar, con el reverso de la tela hacia arriba, sobre una superficie plana y limpia. Utilice su patrón y marque todas las piezas en el reverso de la tela con jaboncillo. Marque la parte superior de cada pieza con una flecha y etiquétela a medida que va cortando. Esto le ahorrará tiempo a la hora de reconocer cada pieza.

2 Corte las piezas a las medidas básicas de su guía. No les dé forma todavía, ya que va a necesitar más cantidad de tela para poder manejar las piezas y para ajustar la tela al armazón. El sobrante se recortará luego, cuando haya asegurado la pieza en el lugar en el que va. No corte piezas de la tela antigua, ya que pueden haber dado de sí o haber encogido y, de todas maneras, no tienen el sobrante necesario para asegurar la pieza.

3 Tome todas las piezas del interior del sillón y colóquelas juntas. Doble las piezas de las partes exteriores y déjelas a un lado.

Respaldo interior

1 Coloque la tela para el respaldo interior con el haz hacia abajo sobre una superficie plana. Marque las dos líneas centrales, una a través del ancho y otra para el largo. La línea vertical estará alineada con la fila central del capitoné en el respaldo interior. Asegúrese de que el estampado está perfectamente alineado.

2 Coloque la tela en el respaldo interior con él haz hacia fuera, alinee el estampado con el botón central superior. Marque la posición del botón en el envés de la tela.

3 Deje la tela suelta otra vez y marque las posiciones de todos los botones con una cruz en el

envés de la tela. Anote en su cuaderno la distancia existente entre los botones.

4 Ponga una lámina de guata con la parte de la piel por encima, sobre todo el respaldo interior, desde la parte de atrás del travesaño del reposacabezas hasta el travesaño del respaldo interior, entremetida por cada reposabrazos y el respaldo y a cada travesaño del bastidor. Rompa la guata con las manos para evitar un borde firme asomando por debajo del tapizado. Si justamente toca los travesaños, disminuya los bultos en la línea de tachuelas y proteja la tela en el borde del armazón.

5 Rompa la guata sobre las posiciones de los botones cortando una cruz para cada uno o metiendo los dedos en cada hendidura.

6 Ponga la tela para tapizar sobre el respaldo interior, centrando el estampado como antes. Alinee las marcas de la tela con el diseño de los botones en el calicó. Quítela y retenga cada rollo de calicó

LÁMINAS DE GUATA

Se utilizan diversos tipos de guata directamente sobre el material de relleno o sobre el calicó para evitar que el relleno se salga por el tapizado. También le añade una capa extra de relleno por comodidad.

1. FLOCA. Hecho de algodón y desperdicios de fibras animales, normalmente es multicolor. En la actualidad no se recomienda, pero se encuentra muy a menudo como forro sobre una superficie sólida en los mueble antiguos. Tiende a llenarse de bultos con el uso, normalmente se deshace cuando se destapiza y hay que reemplazarla.

2. GUATA DE PIEL. Está hecha de algodón, con un estrato mullido entre dos estratos similares a la piel que la mantienen unida. Es más efectiva cuando se retira y el interior, rugoso, se coloca sobre el calicó, de manera que no resbala. La guata de piel está disponible en diferentes pesos de 800g, 900g, 1.200g y, recomendado como el de mejor calidad, 1.700g, todos de un ancho de 45cm.

3. GUATA DE POLIÉSTER. disponible en diferentes pesos, que van desde 55 hasta 500g y en anchos de 70cm, 90cm y 1,4m. A veces, lo mejor es utilizar la de 55g y ponerla en capas hasta conseguir el grosor adecuado para evitar los bordes duros. La guata de poliéster se utiliza actualmente entre el calicó y el tapizado en vez de la guata de algodón, cuando no se ha utilizado crin, especialmente en los muebles modernos. También se utiliza para envolver la espuma de los cojines.

4. FIELTRO. Una capa fina de línters de algodón que se utilizan en el tapizado tradicional, puestos juntos entre capas de papel que se retiran antes de utilizarlo. Tiende a romperse cuando se trabaja con él, pero hace un buen acolchado una vez que está en su sitio.

cubriendo las posiciones de los botones y tensando el bramante en el respaldo exterior.

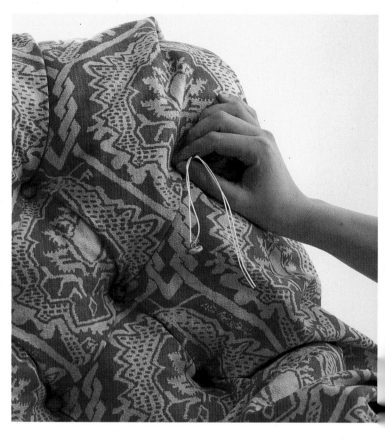

7 Comience con el botón central inferior. Pase la aguja de colchonero desde delante, a través de la marca correspondiente en el envés de la tela, hacia la señal del respaldo exterior. No tire de la aguja.

8 Enhebre bramante de nailon de botón a través del ojo de la aguja que todavía está en el respaldo exterior, después a través del botón y luego otra vez por el ojo de la aguja.

10 Coloque el botón, tire de él y de la tela hacia el agujero en el relleno, tirando del bramante desde el respaldo exterior, coloque un rollo de calicó bajo un nudo corredizo de tapicero. No cierre el nudo en esta fase.

11 Termine el capitoné en el mismo orden que el de la fase del calicó. Regule los pliegues entre los botones mientras trabaja, asegurándose de que el borde abierto de cada pliegue mira hacia abajo.

12 Arregle los pliegues de la fila de capitoné de debajo, sobre la zona lumbar, de manera que los dobleces miren hacia fuera desde el centro del respaldo interior. Meta la tela entre el respaldo y el asiento y clávela temporalmente al travesaño del respaldo interior. Utilice el regulador para arreglar los pliegues. Clave en firme todo lo que pueda en el travesaño del respaldo interior.

13 Arregle los pliegues de la fila de arriba con los doble-

9 Empuje la aguja hacia el respaldo exterior y quite los restos de bramante de la aguja.

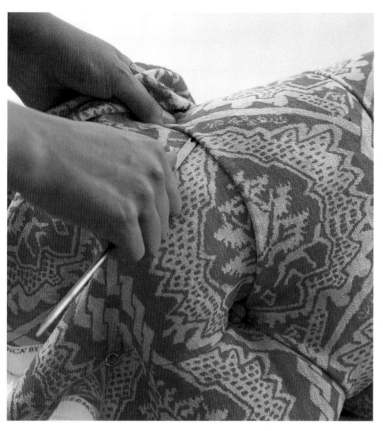

Asiento

1 Coloque una capa de guata sobre el asiento, para extenderla desde el travesaño trasero hasta las puntadas ciegas en la parte delantera y para meterla entre el asiento y los reposabrazos interiores. Rompa la guata para hacer un borde emplumado, como en el respaldo interior.

2 Coloque la tela sobre el asiento de manera que el estampado esté en línea con el estampado del respaldo interior y las líneas de la granilla vayan rectas a lo largo del borde delantero.

3 Fije con espetones la tela en su sitio a lo largo del borde delantero bajo la fila de puntadas ciegas en el calicó. Enhebre una aguja circular con bramante y cosa con puntadas hacia atrás la tela bajo el borde delantero, plegando las esquinas delanteras en dobleces limpios.

ces mirando hacia fuera, clavando la tela sobre la parte de arriba del respaldo. Fije con espetones la tela bajo el travesaño de la cabeza. Utilice el regulador para arreglar los pliegues. Clave la tela a lo largo del travesaño de la cabeza con espetones. Recorte el exceso de tela.

14 Regrese al respaldo interior. Corte la tela en el travesaño inferior del reposabrazos, justo donde se cruza con el travesaño del bastidor trasero. Termine de clavar el borde inferior de la tela a lo largo del travesaño del respaldo interior.

15 Corte la tela en el travesaño superior del reposabrazos donde se cruza con el bastidor trasero. Tire de la tela hacia el respaldo y clave al bastidor trasero.

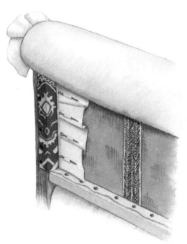

16 Arregle los pliegues a cada lado del respaldo interior y fíjelos con espetones bajo el borde cosido en cada rollo trasero. Pase un hilo alrededor de cada borde y luego asegure la tela con puntadas ciegas como en la fase del calicó.

4 Alise la tela sobre el asiento hacia los travesaños del respaldo y los laterales. Corte la tela en los travesaños de los bastidores delanteros y traseros. Si corta demasiado quedará un corte visible en el asiento una vez terminado. Tire de la tela hacia abajo, alrededor de los travesaños de la base. Clave temporalmente en la parte superior de los travesaños de la base. Si parece que la tela está floja en las esquinas, es que no hay suficiente relleno y debe solucionarlo en esta fase. Clave en firme cuando esté satisfecho con el resultado.

5 En cada travesaño, doble el exceso de tela hacia arriba y clave. Recorte el exceso de tela.

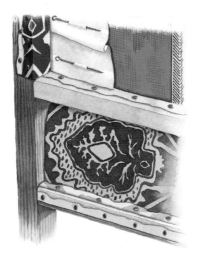

CONSEJO

Quite la capa de guata para que el interior se vea. Ponga el lado áspero en el brazo de calicó y así no quedará suelto cuando ponga la cubierta superior.

Reposabrazos interiores

1 Coloque una capa de guata sobre uno de los reposabrazos interiores, de manera que se extienda desde travesaño superior del reposabrazos, bajo el rollo, justo para meterla alrededor del asiento y desde la parte corta de la delantera del reposabrazos para meterla por donde los reposabrazos se cruzan con el respaldo interior.

2 Coloque la tela sobre el reposabrazos interior, teniendo cuidado de que la granilla esté recta y de alinear el estampado con el del respaldo interior y el asiento. Clave temporalmente el bajo travesaño superior del resposabrazos.

3 Coloque unas cuantas tachuelas temporales alrededor del rollo del reposabrazos para evitar que la tela se mueva. Haga un corte donde el travesaño inferior del reposabrazos se cruza con el bastidor delantero para dejar que la tela envuelva el rollo delantero.

4 Clave temporalmente el borde inferior de la tela, tanto como pueda, a lo largo del travesaño lateral. Alise la tela hacia la parte de atrás del reposabrazos, manteniendo la línea de la granilla recta.

5 Haga un corte en forma de «Y» en el travesaño del reposabrazos inferior y corte recto hacia el travesaño superior del reposabrazos, donde éste se cruza con el travesaño del bastidor trasero, de manera que pueda meterse por la parte de atrás del reposabrazos.

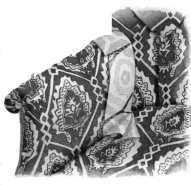

6 Meta la sección central de la tela entre el reposabrazos y el respaldo, hacia fuera. Asegúrela con espetones en la media cincha a la que está cosido el calicó.

7 Termine clavando temporalmente el borde inferior del reposabrazos interior al travesaño lateral. Clave en firme y recorte cualquier sobrante de la tela del borde inferior.

8 Haga otro corte donde la parte inferior del rollo trasero del respaldo interior se cruza con la parte superior del reposabrazos. Meta la tela firmemente a lo largo de la parte superior del reposabrazos hacia el respaldo exterior. Clave temporalmente y asegúrese de que la tela está completamente lisa. Deje esta parte del reposabrazos interior por ahora. La terminará más tarde, cuando el rollo trasero encaje.

9 Regrese a la parte delantera del reposabrazos. Con una aguja circular y bramante, haga una fila de puntadas alrededor del borde delantero de la tela, donde se curva alrededor del rollo delantero. Tire firmemente de las puntadas hacia

arriba y mueva con cuidado el fruncido alrededor del rollo. Recorte todo el exceso de tela. Cosa una fila de puntadas ciegas bajo el borde delantero del rollo.

10 Clave la tela alrededor del borde delantero del rollo y el bastidor. Haga lo mismo en el otro reposabrazos. Cuide de que tenga la misma apariencia que el anterior.

Rollos traseros

1 Coloque tres clavos finos a intervalos en la parte de delante de la forma de rollo de madera, y haga que las cabezas de los clavos estén al mismo nivel que la cara del rollo.

2 Cubra el frontal del rollo con una capa de guata, lo suficiente grande como para poder doblarla alrededor de los bordes. Coloque la tela sobre la parte delantera del rollo, teniendo cuidado de colocar la tela apropiadamente, de manera que ambos rollos coincidan eventualmente. Haga un corte en la tela justo por debajo de la curva de atrás del rollo. Vuelva la tela por encima de los bordes superiores, delanteros e inferiores del rollo. Utilice grapas de 8mm para fijarla, asegurándose de que no atraviesan la tela de delante. Deje suelta la tela del borde trasero.

3 Ahora añada el cordón con reborde. Ponga el rollo hacia abajo y coloque el reborde alrededor de la parte delantera y la superior, terminando bajo la curva, de manera que el cordón esté justo en el borde. Grape el saliente cerca del borde del rollo.

4 Alinee el cordón de manera que el borde trasero esté nivelado con el respaldo exterior. Coloque un trozo de guata en un bloque de madera para proteger el rollo y, con un golpe seco, clave los tres clavos en firme. Asegúrese de que el rollo está seguro.

5 Clave la tela suelta a la parte exterior del travesaño del recto trasero y recorte el exceso de tela. Repita el proceso en el otro rollo.

Terminar los reposabrazos

1 Quite las tachuelas temporales de la tela del respaldo interior clavadas en el bastidor trasero. Meta el borde superior de la tela hacia abajo y vuelva a colocarlo en la parte de arriba del borde inferior de la tela del rollo trasero. Tire firmemente de la tela y clave en firme en el exterior del travesaño del bastidor trasero.

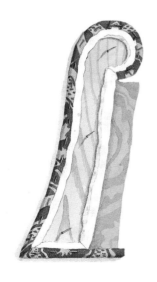

CONSEJO

Haga una serie de pequeños cortes en la tela sobre la madera, pero no en ella, sino en la parte curva del rollo. Esto ayudará a que la tela se despliegue alrededor de la curva.

2 Saque los espetones sujetando la tela del reposabrazos interior en el cinchado y vuelva a colocarlos en el travesaño del bastidor trasero. Clávelo todo en firme. Repítalo en el otro reposabrazos.

TAPIZAR EL EXTERIOR

En estas últimas fases, los detalles siguen siendo importantes. El cordón dorado en los paneles exteriores estará siempre a la vista y tiene que terminarse con cuidado para que se corresponda con sus esfuerzos.

Asegúrese de que el estampado coincide y mantenga la granilla del la tela recta cuando tapice las últimas secciones del sillón.

HERRAMIENTAS

Aguja circular

Espetones

Tijeras

Martillo

Canto delantero

1 Cosa ligaduras a lo largo del canto delantero. Carde suficiente crin para cubrirlo todo.

2 Cubra el canto delantero con calicó y asegure los laterales superiores e inferiores con espetones. Cosa con puntadas deslizantes el borde superior, bajo el borde delantero de la tela para tapizar. Haga un corte en cada lado del calicó para que los bordes laterales lleguen a los bastidores delanteros. Clave temporalmente estos bordes y el borde inferior del calicó al travesaño delantero de la base.

3 Asegúrese de que el calicó está claramente en su sitio y clave en firme. Recorte el exceso de tela.

4 Ponga guata sobre el calicó, asegurándose de que llega al borde inferior del travesaño delantero de la base.

5 Coloque la tela para tapizar sobre el canto y, doblando el borde superior hacia abajo, case el estampado con el del asiento. Asegure la tela con espetones. Con una aguja circular e hilo recubierto que haga juego con la tela del tapizado, cosa el borde superior del canto a la tela del asiento, bajo el borde delantero. Corte los bordes laterales y clávelos temporalmente, como hizo con el calicó. Clave temporalmente el borde inferior bajo el travesaño de la base. Clave en firme.

Rollos delanteros

1 Coloque tres clavos finos a intervalos en la parte de delante de la forma delantera del rollo, de manera que la cabeza de los clavos esté al nivel de la cara del rollo.

2 Cubra la parte delantera del rollo con guata. Dejando suficiente cantidad como para doblarla alrededor de los bordes y, eventualmente, llevarla a la parte inferior del bastidor delantero. Coloque la tela para tapizar sobre la guata en la parte delantera del rollo, teniendo cuidado para que la colocación de la tela sea la correcta, de manera que ambos rollos coincidan. Doble la tela sobre la parte superior y los laterales del rollo. Utilice grapas para fijarla, asegurándose de que no atraviesan la tela de delante. Deje suelta la tela del borde inferior.

3 Ahora añada el cordón. Coloque el rollo hacia abajo y coloque el saliente alrededor del borde interior y el superior, dejando un trozo colgando desde la curva. Asegúrese de que el cordón está perfectamente puesto en el borde y grape el cordón cerca del borde del rollo.

4 Alinee el rollo de manera que el borde exterior esté al nivel del reposabrazos exterior. Coloque un trozo de guata en un bloque de madera para proteger el rollo y, con un golpe seco, clave los tres clavos en firme. Asegúrese de que el rollo queda fijo.

5 Asegure el cordón suelto con espetones que fijen el saliente al reposabrazos exterior, de manera que el cordón quede cerca del borde del rollo. Clave en firme. Repita el proceso en el otro rollo.

Reposabrazos exteriores

1 Lo siguiente es reforzar los reposabrazos exteriores. Clave temporalmente el calicó (en vez de ello se puede utilizar arpillera) en la parte superior del reposabrazos y en los travesaños laterales de la base, doblando los bordes hacia abajo.

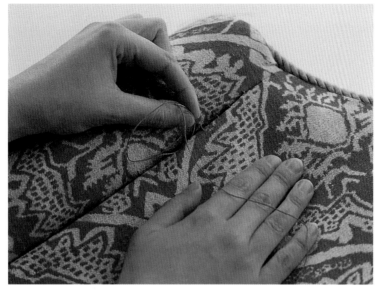

2 Coloque guata sobre el calicó y ponga la tela para el reposabrazos exterior encima. Asegúrese de que la línea de la granilla está recta con respecto a los travesaños laterales de la base.

3 Corte la tela en el borde delantero para tener en cuenta los dobleces. Quite los espetones que sujetan el cordón y vuelva el borde delantero de la tela del reposabrazos exterior hacia abajo, de manera que se encuentre con el lateral del rollo delantero. Vuelva a colocar los espetones para asegurar la tela y el cordón. Con una aguja circular y un hilo del mismo color, cosa el borde delantero de la tela en posición a través de todas las capas.

4 Doble la tela hacia abajo a lo largo de la parte de abajo del travesaño superior del reposabrazos y fíjela con espetones, lista para

que la cosa después. Tirando firmemente de la tela, clávela temporalmente al exterior del travesaño del bastidor trasero y bajo el travesaño lateral de la base. Con una aguja circular y un hilo del mismo color, cosa el borde superior bajo el travesaño superior del reposabrazos.

5 Recorte el exceso de tela de los bordes inferiores y traseros. Clave en firme en los travesaños traseros y los de la base. Haga una serie de pequeños cortes en las patas delanteras y traseras para que la tela se adapte a su alrededor. Doble la tela hacia abajo y clávela al armazón. Repita este proceso en el otro reposabrazos.

Respaldo exterior

1 Cubra con calicó el respaldo exterior, al igual que los reposabrazos exteriores. Coloque la guata sobre el calicó. Rómpala con los dedos hasta justo el interior del todas las esquinas del respaldo.

2 Coloque el haz del borde superior de la tela justo debajo de la parte de atrás del travesaño del reposacabezas, cuando el respaldo interior esté desclavado. Ponga el resto de esa pieza de tela sobre el respaldo interior de manera temporal. Asegúrese de que el estampado está centrado y luego clave temporalmente en cada lado del travesaño del reposacabezas para que la tela no se mueva.

3 Coloque un trozo de tira para clavar bajo el travesaño del reposacabezas y clave temporalmente en la tira y, a través de las capas, a lo largo del travesaño del reposacabezas. Cuando estén colocadas correctamente, clave en firme.

4 Doble la tela sobre la guata y hacia abajo sobre el respaldo exterior. Asegúrese de que el estampado y la granilla quedan rectos. Doble la tela hacia abajo a lo largo de cada lado y fíjela con alfileres al borde exterior de cada bastidor trasero.

ARTÍCULOS PARA REFORZAR

TELA PARA TAPIZAR EL INFERIOR DEL SILLÓN (cubierta negra). Un tejido negro que se utiliza para cubrir la parte de debajo de los muebles, para atrapar el polvo y dar un acabado limpio.

TIRA PARA CLAVAR. Una banda hecha de cartulina a propósito que se utiliza para hacer un borde recto a lo largo de la línea de tachuelas del tapizado.

5 Con una aguja circular y un hilo del mismo color, cosa la tela del respaldo exterior en ambos lados.

6 Tumbe el sillón apoyándolo sobre uno de sus lados. Corte la tela de las patas traseras. Corte la tela sobrante que está alrededor de las patas teniendo en cuenta los dobleces. Clave en firme el resto del borde inferior a lo largo de la parte de abajo del travesaño de la base.

7 Coloque un trozo de cubierta negra en la base del sillón y dóblela hacia abajo en todos los bordes. Fije la tela con tachuelas de manera temporal en el centro de cada travesaño de la base, asegurándose de que está tenso por igual y que los ribetes naturales de la tela con la que hemos tapizado quedan cubiertos.

8 Corte la tela negra alrededor de cada pata. Corte la tela del respaldo y gire el sillón sobre cada pata. Doble los bordes largos de la tela hacia abajo y clávela por completo.

9 Vuelva el sillón a su posición normal y disfrute de un bien merecido descanso sentándose en el sillón. ¡Fantástico!

OREJERAS

Existen diversos tipos de orejeras para sillones. Su finalidad no es sólo decorativa, sino que sirven como protección del aire y proporcionan un buen apoyo para la cabeza.

Aquí se describen las técnicas para tapizar los tipos de orejeras más usuales. En la sección de proyectos, aparece un sillón con orejeras para mostrar cómo se pueden incorporar a un sillón.

Orejeras tapizadas tradicionalmente

Este tipo de orejeras, con puntadas en los bordes, es el más adecuado para el tapizado tradicional de un sillón. Están rellenas y cosidas para que tengan un borde más firme a lo largo del contorno. Tradicionalmente no llevan ribetes, pero se les puede añadir uno sencillo como detalle extra.

1 Extienda y asegure una cincha, doblaba por la mitad, desde la parte superior a la inferior en la parte de atrás del armazón interior de la orejera, dejando un espacio entre ella y el respaldo interior para introducir el tapizado entremedias.

2 Cubra el interior de la orejera con arpillera, clave firmemente alrededor del armazón, luego, con bramante y una aguja circular, haga un festón en el borde trasero de la arpillera hacia abajo.

3 Haga ligaduras a través de la arpillera en el interior de la orejera. Las orejeras varían de tamaño, pero, por regla general, una orejera de tamaño estándar suele necesitar tres filas de ligaduras. Carde la fibra y rellene metiéndola a través de las ligaduras.

4 Cubra la orejera con cañamazo, añadiendo más fibra y tirando del cañamazo firmemente para formar un contorno uniforme alrededor de la orejera. Clave por toda la parte trasera del armazón. Ponga ligaduras para sujetar el relleno en su sitio. Dé una fila de puntadas ciegas alrededor de los bordes exteriores.

5 Añada un segundo relleno de crin o fieltro de algodón. Cubra el interior de la orejera con calicó, tirando del exceso hacia el borde trasero por entremedias del respaldo interior y la orejera. Doble el calicó alrededor del borde curvado y clávelo temporalmente a la parte de atrás del armazón de la orejera.

6 Corte la tela sobrante de manera que el estampado coincida con el del respaldo interior. Coloque guata de piel sobre la orejera. Tapice con la tela, de la misma manera que el calicó. Refuerce el respaldo interior y la orejera de forma tradicional, cósalos.

Orejeras tapizadas con espuma

Normalmente, estas orejeras están hechas de madera contrachapada o aglomerada, que se cubre con espuma. Algunas se sujetan con tornillos al armazón después de haber tapizado el respaldo interior.

1 Desatornille la orejera del sillón, para tapizarla por separado. Después de tapizar el respaldo interior del sillón, coloque la orejera en su posición habitual y marque sobre ella el punto donde se encuentra con el relleno del respaldo interior.

2 Coloque la orejera en un trozo de espuma de 2,5cm de grosor y dibuje el contorno. Corte la espuma añadiendo a los bordes

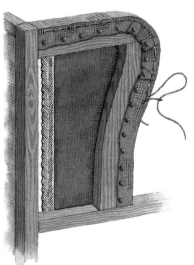

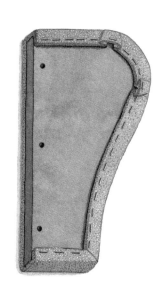

curvados y traseros y a la línea en el borde trasero vertical 2,5cm. Ponga cola en el centro del interior de la orejera y presione la espuma contra ella. Pase la espuma por encima de los bordes y grápela a la parte de atrás del armazón.

3 Coloque un trozo de guata de piel o poliéster sobre la espuma. Ponga la tela sobre el interior de la orejera, haciendo que el estampado coincida con el respaldo interior del sillón y clávela o grápela sobre el borde, haciendo dobleces, si fuera necesario, para ajustar la tela alrededor del borde.

4 Tapice la segunda orejera y atorníllela de nuevo al armazón del sillón. Clave un trozo de ribete desde el borde inferior del exterior de la orejera, siguiendo el contorno curvo, alrededor de la parte superior del respaldo exterior y hacia abajo, hacia el borde inferior de la segunda orejera, alineando el diseño con el interior de la orejera y sujete con alfileres. Corte la tela alrededor del borde curvado y trasero, dejando 2cm para hacer un doblez. Doble el borde hacia abajo y cósalo en su sitio, cerca del ribete. Clave temporalmente los otros bordes sobrantes de la tela a los travesaños pertinentes. Continúe reforzando y cubriendo las otras secciones exteriores del sillón como siempre, cosa a lo largo de los bordes y cubra todos los ribetes naturales.

Fundas para las orejeras

El tapizado de una orejera también puede enfundarse, lo que quiere decir que las secciones de la tela se cosen a máquina y se hacen por completo, añadiendo el ribete y el respaldo exterior. Después se puede enfundar en cualquier tipo de orejera y se coloca después de tapizar el respaldo interior y los reposabrazos. Este método es el más utilizado en los muebles modernos durante la fabricación, pero también se puede utilizar en el retapizado.

1 Coloque la tela para tapizar tanto para el exterior como para el interior en la orejera, con el haz hacia fuera, haciendo coincidir el estampado con el del respaldo interior. Sujete con alfileres las dos piezas a lo largo de una línea que siga el borde exterior de la orejera. Corte y haga muescas en la costura desde donde se encuentra con el respaldo exterior, en la parte superior del reposabrazos, en la parte inferior. Marque el armazón para ver la posición de la costura entre el respaldo interior y la orejera y sujete con alfileres la costura a la tela. Saque la tela de la orejera y marque, en las dos piezas, una línea de costura teniendo en cuenta 1,5cm de más para el relleno. Corte la tela, teniendo en cuenta una costura extra.

2 Prenda con alfileres la tela del respaldo exterior en su sitio y sujétela con alfileres a lo largo de la línea de la costura con la orejera. Corte todo el contorno de tela, teniendo en cuenta las costuras. Quite la tela del sillón.

3 Cosa los dos exteriores de las orejeras al respaldo exterior, haciendo cada costura de 6cm de largo desde el borde superior. Ponga un ribete en el exterior de las orejeras y en la sección del respaldo como siempre.

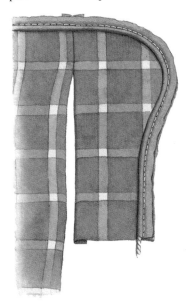

4 Coloque el interior de las orejeras en el exterior de las orejeras, con los haces juntos, haciendo coincidir las muescas. Cósalas y ribetee la costura.

5 Coloque un trozo de fieltro en el interior de la orejera y arranque el sobrante alrededor del contorno de la orejera. Péguela en su sitio con un spray adhesivo. Después, coloque una capa de guata de poliéster sobre el interior y el exterior de las orejeras. Enfunde todas las secciones ya hechas del tapizado, manteniendo la costura en el lado del borde ribeteado.

6 Ajuste el borde inferior del exterior de la orejera al travesaño superior del reposabrazos exterior con tachuelas temporales. Haga cortes en la base del interior de la orejera, haciendo que coincidan con los del reposabrazos interior. Empuje la tela sobrante entremedias del bastidor trasero y clave en firme. Clave en firme las tachuelas temporales del reposabrazos.

7 El respaldo exterior ya está puesto en su sitio, listo para coserlo cuando se hayan puesto los reposabrazos exteriores.

CONSEJO
Si las orejeras son muy curvadas, haga una serie de cortes en la tela para ajustarla alrededor de las curvas antes de doblarla hacia abajo.

VOLANTES Y COLLARES

Los volantes son trozos de tela que se utilizan para extender el tapizado, ya sea para reducir gastos o para reducir los bultos. Los collares son trozos extra de tela que se cosen a las secciones principales del tapizado para dar una buena línea a las secciones curvas.

Volantes

Los volantes están fabricados de tela para forrar o calicó y se añaden en rayas a la tela del tapizado para extenderla. El método descrito aquí es para extender la tela en el asiento, pero se puede adaptar para extender las coberturas del borde inferior del respaldo interior o del reposabrazos interior. Debe tenerse en cuenta el disponer de la suficiente tela para extenderla más allá de los bordes del asiento; los volantes que se meten hacia abajo, una vez que el sillón está tapizado por completo, no se ven y se clavan a los travesaños.

1 Corte la tela para tapizar el asiento, teniendo en cuenta la suficiente cantidad como para extenderse más allá del respaldo interior y los travesaños inferiores de los reposabrazos. Después mida desde debajo del travesaño del respaldo interior hasta el travesaño trasero de la base, añada 1cm para las dobleces y el manejo, y corte tres tiras de calicó o forro de esta anchura para los volantes.

2 Corte un volante trasero tan largo como el ancho de la tela del asiento y los dos volantes laterales tan largos como los lados de la tela del asiento más el ancho del volante trasero.

3 Haga un dobladillo de 2cm en uno de los lados largos de cada volante para darle mayor resistencia a las costuras. Añada el volante posterior a la tela del asiento y cóselo formando una costura de 1cm a través de las tres capas de tela. Repita con el volante de cada lado.

4 Utilice esta sección tal y como lo haría con una sección normal del asiento.

Collares

Los collares están hechos de tela para tapizar y se añaden a la sección principal para conseguir que el tapizado se ajuste suavemente alrededor de una forma curva. Por ejemplo, donde el respaldo interior se encuentra con el reposabrazos interior, suelen aparecer estrías si la sección principal de la tela no se puede adaptar alrededor de la curva, pudiendo hacer que se rompa por el uso. Un collar es la solución más adecuada.

COLLARES PARA EL RESPALDO INTERIOR

Este collar permite que la tela del respaldo interior se ajuste alrededor de los reposabrazos, y la sección, normalmente, se completa antes de que se tapicen los reposabrazos.

1 Coloque la tela del respaldo interior en su sitio en el sillón, con el haz hacia arriba y marque con un jaboncillo donde la tela pasa por encima de la curva de ambos reposabrazos. Corte la tela permitiendo que se abra.

2 Corte la tela de los dos bastidores traseros para dejar un paso libre alrededor del travesaño inferior del respaldo y de los bastidores, pero no recorte nada de la tela que quede por debajo de esta línea. Recorte la tela alrededor de las curvas marcadas con jaboncillo, haciendo los cortes suficientes

para que la tela se abra y deje más tela para la costura.

3 Corte una tira de la tela para tapizar en la granilla recta, de alrededor de 15cm de ancho, y cósala a uno de los bordes curvos del respaldo interior. Haga cortes en la costura para que coincidan con los cortes en el trozo principal de la tela. Corte una segunda tira y añádala del mismo modo.

4 Los collares ahora forman parte del respaldo interior. Remétalos hacia atrás y clave temporalmente a la parte de atrás de los bastidores. Recorte la tela que sobra donde los bastidores se encuentran con el travesaño inferior del respaldo, teniendo en cuenta que se debe hacer un pequeño doblez. Meta la tela por entre el asiento y el respaldo interior y clávelo temporalmente al exterior del travesaño inferior del respaldo. Tapice el resto del sillón como siempre.

COLLAR PARA EL ASIENTO

Este tipo de collar es básico en una butaca. A pesar de su nombre, se añade al respaldo interior y a las secciones de los reposabrazos una vez se han cosido juntos, permitiendo que la tela se ajuste perfectamente al asiento. El total de la sección se hace, normalmente, y se añade al sillón después de tapizar el asiento.

1 Coloque la tela para el respaldo interior y los reposabrazos, ya cosidos, con el haz hacia fuera, en el sillón. En el borde inferior de esta sección, marque dónde comienza el remetido, justo debajo del travesaño del respaldo interior y los reposabrazos, justo donde la tela para tapizar desaparece de la vista.

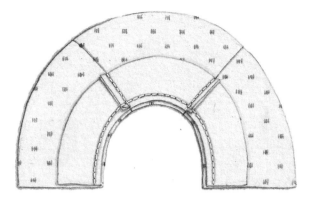

2 Haga cortes en el respaldo interior, cerca de la línea marcada, de manera que la tela se abra. Recorte, dejando un espacio para la costura.

3 Corte tres trozos de la tela para tapizar para hacer el collar, lo suficientemente anchos como para meterlos por el travesaño inferior del respaldo, para que casen con la forma en la sección inferior del respaldo interior y de los reposabrazos. Cosa el collar y luego cóselo en su sitio, en el borde inferior de la sección principal.

4 Vuelva a colocar toda la sección en el sillón y clave temporalmente. Meta el collar por entre el respaldo y los laterales, haciendo cortes en los bastidores para dejar un espacio franco. Clave en firme en los travesaños laterales y en el trasero de la base. Recorte la tela sobrante, doble los ribetes naturales y clave.

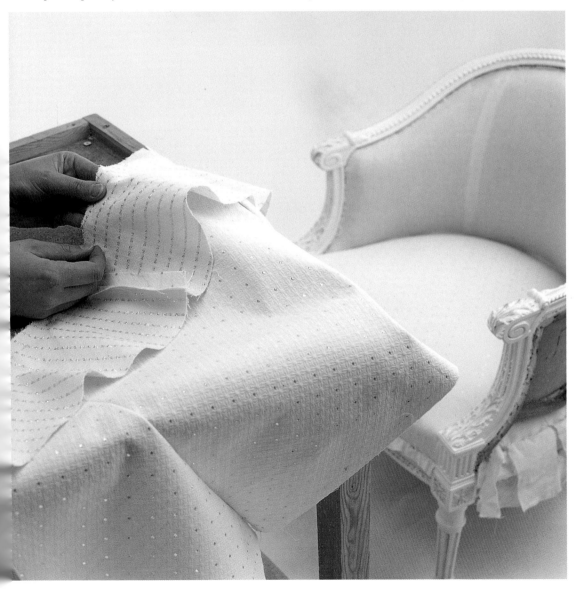

CANTOS

Los cantos son unas franjas planas que unen las secciones exteriores e interiores en los muebles tradicionales y modernos.

Hay cantos que van por la parte delantera y a lo largo de los reposabrazos del mueble, a lo largo del borde del respaldo y también a lo largo de la parte delantera del asiento. Se pueden coser con costuras simples, pero a veces se decoran con ribetes, cordones o ruche.

Los cantos de los reposabrazos

1 Corte la tela para tapizar los reposabrazos exteriores e interiores. Mida para saber la longitud de la tela que se necesita para el canto, desde el borde inferior del reposabrazos exterior hasta el punto donde se encuentra con el respaldo exterior. Para la anchura del canto, mida a través de la anchura de la parte delantera y superior del reposabrazos, normalmente, tiene el mismo ancho. Corte los cantos.

2 Coloque los trozos de tela en el reposabrazos, con el haz hacia fuera y sujételos con alfileres siguiendo el contorno del reposabrazos. Recorte los cantos para tener espacio para la costura y haga muescas.

3 Cosa los trozos juntos, haciendo que las muescas coincidan

y comenzando desde el borde trasero. Coloque el ribete o la pasamanería en esta fase, en caso de que así lo desee.

4 Dé la vuelta a la sección, con el haz hacia fuera, y enfunde o estire sobre el reposabrazos acolchado. Clave la tela en los travesaños correspondientes, haciendo cortes en los bastidores, en caso de que sea necesario. Continúe con el tapizado del resto del mueble.

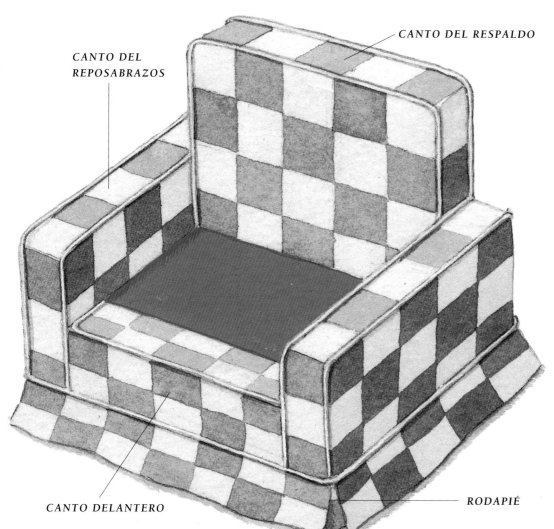

CANTO DEL RESPALDO

CANTO DEL REPOSABRAZOS

CANTO DELANTERO

RODAPIÉ

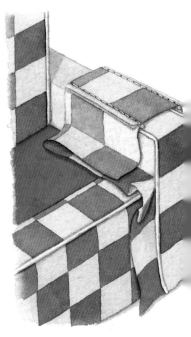

Los cantos del respaldo

1 Corte el respaldo interior. Mida la longitud del canto del respaldo desde donde se encuentra con la parte superior de uno de los reposabrazos, hacia arriba a través del respaldo, hacia la parte superior del otro reposabrazos. Mida para saber el ancho desde la parte más profunda del asiento hasta su punto más ancho, normalmente donde se encuentra con el reposabrazos. Corte el canto.

2 Coloque los trozos de tela en el respaldo, con el haz hacia fuera y sujételos con alfileres, siguiendo el contorno. Recorte los bordes teniendo en cuenta la costura y haga muescas.

3 Cosa los trozos, haciendo que las muescas coincidan. Inserte el ribete u otros elementos de pasamanería, sólo en el borde delantero, en esta fase.

4 Ponga o enfunde la sección en el respaldo interior. Clave tem-

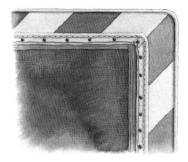

poralmente el borde trasero del canto al travesaño del bastidor trasero exterior y del reposacabezas.

El canto delantero

1 Corte y haga la sección para la parte superior del asiento. Mida, para el largo del canto, desde el borde superior del asiento hasta la parte de abajo del travesaño de la base, o donde se añade cualquier acabado para la base. Para la anchura, mida desde un interior del reposabrazos hasta el otro, añadiendo tela de más para meterla por cada lado. Añada también un poco más para la costura y corte la tela para tapizar para el canto.

2 Coloque los trozos de la tela en el asiento, con el haz hacia fuera, y sujételos con alfileres siguiendo el contorno. Recorte los bordes teniendo en cuenta las costuras y las muescas.

3 Cosa los trozos, haciendo coincidir las muescas. Inserte los ribetes o cualquier otro elemento de pasamanería, sólo en el borde superior, en esta fase.

4 Ponga o enfunde la sección en el asiento. Clave temporalmente.

ACABADO DE LA BASE

Habitualmente, en los muebles modernos la tela termina alrededor de la línea de la base, lo que reemplaza la práctica más tradicional de añadir flecos.

El acabado de la base se puede hacer con fruncidos o con rodapiés. Los rodapiés dan un acabado más confeccionado y contemporáneo, con los pliegues que se encuentran en cada esquina. A continuación se explica cómo hacer rodapiés.

Rodapiés

1 Trace una línea alrededor de la parte inferior del sillón o del sofá, a 15cm del suelo.

2 Corte tiras de tela para tapizar que midan 15cm, más 6cm para los dobleces, a lo largo del ancho de la tela, teniendo en cuenta que el estampado tiene que coincidir. Normalmente son suficientes cuatro tiras para un sillón, para un sofá seis u ocho. Coloque una tira de tela en la parte delantera, trasera y en los laterales del sillón, por turnos, haciendo que el estampado coincida con el de las secciones ya acabadas y con las otras secciones del pliegue. Mida y marque con un alfiler las esquinas donde se encuentran los pliegues y déjelos en su sitio. Corte cada sección del pliegue 15cm más larga que las marcas de cada lado para tener en cuenta los dobleces.

4 Corte cuatro tiras de forro del mismo ancho que la tela, pero de tan sólo 19cm de largo.

5 Una el forro y la tela a lo largo del borde inferior. Vuelva la tela del derecho y alinee los bordes superiores, dejando 2cm de tela vista en el envés. Apriete los dobleces de la costura contra la parte inferior para darle mayor peso.

6 Corte cuatro trozos de forro de tapizado rígido de la longitud exacta que marcan los alfileres de cada sección de pliegues y colóquelos entre el forro y la tela. Este paso no es necesario con una tela dura, pero hará que una tela más ligera cuelgue mejor.

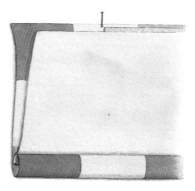

7 Sujete las secciones de pliegues en las marcas del sillón y compruebe que los alfileres que marcan las esquinas están exactamente en su sitio. Doble los extremos de las secciones y cosa a través con aguja o máquina. Con puntada doble a lo largo del borde superior. Ponga estas secciones en un lado.

8 Haga cuatro trozos de esquina de tela y forro de la misma manera, de unas medidas finales de 15cm de ancho y 16cm de profundidad. Utilice los trozos de tela que queda de los rodapiés principales.

9 Clave o grape un trozo de ribete en el armazón a lo largo de la línea marcada. Una los extremos del ribete en el respaldo. Clave los trozos de las esquinas en cada esquina del sillón justo por debajo del ribete, de manera que cuelguen ligeramente más cortos que los rodapiés principales.

10 Coloque el rodapié principal, del lado derecho del sillón y clave temporalmente. Coloque un trozo de una tira para clavar en la parte superior del envés del pliegue, cerca del ribete, y clávelo o grápelo en firme. Deje el rodapié hacia abajo. Repita en las otras secciones.

PASAMANERÍA

No todo el tapizado necesita embellecimientos, pero la pasamanería bien elegida puede realzar el perfil o aportar cierta dimensión a algunos muebles.

Elija el tipo de pasamanería con mucho cuidado. Tenga en cuenta que en exceso podría quedar ridículo y demasiado poco o nada, soso.

Existe una amplia gama de pasamanería que puede hacer usted mismo; también puede comprarla hecha o encargarla a medida. El ribete sencillo, el ruche y el cordón son todos los tipos de pasamanería que están cosidos a máquina entre dos trozos de tela. El ribete doble, el cordón, el cordoncillo, los galones y los flecos se añaden después de que el mueble esté terminado, con pegamento, grapas, alfileres para cordoncillo o clavos decorativos. La pasamanería más exuberante, como borlas, rosetas y flecos decorados, puede utilizarse para llamar la atención y, normalmente, se suele coser.

Ribete sencillo

Uno de los más populares elementos de pasamanería consiste en un cordón cosido dentro de un trozo de tela doblada, que es del mismo color que el mueble o que contrasta con él. La tela normalmente está cortada y unida al bies, pero para evitar uniones excesivas se puede cortar el envuelto (el largo de la tela). El ribete se utiliza para el acabado de los cojines y el perfil del mueble. También se puede insertar entre dos trozos de tela y fijarse al mueble o coserse a máquina en un trozo de tela que ya está clavada o cosida en su lugar.

1 Corte tiras de tela de 4cm de ancho en el bies. Después junte las tiras en un trozo largo con costuras al bies, haciendo que el estampado coincida, si es con rayas o con cuadros o similar.

2 Coloque un trozo de cordón para ribete a lo largo del centro del envés de la tela y doble la tela, de manera que el cordón quede entremedias. Mantenga los dos bordes juntos y utilice un pie de ribeteado para coserlos a máquina, cerca del cordón.

3 Ponga el trozo de ribete en el haz de la tela principal, con los ribetes naturales a la misma altura, y cósalos juntos sobre la misma línea de puntadas como antes. Después ponga la segunda sección

de la tela debajo, con los lados del haz de la tela juntos con los ribetes naturales al ras, y cosa por dentro de la costura anterior lo más cerca posible del cordón.

CONSEJO

Un pie para hacer ribetes le permitirá coser más cerca cuando cerque el ribete con dos trozos de tela.

4 Abra las dos secciones de la tela para ver el ribete insertado entre los dos trozos, como un rollo pequeño.

ESQUINAS RIBETEADAS

1 Cosa a máquina el ribete en la esquina de la tela principal donde el espacio para el doblez está a la misma distancia de la aguja de la máquina.

2 Deje la aguja en la tela y haga un corte en el ribete natural de

la funda del ribete, cerca de la aguja, dejando que el ribete haga la forma de esquina.

3 Suba el pie de la máquina y vuelva la tela y el ribete, listo para coser el siguiente borde. Baje un poco el pie y continúe cosiendo el ribete a la tela. Repita en todas las esquinas.

UNIR UN RIBETE SENCILLO

Haga siempre la cantidad necesaria de ribete para que cuando sea necesario no haga falta hacer una juntura en el mueble. A veces es inevitable, por ejemplo, donde el ribete comienza y termina en el mismo sitio, como en un cojín. La juntura debe hacerse de la manera más limpia y segura posible uti-

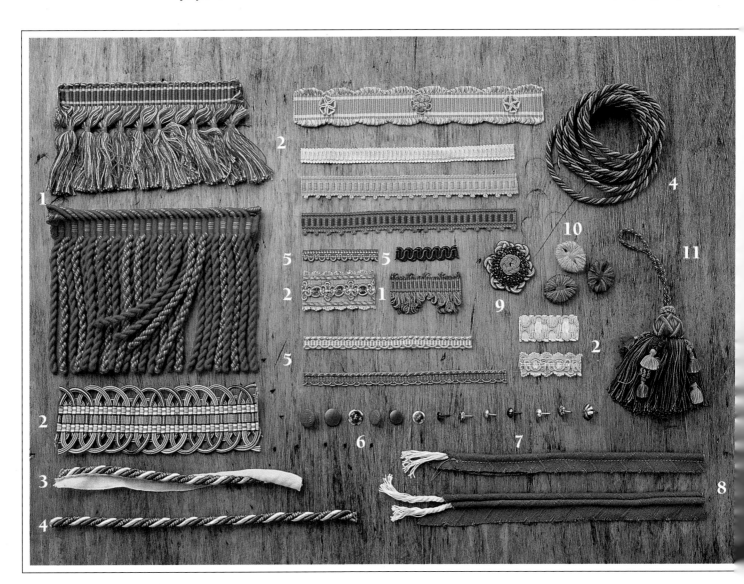

lizando el método que se explica a continuación.

1 Cosa a máquina el ribete en su sitio alrededor de la sección principal de la tela, comenzando a unos centímetros del extremo del ribete. Termine de coser cuando se haya añadido el ribete alrededor y esté cerca de volver al punto de partida.

2 Sujete con alfileres los finales de la tela uno contra otro para formar una costura al bies y corte, dejando cantidad suficiente para el doblez. Compruebe que la costura está ligeramente tensa a lo largo de la tela. Cosa a máquina la costura, corte los dobleces y abra la costura.

3 Deje los dos extremos del cordón el uno al lado del otro y corte a través del punto central, de manera que se toquen. Ponga el envés de la tela alrededor del cordón y cosa a máquina el ribete a la sección principal de la tela, como antes.

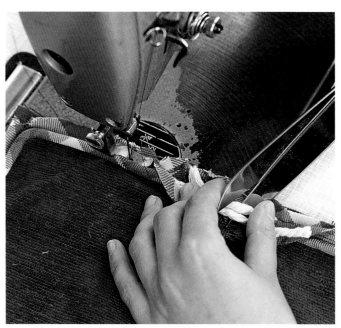

PASAMANERÍA

Existe una amplia gama disponible de pasamanería en diferentes formas y colores. A veces, debe encargarse especialmente y también puede hacerse al gusto del cliente, pero bien elegidos, pueden aportar al acabado el toque preciso.

1. FLECOS. Consisten en un encabezamiento, como cordoncillo o galón con un borde que cuelga con flecos que pueden estar cortados o no, lisos o decorados con detalles como borlas. A parte de la gran cantidad de colores y diseños hay una gran variedad de longitud de los flecos y de pesos, para adecuarse a los diferentes tipo de muebles, un fleco típico para la base de un sillón es de 10 o 15cm de profundidad.

2. GALÓN. Semejante al cordoncillo, el galón es de apariencia más plana, con los hilos tejidos, más que sobrepuestos. Hay muchos anchos, colores y diseños disponibles.

3. CORDÓN CON RIBETE. Normalmente un cordón de tres hebras cosidas a una cinta de algodón o reborde. Está disponible en una gran variedad de grosores de los que 1cm es, quizás, el más útil y en una infinidad de colores y diseños.

4. CORDÓN. Está disponible en una gran variedad de grosores desde 3mm hasta 4cm, todos son adecuados para el tapizado y de muchos colores y diseños.

5. CORDONCILLO. Se fabrica en muchos grosores, pero el más habitual es de 1,5cm y se vende por metros. Puede ser de un solo color o multicolor y también hay muchos diseños. Las hebras normalmente están recubiertas, dándole una apariencia más gruesa.

6. BOTONES. Los botones de metal están disponibles en muchos tamaños, 13mm y 20mm son las más utilizadas en el tapizado.

Están cubiertos de tela para que coincidan o contrasten con el tapizado del mueble.

7. CLAVOS DECORATIVOS. Están disponibles en muchos tamaños, los que más se utilizan para el claveteado son los de 9mm. También están disponibles en un gran número de acabados; los antiguos, los de cabeza abovedada o los de bronce son los más populares.

8. CORDÓN RIBETEADO. El más habitual es el cordón de algodón retorcido y sin blanquear, disponible en una gran variedad de grosores adecuados para el tapizado, que van desde la talla 6 hasta la 10 y se venden en rollos. Un cordón ribeteado de algodón suave, disponible en rollos de 500m, que está preencogido y cubierto con estoquinete para darle una superficie suave es una alternativa, a pesar de que no es tan fuerte. También está disponible cordón ribeteado de papel suave por rollos de tallas 4 a 8, que da un acabado suave para utilizarlo con la tela fina.

9. ROSETAS. Tan diversas como las borlas, las rosetas se puede utilizar solas o con borlas del mismo color.

10. COPETES. Los estilos son muy variados, desde trozos planos de cuero hasta madejas cortadas o rizadas de hilo enrolladas alrededor de un centro.

11. BORLAS. Muchos diseños, colores y tamaños. Las borlas para llaves pueden resultar muy atractivas en cojines y rollos, mientras que las borlas más largas usadas con cordel son del tamaño adecuado para colgar de los reposabrazos en un Knole setee.

envolviendo el cordón y teniendo en cuenta el dobladillo. Cosa el trozo con un pie para hacer ribetes dobles.

3 Coloque el segundo trozo de cordón en el envés de la tela, de modo que los dos cordones estén el uno junto al otro. Doble el primer cordón, en su cubierta, sobre el segundo cordón, de manera que otra vez estén el uno junto al otro, y cosa por entre los dos, en la parte superior de la primera línea de costura.

4 Para utilizar el ribete doble como acabado, recorte la tela sobrante de debajo de los cordones, cerca del ribete de la costura.

Ribete doble

Es un elemento de pasamanería que puede hacerse a juego con la tela o contrastando con ella; el ribete doble se ajusta bien a las curvas y da un acabado muy cuidado. Se hace de una manera muy parecida al ribete sencillo, pero tiene dos trozos de cordón, uno junto a otro, con puntadas de máquina de coser en el centro. Se aplica directamente en los muebles y no se cose anteriormente a las secciones de tela.

1 Corte tiras de tela de 5,5cm de ancho al bies. Únalas en un trozo largo con costuras al bies, haciendo que los estampados coincidan, en caso de que la tela se retuerza, arréglelo para disminuir los bultos.

2 Ponga el primer trozo de cordón en el envés de la tela,

5 Pegue el ribete para una acabado suave. El ribete también puede graparse, si no existe el riesgo de que las grapas se vean una vez que el mueble esté terminado.

6 Si quiere utilizar el ribete doble a lo largo del borde inferior del armazón, corte el ribete natural de la tela a lo largo del trozo del ribete para dejar un sobrante de tela que hará de reborde. Coloque el ribete doble a lo largo del borde inferior del armazón y péquelo con pegamento o cola, dejando que el reborde cuelgue libremente. Después clave o grape el reborde con cuidado debajo del armazón.

UNIR EL RIBETE DOBLE

Es mejor hacer suficiente ribete doble, que tener que unirlo; pero tal vez sea necesario hacerlo in situ cuando el ribete comienza y termina en el mismo punto.

1 Marque la posición de la juntura de ambos extremos del ribete. Corte a lo largo del ribete, incluidas las partes extra para las costuras. Descosa las puntadas en la tela, lo suficiente como para aplanar la tela, y cosa las marcas, haga a máquina una costura al otro lado. Corte los cordones que están a la vista, de manera que se puedan unir limpiamente. Una los dos extremos del ribete y grápelos o péguelos con cuidado en su sitio.

2 Si va a utilizar el ribete doble como elemento decorativo en la parte superior, corte el ribete, dejando lo suficiente como para que vaya por debajo. Corte el cordón del largo que necesite y doble la tela hacia abajo con cuidado. Una los dos extremos del ribete y grápelos o péguelos en su sitio.

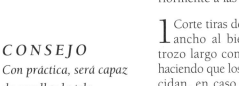

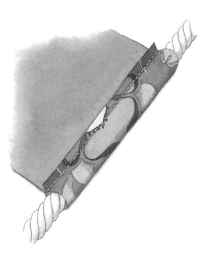

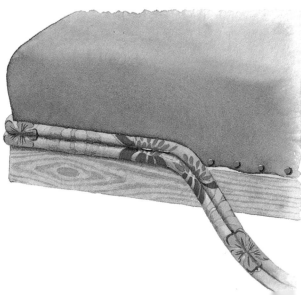

Ruche

El ruche está disponible, ya hecho, de diversas maneras, cortado o sin cortar, en muchos colores y parece unos flecos en miniatura. Se coloca entre las secciones de tela utilizando el mismo método que con el ribete.

1 Coloque un trozo de ruche en el haz de la tela principal con el reborde al nivel del ribete natural de la tela. Cósalos juntos a máquina. Dé la vuelta a esta sección.

2 Coloque la segunda sección de tela por debajo, con los haces juntos y cosa justo dentro de la primera costura.

3 Para el ruche sin cortar, quite los hilos que sujetan en el borde inferior y múllalos para que tengan buen aspecto.

CÓMO HACER RUCHE
También puede fabricar un tipo distinto de ruche utilizando tela. Es más pesado y más abultado y normalmente hace juego con la tela principal.

1 Corte trozos rectos de tela de aproximadamente 5cm de ancho.

2 Doble la tela hacia arriba longitudinalmente, con el envés de ambas juntos, introduciendo el cordón de ribete en el centro. Cierre el extremo del cordón y la tela con un alfiler.

3 Pliegue o frunza los bordes a medida que cose la tela a

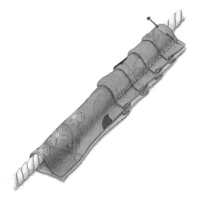

máquina, cerca del cordón, tirando lo suficiente como para hacer el fruncido de la tela.

4 Haga la cantidad de ruche que necesite y añádalo exactamente de la misma manera que haría con el ribete sencillo.

Cordón con reborde

El cordón con reborde consiste en hebras de cordón retorcidas para formar una cuerda, colocadas sobre un trozo de cinta llamada reborde. Normalmente hay tres hebras retorcidas sobre sí mismas, con los mismos o diferentes colores, pero existe una gran variedad. El reborde hace que este tipo de cordón se inserte entre dos trozos de tela de la misma manera que se mostró con el ribete.

CÓMO COSERLO

1 Coloque un trozo de cordón con reborde en el haz de la tela, alineando el borde del reborde con los ribetes naturales y, utilizando un pie para ribetes, cósalos a máquina.

2 Ponga la sección con el cordón en la parte superior de la siguiente sección de tela, con los haces juntos y con los ribetes naturales alineados. Cosa a máquina ambas secciones. Utilice un pie para ribetes en la máquina de coser para coser por dentro de la costura original y lo más cerca posible del cordón.

Cordón

El cordón consiste en tres trozos o más de cordón enrollados para que tengan un efecto de cuerda. Tradicionalmente, el cordón siempre se ha cosido a un borde, para acentuar el perfil o para cubrir una costura, utilizando una aguja circular e hilo de lino. Lleva mucho tiempo ponerlo, pero merece la pena porque se consigue el mejor resultado.

1 Corte el cordón un poco más largo de lo que necesita y desenrede algo del hilo que lo cubre. Corte otra vez el cordón interior a la longitud que desee, dejando el hilo desenredado junto y utilícelo para sujetar el extremo cortado del cordón. Átelo con cuidado.

2 Meta el extremo cortado bajo el cordón o en una costura y cóselo. Trabajando en su dirección, dé puntadas a través de la tela principal y tire del hilo a través.

3 Empuje el hilo hacia la aguja hasta que cada hebra se abra. Lleve la aguja a través del espacio

CONSEJO

Utilice un pie para ribetes en la máquina de coser, ya que sujeta cordón con reborde firmemente mientras cose, haciendo que el proceso sea más sencillo.

entre las hebras y después cosa a través de la tela principal otra vez, enrollando el cordón para juntarlo y dejarlo en su sitio.

4 Haga la siguiente costura en la tela principal, acercando las hebras con fuerza y asegurando el cordón en su sitio.

CONSEJO

Cuando bisele el cordoncillo en las esquinas, haga siempre que los dobleces se miren uno a otros, de manera que el efecto sea simétrico.

5 Repita este procedimiento hasta el extremo cortado y después corte el cordón y átelo. Meta el extremo hacia abajo y cóselo con cuidado.

Cordoncillo

El cordoncillo se hace en una gran variedad de anchuras, la más típica de 1,5cm y se vende por metros. Puede ser de un solo color o multicolor y los diseños son muchos y variados. Las hebras, normalmente, están revestidas, dándole una apariencia más gruesa. El cordoncillo se utiliza principalmente para cubrir los ribetes naturales donde la tela se encuentra con la madera vista y normalmente se pega. Los rollos de cordoncillo con un acabado calado a lo largo de un borde son especialmente adecuados para curvas.

FIJAR EL CORDONCILLO CON COLA ADHESIVA

1 Antes de poner el cordoncillo, asegúrese de que toda la tela para el tapizado se ha cortado limpiamente, de manera que el cordoncillo quede plano.

2 Antes de comenzar, asegúrese de que la pistola está muy caliente,

de manera que el adhesivo corra de manera fluida. Comience, si es posible, por una esquina, coloque un punto de cola en el extremo del cordoncillo y dóblelo hacia abajo para sellar el extremo. Utilice alfileres para cordoncillo si fuera necesario, para fijar temporalmente el cordoncillo al lugar en el que va a ir. Extienda la cola unos 15cm a lo largo del revés del cordoncillo y colóquelo en su sitio. Continúe en secciones pequeñas para evitar que se seque la cola y se ponga dura antes de que haya tenido tiempo de colocar el cordoncillo.

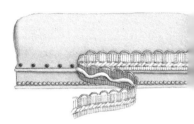

3 Para hacer una esquina, ponga cola en el cordoncillo para llevarlo por la curva, después sujete la esquina exterior del cordoncillo al armazón, de manera temporal, con alfileres para cordoncillo. Doble el cordoncillo hacia abajo en la diagonal para hacer un bisel con el doblez nivelado en la esquina exterior. Ponga un punto de cola en el cordoncillo y presiónelo en su sitio, de manera que la esquina interior coincida exactamente.

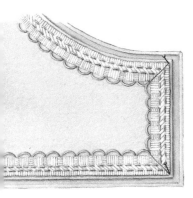

4 Siga pegando el cordoncillo hasta que falten 4cm para terminar. Corte el cordoncillo, teniendo en cuenta el doblez. Ponga un punto de cola en el extremo y doble el cordoncillo hacia abajo. Pegue el extremo en su sitio. Fíjelo en su sitio, hasta que la cola se seque, con un alfiler para cordoncillo en caso de que sea necesario.

5 Si tiene que unir dos trozos de cordoncillo, una los extremos. Coloque un alfiler para cordoncillo, temporalmente, en los dos extremos hasta que la cola esté dura, después, retírelo.

FIJAR EL CORDONCILLO CON ADHESIVO PARA TELAS

1 Ponga el extremo del cordoncillo en el mueble, asentando una pequeña cantidad por debajo. Clave el doblez con uno o dos alfileres para cordoncillo, dependiendo del ancho del mismo. Ponga una línea de pegamento para telas en el centro del trozo principal del cordoncillo y una pequeña cantidad en el tapizado. Trabaje con secciones de cordoncillo relativamente pequeñas cada vez y proceda de la misma manera que con la cola adhesiva.

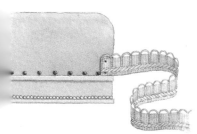

2 Dé unos golpes suaves con un martillo a lo largo del cordoncillo para asegurarse de que se adhiere a la tela cuando utilice el pegamento.

UTILIZAR ALFILERES PARA CORDONCILLO

Los alfileres para cordoncillo se usan para fijar el cordoncillo sin necesidad de utilizar pegamento o cola.

1 Coloque el cordoncillo en su sitio, doblando el extremo hacia abajo. Ponga un alfiler para cordoncillo en el centro y clávelo casi en firme. Levante los hilos superiores del cordoncillo con la punta de un espetón y clave en firme el alfiler por debajo de ellos. Coloque los hilos encima del alfiler.

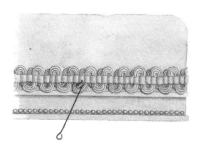

2 Continúe colocando alfileres a intervalos de, aproximadamente, 4cm. Colóquelos de manera más próxima cuando doble las curvas.

Galones

El galón tiene una estructura semejante al cordoncillo, pero se fabrica en muchos anchos distintos. Normalmente tiene una apariencia plana y está más tejido que retorcido. Hay disponibles muchos diseños y colores. El galón se puede utilizar como un elemento para los contornos u ocultar ribetes naturales.

Flecos

Los flecos normalmente cuelgan de una tira de tela, como el cordoncillo o el galón, en la parte superior. Los flecos pueden estar cortados o no, lisos o con borlas. Se fabrican en muchos colores y diseños, los flecos están disponibles en una gran variedad de pesos y longitudes para adecuarse a cualquier tipo de mueble. Uno de los más utilizados es el de 10 o 15cm de largo y se coloca alrededor de la base de los sillones como un detalle lujoso. Normalmente los flecos se cosen a mano, pero también puede pegarlos como el cordoncillo.

1 Doble el extremo de los flecos hacia abajo, fíjelo en su posición con espetones, tirando ligeramente de los flecos para mantenerlos tensos.

2 Haga un pespunte en los flecos en su sitio a lo largo del borde superior de la cinta, utilizando un hilo fino y una aguja circular. Haga dos filas si la cinta es profunda. Termine los extremos doblándolos hacia abajo y cosiendo con cuidado.

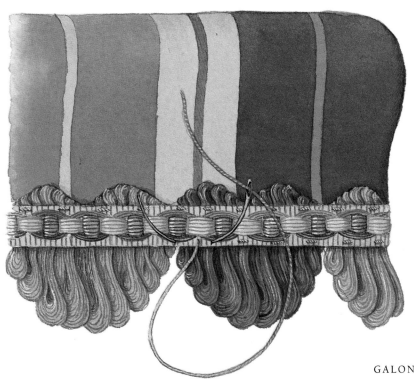

1 Utilizando una aguja de colchonero y un trozo de bramante, pase el bramante a través del botón o del lazo del copete.

2 Luego, con ambos extremos del hilo en la aguja, empuje la aguja, primero el ojo, desde la parte de arriba hasta la de debajo del cojín.

3 Saque un extremo del bramante de la aguja e introduzca el segundo a través del botón o del copete. Saque ese bramante fuera de la aguja y ate los dos extremos del bramante con un nudo corredizo y un nudo sencillo.

4 Corte los extremos del bramante y métalos por debajo del botón o del copete. Recorte los copetes si no son iguales y múllalos para que quede bonito.

Botones y copetes

Los botones y los copetes se pueden utilizar para mantener el relleno en su sitio, como ya se ha explicado con el capitoné en el sillón de respaldo capitoné, o ponerlos como simple elemento decorativo. Los botones son de tallas diferentes, las más usadas para el tapizado son las de 13mm y las de 20mm y también pueden estar recubiertos de la misma tela que el tapizado, o una tela que contraste con éste. Los copetes vienen en una gran variedad de diseños, desde piezas planas de cuero, hasta hilos cortados o enrollados a un punto central.

Se describe en el tapizado del sillón con respaldo capitoné cómo utilizar el calicó como anclaje en el capitoné profundo (véase página 70). Los botones o copetes flotantes permanecen más cerca de la superficie, hundiendo menos la tela y las técnicas que se utilizan, se describen en el cabecero infantil (véase página 114).

Los botones y los copetes también se pueden coser por parejas; por ejemplo, con uno en la parte superior y otro en la inferior del cojín de un asiento.

Borlas y rosetas

Disponibles en muchos diseños, colores y tamaños de borlas y rosetas, pueden encargarse para que hagan juego con otros elementos de pasamanería. Las borlas usadas con un cordón pueden ser una manera práctica de sujetar o atar los reposabrazos en su sitio, como en el sofá de estilo Knole. Tanto las borlas como las rosetas también se pueden utilizar como elemento decorativo en los rollos, las bases de los sillones y los cojines. La mayor parte de esta pasamanería se cose a mano.

1 Ensarte el cordón de la borla desde delante a través del centro de la roseta y asegúrelo al respaldo con un nudo o cosiéndolo. Corte el cordón.

2 Cosa la borla y la roseta al mueble, utilizando una aguja circular e hilo.

3 Para decorar un almohadón con una roseta, siga las instrucciones para cojines de forma cilíndrica (véase página 110).

Claveteado

El claveteado es un método tradicional que permite un buen acabado de los bordes, en el que los clavos se colocan en una fila continua, tocando cada uno con el siguiente. Los clavos también pueden espaciarse a intervalos directamente sobre el mueble o sobre galones o tiras de cuero, o colocarlos haciendo figuras. Los clavos están disponibles en diferentes tamaños y en una gran variedad de colores y de formas en las cabezas, sin embargo, los que se utilizan con más frecuencia son los de 9mm de latón con una cabeza antigua o abovedada o hechos de bronce. Clavarlos de manera uniforme requiere mucha habilidad y se necesita mucha práctica así como una buena planificación si va a utilizar un motivo. Existe la posibilidad de comprar tiras de clavos que tienen un efecto similar al claveteado. Se fijan clavando cada pocos centímetros o en agujeros prefabricados. El efecto es muy parecido de lejos, pero visto de cerca no queda igual.

1 Utilice un martillo de tapicero para dañar lo menos posible las cabezas de los clavos. Acolche el extremo con un trozo pequeño de relleno y cubra el extremo de la cabeza del martillo con un círculo de cuero atado con un trozo de bramante.

2 Es aconsejable utilizar o bien una guía comprada o bien hecha en casa para el claveteado. Los clavos se pueden espaciar de manera decorativa a intervalos de, aproximadamente, 7,5cm a lo largo de una línea recta.

3 Corte un trozo de cartulina de 10cm de ancho y 2,5cm de largo. Mida el radio de los clavos decorativos y dibuje una línea de su largo a lo largo del extremo largo superior. Empuje una fila de clavos en la cartulina a lo largo de esta línea y dibuje alrededor la forma de los clavos.

4 Quite los clavos y marque a lo largo del borde y a una misma distancia entre los agujeros de los clavos. Dibuje una línea en zigzag uniendo los puntos a lo largo del borde de los agujeros de los clavos y recorte esta línea.

5 Ponga la guía al borde para clavarla, comenzando en el centro del mueble y trabajando hacia fuera. Clave parcialmente los clavos en los puntos más bajos del zigzag. Deje el espacio de un clavo en la guía, de modo que podrá continuar con el siguiente grupo.

6 Retire la guía y clave en firme todos menos el último. Tome de nuevo la guía para volver a trabajar, utilizando el último clavo como punto de referencia de la guía y repita hasta que termine el proceso.

COJINES

Hay muchos tipos y formas de cojines que pueden realzar un mueble, al mismo tiempo que aportan comodidad. Algunos cojines son una parte integral de ciertos tipos de muebles, y los métodos para hacerlos se explican en esta sección.

Los cojines son básicos en el diseño de los muebles, como por ejemplo en los sofás modernos, donde los cojines del asiento y del respaldo le dan la mayor parte del relleno y son fuente de comodidad. La mayor parte de los cojines pequeños pueden ser una cuestión de elección y aquí no se describe cómo hacerlos. Sin embargo, el almohadón puede ser considerado como una parte esencial de algunos muebles de ciertos periodos, además de ser decorativo, y al final de esta sección se explica cómo hacer uno.

Cojines

En el tapizado, el tipo más habitual de cojines son los del respaldo y del asiento. Tienen una cremallera a lo largo del centro del borde trasero o también pueden estar cosidos para que no se muevan. El acolchado se fabrica en una gran variedad de materiales. Aún se puede encontrar el relleno de plumas, que para este tipo de cojines es el mejor, se compra ya hecho y a medida, porque necesitan interiores con compartimentos para que las plumas se mantengan en su sitio. Su tapicero local puede encargarlos para usted si le dice las medidas que necesita. Tenga en cuenta un relleno ligeramente mayor que el espacio, de modo que parezca abundante cuando rellene la funda del cojín. También hay disponibles muchos tipos de espuma, látex y rellenos artificiales en varias densidades y se utilizan para diferentes propósitos. Así que tenga en cuenta los consejos de su tapicero y después siéntese en el cojín para asegurarse de que se adapta a sus necesidades antes de comprarlo.

Cuando corte una tela para un cojín del reposabrazos o algún cojín con forma, el procedimiento es exactamente el mismo que para los cojines del asiento y del respaldo. Asegúrese de que dibuja el contorno con cuidado, utilizando el cojín antiguo como guía para hacer una plantilla.

HACER UNA PLANTILLA

1 Haga las plantillas para los cojines después de que el tapizado del armazón principal esté terminado. Para un cojín de asiento, coloque el relleno original del cojín en el asiento. Asegúrese de que todavía encaja bien y de que tiene el largo correcto y utilícelo como una guía para la plantilla. Para un reposabrazos o el respaldo, asegúrese de que tiene en cuenta que el cojín de asiento tiene que estar en su sitio.

2 Ponga la tela para el tapizado en la parte superior del cojín y sujétela a las esquinas con alfileres. Asegúrese de que la tela está centrada y que el estampado está alineado con el respaldo interior y el canto delantero.

3 Marque, con un jaboncillo el contorno del cojín de asiento, teniendo en cuenta cualquier forma del respaldo interior y del canto delantero.

4 Quite la tela del cojín y corte alrededor del contorno, teniendo en cuenta 1,5cm para las costuras. En el envés de la tela marque o bien la parte superior del cojín de respaldo o bien la parte delantera del cojín de asiento. Ahora utilice esta pieza como plantilla. Coloque la plantilla sobre el resto de la tela, que coincidan los enveses de cada tela, haciendo que coincida el estampado y corte una segunda pieza idéntica a la anterior para la parte de abajo del cojín.

CONSEJO
Si el relleno del cojín está demasiado firme, haga el borde de la cremallera lo suficientemente largo como para que vaya por el alrededor de los laterales. Con ello conseguirá que la funda encaje mucho mejor.

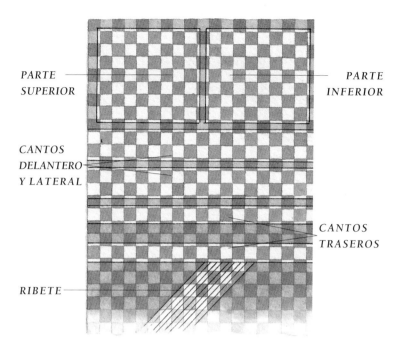

PARTE
SUPERIOR

PARTE
INFERIOR

CANTOS
DELANTERO
Y LATERAL

CANTOS
TRASEROS

RIBETE

CÓMO HACER LA FUNDA

1 Haga un pespunte en los bordes interiores de las dos secciones de los cantos traseros. Doble hacia arriba 1,5cm a lo largo de uno de esos bordes y ponga la cremallera justo debajo, de manera que cubra los dientes de la cremallera. Sujete con alfileres.

2 Usando un pie para cremalleras, cosa a máquina la cremallera lo más próximo a los dientes que le sea posible. Repita el proceso para coser la segunda sección del canto en el otro lado de la cremallera, haciendo que el estampado case.

3 Haga ribete suficiente como para que vaya alrededor de la parte superior e inferior del cojín. Cósalo en ambas secciones, uniendo el ribete en la parte trasera. Cosa las piezas de los cantos siguiendo la secuencia correcta, planeando la posición de las costuras, de manera que se vean los menos posible cuando el cojín esté terminado. No corte el canto lateral a la medida exacta hasta más tarde.

4 Coloque el haz de las partes superiores del cojín juntas con la parte superior del canto, asegurándose de que el estampado coincide, y, comenzando por el canto trasero, cosa con un pie para cremalleras o pie para ribete la primera fila de puntadas. Antes e

5 Compruebe el largo del canto en el antiguo cojín y añada más tela para las costuras a las anteriores medidas. Corte trozos de tela del ancho requerido para hacer que los cantos vayan alrededor de los dos laterales y la parte delantera del cojín. Corte un trozo del canto de la parte de atrás del cojín, teniendo en cuenta que el estampado tiene que coincidir, y doble la cantidad de tela para las costuras. Corte el canto trasero por la mitad longitudinalmente, de modo que se pueda insertar la cremallera. Corte y haga el suficiente ribete como para que vaya alrededor de la parte superior y la base del cojín.

CÓMO CORTAR LA ESPUMA

1 Elija espuma del largo correcto para el cojín. Éste debería ser el mismo que el de la funda para evitar que se vean aristas.

2 Ponga la plantilla de la funda sobre la espuma y haga una marca alrededor de ella, teniendo en cuenta los dobladillos, y haga la espuma al menos 2cm más larga que la funda.

3 Utilizando un cutter para espuma o un cuchillo de sierra para el pan, corte la espuma mientras sostiene el cuchillo completamente recto, de modo que la espuma del cojín tenga el mismo tamaño en la parte superior y la inferior.

4 Corte suficiente guata de poliéster para envolver el cojín. Utilice *spray* adhesivo y pulverícelo en la parte superior y la base de la espuma y ponga guata sobre ambas, dando golpecitos en la guata para que se adhiera bien. Envuelva los extremos con guata.

5 Corte un trozo de estoquinete y póngalo sobre el cojín, desde un lado al otro. Recorte el estoquinete sobrante, doble los bordes y haga un sobrehilado con puntadas largas.

CONSEJO

Un cuchillo para trinchar eléctrico es muy útil para cortar la espuma, pero después puede que ya no nos sirva en la cocina.

RELLENOS PARA COJINES

Se utiliza una gran variedad de materiales para proporcionar un relleno confortable a los muebles modernos, ya sea como parte fija del tapizado o como parte de los cojines del respaldo y del asiento.

1. CRIN ENGOMADA. *Una mezcla de pelo de animales adherida a una solución de goma y cortada en láminas de 2,5cm o 5cm de grosor. Una buena base para los reposabrazos, respaldos y asientos pequeños en los muebles modernos.*

2. GUATA DE POLIÉSTER. *Disponible desde 55g hasta 500g de peso y anchos de 70cm, 90cm y 1,4m. Se utiliza muy a menudo como relleno sobre el calicó, pero también para cubrir la espuma de los cojines.*

3. ESPUMA DE POLIURETANO. *Disponible en diferentes densidades y grosores a partir de 15cm, se vende en cojines individuales o por láminas. Utilice la más densa para un asiento firme y la menos densa para el respaldo.*

4. ESPUMA DE LÁTEX. *Disponible en densidades blanda, media y firme. Hecha en láminas o disponible en trozos de 2,5cm a 15cm de grosor. Es dura para trabajar con ella, pero hace que el asiento sea firme y cómodo.*

5. ESPUMA DE VIRUTAS. *De una densidad muy dura, espuma reconstituida hecha de trozos de espuma y desperdicios, en láminas a partir de 12cm de grosor. Se utiliza de manera extensiva en la fabricación de muebles.*

6. ESTOQUINETE. *Una tela tejida de una mezcla de algodón y poliéster flexible y suelta que se utiliza para cubrir la espuma de los cojines. Está disponible en rollos de 30cm y 37,5cm de ancho.*

7. RELLENO DE COJÍN. *Rellenos naturales o sintéticos, disponibles ya sea de medidas estándar o a medida. Los cojines a veces tienen compartimentos para mantener el relleno distribuido de manera uniforme.*

canto del último lateral tendrá que estar en su sitio, compruebe ahora la longitud exacta que necesita para encontrarse con el canto trasero. Sujete los dos bordes con alfileres, corte los bordes y haga una costura. Termine de coser el canto.

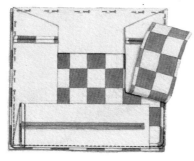

5 Ahora coloque la pieza de abajo del cojín y los lados correctos de los cantos juntos. Cósalos.

CONSEJO

Abra la cremallera antes de coser la parte inferior, porque puede que después le sea complicado el abrirla.

6 Vuelva la funda del revés (con el haz hacia fuera). Para meter el relleno en la funda, doble el relleno por la mitad longitudinalmente. Ponga una rodilla encima, en caso de que sea robusto. Abra la funda e introduzca correctamente el relleno en las esquinas delanteras. Doble los ribetes de modo que queden planos. Meta el extremo trasero del relleno y cierre la cremallera.

Almohadón

Los almohadones se utilizan muy a menudo como extremo de un diván, pero, por supuesto, también se pueden utilizar en otro tipo de muebles. Este almohadón en particular, tiene un extremo decorado con pliegues y con un botón que contrasta con la tela del almohadón, lo que le da un toque de estilo.

1 Decida de qué tamaño quiere hacer el extremo circular del almohadón y haga un patrón en papel o calicó de esa medida. Para dibujarlo, utilice el contorno de un plato, en caso de que tenga uno de ese tamaño. Si no, utilice un trozo de bramante de la longitud del radio, con un extremo anudado en un espetón y el otro a un lápiz, para utilizarlo como compás y así, poder dibujar una circunferencia. Guarde el patrón para otra ocasión.

2 Para saber la longitud de la tela que va a necesitar para que

vaya alrededor de la sección principal del almohadón, mida alrededor del exterior de la circunferencia del patrón y añada más para las costuras y para una cremallera, en caso de que vaya a poner una. Decida lo ancho que quiere que sea el almohadón y añada más tela para las costuras.

3 Para la longitud de la tela que necesita para hacer los extremos con pliegues, tome el patrón de la circunferencia y añada sólo una medida extra para la costura. Para el ancho de este trozo de tela, mida el radio del patrón y añada dos medidas para las costuras.

4 Pase las medidas para una sección principal y dos extremos con pliegues a la tela, asegurándose de que el estampado de los dos extremos coincide. Compruebe que ha tenido en cuenta todos los dobleces y corte los trozos.

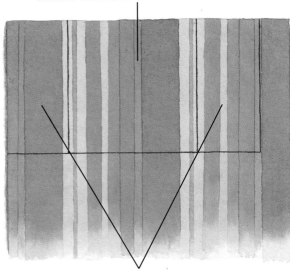

PANEL PRINCIPAL DEL ALMOHADÓN

PANELES DE LOS EXTREMOS

puntadas de 2,5cm en el haz y 3mm en el envés de la tela. Apriete las costuras muy firmemente, metiendo los dobleces hacia el relleno del cojín. Sujételos bien. Pliegue la tela cuidadosamente alrededor de la forma circular.

9 Meta el extremo sin botón del bramante que está suelto a través del agujero del segundo botón y haga un nudo corredizo de tapicero. Tire firmemente de este extremo del bramante hasta que ambos extremos estén pegados a la tela. Termine apretando bien el nudo, cortando los extremos del bramante y metiéndolos por detrás del botón.

También corte tiras al bies para hacer ribetes, en caso de que vaya a ponerlos.

5 Cosa los dos extremos cortos de la sección principal juntos, para hacer un tubo y apriete la costura abierta. Cosa ahora la cremallera, si lo desea, aunque ésta no es necesaria para un almohadón con los extremos decorados con botones. Una los dos lados cortos de cada extremo de la sección de la misma manera. Coloque el ribete alrededor de ambos extremos en esta fase, si lo desea, uniendo el ribete a la costura trasera, o insertando un cordón con reborde.

6 Una los dos trozos de los extremos de la sección principal, haciendo que las costuras coincidan, y cosa por dentro de la línea del ribete.

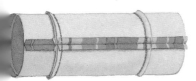

7 Enhebre una aguja de colchonero con un extremo de bramante de nailon y páselo a través del agujero del botón. Después enhebre el otro extremo de bramante por el ojo de la aguja y pase la aguja por el relleno del almohadón desde el centro de un extre-

mo al centro del otro. Deje el bramante colgando de los dos extremos. Meta el relleno dentro del estuche exterior hasta que encaje cómodamente en la sección principal de la tela.

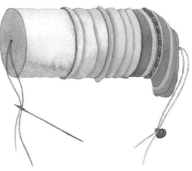

8 Con una aguja circular y bramante fuerte, dé una serie de puntadas de bastilla, justo por el interior del espacio para los dobleces, alrededor del borde de una de las secciones de los extremos. Dé

PROYECTOS

Cabeceros

En esta sección se le muestran dos tipos de cabeceros, en ambos se utilizan los mismos materiales y técnicas básicas de tapizado. Están hechos de madera contrachapada, pero si usted ya tiene una cabecero, puede adaptar fácilmente el método para otras medidas o formas.

Dimensiones (cama individual)

Altura: 68 cm
Ancho: 76 cm
Largo: 2,5 cm

Materiales

- Madera contrachapada de 10mm de grosor
- Espuma de 2,5cm de grosor, 80x85cm
- Spray adhesivo
- Guata de poliéster de 56g, 1m
- Tela para tapizar, 1m
- Bramante de nailon
- 8 botones de 30mm
- Tachuelas finas de 13mm
- Grapas de 10mm
- Forro, 1m
- Hilo para coser a mano
- 2 trozos de madera para las patas de 50mm x 12mm x 30cm
- 4 tornillos para madera

◯◯ Referencia

Comience a tapizar colocando el capitoné, página 80

Cabecero para niños

Se eligió esta tela para el cabecero porque tiene unos dibujos estampados que son adecuados tanto para niños como para niñas. El amplio espectro de colores se puede combinar con muchos proyectos para dormitorios y, como la tela es de tejido de algodón, es también práctico. Puede elegir cualquiera de los colores de la tela para que resalten con los botones. El amarillo viene bien aquí y las formas rectangulares son el espacio perfecto para un capitoné flotante.

1 Mida el ancho de la cama para tener el ancho del tablero. Decida la altura y la forma que le quiere dar dibujándolo en papel y comprobando el efecto in situ. Marque la forma en la madera incluyendo 15cm para la sección de la base y corte con una sierra. Como alternativa, puede encargar el cabecero a una ferretería. Dibuje una línea a unos 15cm de la parte inferior. La sección de la base inferior se tapizará, pero no va a necesitar el capitoné, ya que quedará tapada por el colchón y las almohadas.

2 Decida dónde va a poner el capitoné, pensando en las dimensiones del tablero y el estampado de la tela. No coloque el capitoné demasiado cerca de los bordes del tablero, deje un mínimo de 7,5cm alrededor y asegúrese de que queda por encima de la línea que ha dibujado. Planee la disposición en la tela primero y luego pase las medidas al tablero.

3 Cuando esté seguro de que las marcas para el capitoné están en su lugar correcto, taladre los agujeros a través del tablero. Recuerde que necesita un agujero lo suficientemente largo como para que pase la aguja y el ancho de dos hilos de bramante.

Paso 3   Paso 4

4 Coloque en el tablero un trozo de espuma y después dibuje el contorno de la forma del tablero. Marque otra línea exterior de 2,5cm por fuera de la primera. Utilice un cutter para espuma o un cuchillo de sierra para el pan para cortar alrededor de la línea que está más hacia fuera. Haga un chaflán en la espuma desde la línea interior hasta los bordes exteriores.

5 Pulverice spray adhesivo en el centro del tablero y ponga la espuma encima, manteniendo la línea

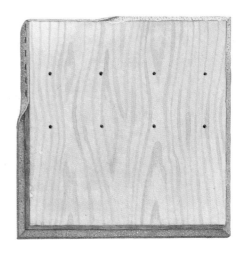

CONSEJO

*Experimente dibujando
primero en papel y
después clavando el
diseño al tablero.
Observe la tela para ver
si tiene un motivo que se
repite que pueda utilizar
a su favor. En este
tablero, los rectángulos
que hay en la tela dictan
dónde va el capitoné.
Tienen que estar a la
misma distancia del
centro.*

*Abajo: Los botones
amarillos sobre la tela de
colores brillantes le dan al
cabecero un acabado suave
y redondeado.*

interior que ha marcado al nivel de los bordes del tablero. Doble los bordes achaflanados de la espuma por encima de los bordes del tablero y grape todo el contorno, dándole a los bordes forma redondeada.

6 Pase una aguja de colchonero por cada agujero desde la parte de atrás, hasta que penetre en la espuma de delante. Utilizando un cuchillo para manualidades, haga una pequeña cruz por donde sale la aguja. Corte un trozo de guata ligeramente mayor que la parte delantera del tablero y colóquelo sobre la espuma. Rompa la guata abriendo con los dedos los agujeros que están marcados.

7 Corte la tela para tapizar para que se ajuste al tablero, poniendo 5cm de más por todo el contorno. Marque el envés de la tela, de manera que se corresponda con las marcas en el tablero y coloque la tela sobre la guata.

8 Pase la aguja desde la parte de atrás del tablero hacia la de delante a través de las marcas que ha hecho en la tela, con el ojo de la aguja por delante. Enhebre uno de los extremos del bramante a través del botón y después ambos extremos por el ojo de la aguja. Tire del bramante a través hasta que el botón se encuentre con el tablero y los extremos estén en la parte de atrás.

9 Ponga tachuelas de manera temporal en la parte de atrás del tablero, a cualquier lado de los agujeros. Enrolle dos veces un extremo del bramante alrededor de la tachuela y clave en firme atrapando el bramante. Coloque una segunda tachuela cerca de la primera y asegure el otro extremo del bramante alrededor de ella, asegurándose de que el botón está apretado contra el tablero. Clave en firme. Repita hasta que todos los botones estén en su sitio, después corte todos los trozos largos del bramante.

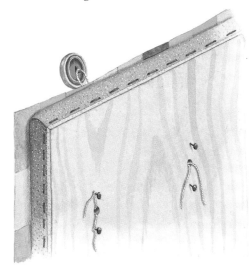

10 Tire de la tela por encima de los bordes del tablero hacia atrás. Asegúrela con grapas a 2,5cm del borde. Corte la tela sobrante.

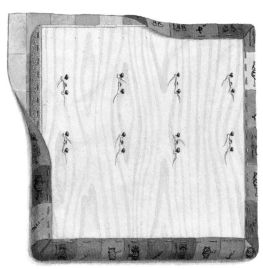

11 Ponga un trozo de guata sobre la parte de atrás del tablero, justo a partir del borde. Corte un trozo de forro con 1,25cm de contorno de más para dobleces. Doble los bordes hacia abajo y sujete el forro con alfileres en su sitio, cerca del borde. Cosa el forro alrededor de la parte de atrás.

12 Marque las posiciones de las patas, atornille en su sitio la parte de atrás del tablero y sujételo a la cama.

Cabecero romántico

EL CONTORNO SUAVE, redondeado y con pliegues da a este cabecero un toque femenino. La tela que se utilizó para este proyecto es un delicado damasco de seda de color crema. El estampado central se ha colocado cuidadosamente para crear una característica principal y las luces y sombras de la tela le dan facetas muy variadas, dependiendo del ángulo desde el que se mire.

1 Decida el tamaño y la forma del cabecero dibujándolo sobre papel y comprobando el efecto in situ. La forma que aquí se muestra, una altura de, aproximadamente, el doble de la distancia desde el suelo a la parte de arriba del colchón es una proporción satisfactoria. Marque la forma en la madera, incluyendo 15cm para la sección de la base y córtela con una sierra. Como alternativa, también puede encargar el tablero a su ferretería habitual.

2 Dibuje una línea a través del tablero a 15cm de la parte inferior. La parte de abajo se va a tapizar, pero seguirá quedando detrás del colchón. Dibuje otra línea para la zona de los pliegues, alrededor de los laterales y la parte superior, a 12,5cm de los bordes. Ajuste esta línea para hacer un contorno agradable y asegúrese de que el diseño es perfectamente simétrico.

3 Corte un trozo de espuma del tamaño exacto del tablero hasta la línea que hemos dibujado en el tablero. Con cuidado marque y corte la espuma

siguiendo el contorno y guarde las dos secciones del centro y de los bordes de espuma.

4 Pulverice *spray* adhesivo en el centro del tablero y pegue la sección central de espuma. Grape todo el contorno, justo por dentro de los bordes del tablero con grapas de 10mm. Coloque un forro de guata sobre la espuma y rómpalo por dentro de la línea.

5 Planee cómo va a colocar la tela, si hay un motivo que va a aparecer en el centro, y corte la tela para tapizar el panel central con, al menos, 5cm de tela extra alrededor. Clave temporalmente la tela en su sitio.

Dimensiones
(cama individual)

Alto: 65cm
Ancho: 75cm
Largo: 5m

Materiales

- Madera contrachapada de 10mm de grosor
- Espuma de 5cm de grosor, 80x100cm
- *Spray* adhesivo
- Grapas de 10mm
- Guata de poliéster de 56g, 1,5m
- Tela para tapizar 1,5m
- Tachuelas finas de 13mm
- Cordón con reborde 4m
- Grapas de 14mm
- Cinta para clavar 75cm
- Forro 1m
- Hilo para coser a mano
- 2 alcayatas

∞ Referencia

Tapizar los interiores aplicando cordón con reborde, página 86

SEDA

La fibra de seda tiene un brillo incomparable. Incluso cuando está tejida en una galga gruesa, una tela con botones, produce una superficie que refleja la luz de una manera única y mágica. Algunos ejemplos son algo extremos. La seda tornasolada, por ejemplo, parece estar hecha de diferentes colores cuando se mira desde distintos puntos de vista. Entre las gruesas, botones mate y la iridiscencia de una mariposa de las sedas tornasoladas se extiende en un amplio espectro de seda y mezcla de seda, que han sido utilizadas en el tapizado durante siglos para producir muebles de gran esplendor. Tejida en damascos y brocados, sola o mezclada con otras fibras, como el algodón o el yute para darle una mayor durabilidad, la seda es lo último en tapizados glamurosos.

6 Cuando esté lisa la tela del panel central, asegúrela con grapas de 10mm alrededor de la línea. Quite las tachuelas temporales.

7 Coloque el cordón con reborde en la línea, con el lado del cordón tenso contra la sección central, ya con el relleno puesto. Grape el cordón a lo largo de los laterales y de la parte superior con grapas de 14mm.

8 Corte tiras para los bordes plisados a través del ancho de la tela restante, cada tira tiene que ser lo suficientemente larga como para cubrir la espuma y la guata y para pasarla por encima del borde exterior con un doblez de 7,5cm. Una las tiras, haciendo que coincida el estampado, para formar un trozo. Comenzando en el centro, arriba, pliegue el borde hacia adentro en el mismo sitio, de modo que la parte destinada a los dobleces quede justo por la parte de fuera de la línea del cordón y la parte abultada de la tela, con el haz del uno junto al del otro, en la parte superior de la sección central. Trabaje desde el centro y vaya descendiendo por los laterales, de manera que los pliegues se doblen hacia fuera desde el centro. Meta tela de más en los pliegues de las esquinas para tener en cuenta el punto más ancho de los bordes en este punto. Grape una tira para clavar sobre el espacio para los dobleces, tirante contra el cordón de debajo.

9 Empuje la espuma de la sección de los bordes hasta que se encuentre con la del panel central, de manera que se ajuste bien y cúbrala con guata. Ponga la tela plisada sobre el borde y arregle los pliegues sobre el borde exterior. Grape la tela a la parte de atrás del tablero a 2cm del borde con grapas de 10mm. Mida un trozo de cordón con reborde lo suficientemente largo como para llevarlo desde uno de los bordes exteriores de la parte inferior, a lo largo de la parte superior, hasta el otro lado. Ajústelo a lo largo del borde trasero del borde con relleno y grápelo fuertemente contra el plisado, dejando suficiente cordón a cada extremo como para ponerlo en la base del tablero.

10 Coloque un trozo de tela a lo largo de la línea que ha marcado en la sección de la base, con el haz de la tela hacia abajo, sobre la sección que ya ha rellenado, haciendo que el estampado coincida con el del panel central. Clave temporalmente desde un borde hasta el otro utilizando una tira para clavar. Grape con grapas de 10mm y quite las tachuelas.

11 Acolche la sección de la base con guata y coloque la tela por encima de la guata. Fije la tela a la parte de atrás del tablero con grapas de 10mm. Corte

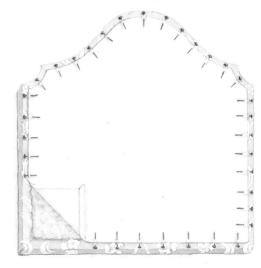

el exceso de tela en la parte trasera del tablero. Asegure los trozos restantes de cordón con reborde a lo largo de los bordes. Corte un trozo de guata un poco más pequeño que el tablero y colóquelo en la parte de atrás. Corte un trozo de forro más largo que el tablero, doble los bordes hacia dentro y fíjelos con alfileres a la parte de atrás del tablero, por debajo del borde exterior.

12 Coloque alcayatas en la parte de atrás del tablero, de manera que pueda fijarse a la pared, manteniéndolo de manera rígida en su sitio. Como alternativa, tal vez prefiera fijar el tablero a la cama en vez de a la pared. En este caso, atornille dos patas al tablero, como en el cabecero para niños, y después fíjelo a la cama.

Arriba: El lino de la cama se ha elegido coordinado para prolongar el motivo suave y romántico del cabecero.

119

PASAMANERÍA *un disfraz decorativo*

Hay muchas pasamanerías interesantes disponibles. Incluso si es tan solo funcional, no hay necesidad de que sea aburrida. Los clavos decorativos pueden llegar a ser sorprendentes ya que abarcan diferentes formas y acabados antiguos y también pueden aplicarse en diseños más elaborados, como en el escabel que presentamos en el libro.

Un tapizado eficaz

Muchas pasamanerías se han desarrollado por pura necesidad. Los primeros telares no era no suficientemente anchos como para fabricar tela que abarcara los respaldos y asientos más amplios, de manera que los galones se idearon para disimular las costuras y en el siglo XVIII eran de uso habitual.

La necesidad práctica de idear un ribete natural y una línea de tachuelas donde el tapizado se encontraba con la madera vista se resolvió de manera simple y decorativa eligiendo añadir recursos como galones, cordoncillos, ribetes o claveteado. Una línea de ribete doble puede ser de esta manera fácilmente tan ancha como el galón y tiene una apariencia discreta y refinada. El cordoncillo, aunque más caro que el galón, es una buena elección, ya que su estructura enrollada le da la flexibilidad para que vaya suavemente por curvas y biseles y perfectamente por las esquinas.

El claveteado decorativo, más juntos o espaciados de manera imaginativa, aplicados directamente sobre el tapizado o en una banda de cuero, galón o flecos, ha sido popular durante siglos. El conseguir la línea perfecta requiere una gran precisión, así como fijar y ocultar los ribetes naturales.

Definir las formas

El ribete es una pasamanería particularmente versátil. Debido a que es resistente y se puede plegar, es imprescindible donde el uso es de una importancia primordial. Relativamente barato, se puede hacer de tiras al bies de la tela para tapizar, haciendo que coincida con el resto del tapizado de manera precisa. Realmente se convierte en algo esencial cuando de definir el contorno de un mueble se trata, tan capaz de dar un carácter distintivo a las líneas logradas y rectas de un sofá moderno, como a las formas suaves de una butaca antigua. Los diferentes efectos pueden ser realzados posterior-

mente eligiendo una tela para el ribete que haga juego, que haga un ligero contraste, o que haga un contraste muy fuerte.

Disfrute experimentando con estos héroes olvidados de la sección de pasamanería. Aunque su uso puede ser básico para la funcionalidad de su tapizado, utilizados de manera creativa pueden realzar las formas del mueble y la elección de la tela para tapizar. La pasamanería bien elegida en un mueble tapizado cuidadosamente puede producir un acabado que realce todo el cuidado y disciplina que invirtió al hacerlo.

La pasamaneríaa puede ser útil para esconder uniones poco estéticas o para cubrir tachuelas y grapas. El ribete doble en el sillón de respaldo capitoné tapa limpiamente los ribetes naturales de la tela alrededor del armazón del sillón, en especial en los reposabrazos acolchados. En un sillón tan tradicional, la pasamanería convencional es la elección más apropiada.

Biombo de cuatro paneles

Se eligieron dos tipos diferentes de tela para darle a las dos caras de este biombo un contraste total que sería apropiado para diferentes ambientes. El galón de pasamanería se complementa y mezcla con las telas de ambas caras del biombo.

Dimensiones

Alto: 1,7 m
Ancho: 1,6 m
Largo: 2 cm

Materiales

• Papel marrón para paquetes para cubrir ambos lados

• *Spray* adhesivo

• Cola para papel pintado (un paquete pequeño) o agua

• Tela para tapizar, principal 4m

• Tela para tapizar, contraste 3,5m

• Papel de burbujas 7m

• Tachuelas finas de 13mm

• Grapas de 10mm

• 6 bisagras y tornillos

• Barras de cola adhesiva

• Galón 17,5m

• Guata de algodón 1,75m

• 8 clavos largos antiguos

Este biombo se encontró tapizado con una tela de cortina de algodón, que estaba en muy malas condiciones, aunque éste, no era obviamente el tapizado original. El armazón estaba un poquito combado, pero todavía sólido, así que merecía la pena volver a tapizar el biombo.

Una tela de algodón con flores silvestres frescas le da un aire nuevo y limpio a una de las caras y bien vale la pena la tela que se necesita para que haga juego con el estampado. El algodón estampado con un color oro clásico y rayas color crema le da una apariencia elegante y sofisticada al reverso.

Los biombos han vuelto tener popularidad. Proporcionan una manera flexible de dividir los espacios por toda la casa y volver a tapizar el biombo lo convierte en un accesorio muy útil.

1 Retire todo el tapizado antiguo del armazón. Quite las tachuelas y el papel y raspe los bordes del armazón para quitarles todo el adhesivo. Elimine todos los tornillos de las bisagras y póngalas en un lugar seguro en caso de que quiera reutilizarlas, aunque es mejor que las renueve.

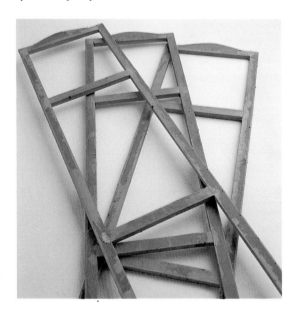

2 Corte ocho trozos de papel marrón para paquetes para ponerlos en los dos lados de los paneles. Pulverice *spray* adhesivo en la superficie lisa del pri-

mer armazón del panel. Coloque el papel sobre el armazón, tensándolo a medida que lo coloca sobre el adhesivo. Empapele todos los paneles de esta forma en ambos lados y deje que se seque el pegamento.

3 Corte los bordes del papel con un cuchillo para manualidades, de manera que el papel no se superponga. Utilizando una brocha, pinte el biombo con cola para papel pintado o agua a través del hueco del centro en cada lado de cada panel, teniendo cuidado de no mojar el lado con pegamento. A medida que se seque, el papel se encoge, de manera que se pondrá tan tenso como la piel de un tambor.

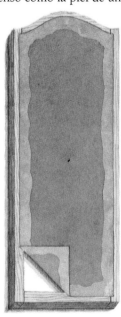

4 Mida el primer panel para tomar las medidas para la tela principal, teniendo en cuenta la suficiente cantidad como para cubrir todos los bordes del armazón. Coloque la tela de manera que el estampado esté en el centro y, si es posible, de manera que no corte a través del motivo repetido en la parte superior o inferior del panel. Mida y corte las otras tres secciones exactamente de la misma manera.

5 Utilizando la tela que contrasta, mida y corte las cuatro secciones del reverso del biombo, repitiendo el proceso utilizado para cortar la tela de las parte frontales.

CONSEJO

Cubrir el panel con un papel de burbujas le dará un aspecto acolchado, pero si prefiere un borde más marcado puede utilizar forro de cortina, en vez del anterior.

Abajo: Las tiras color crema y oro no sólo dan una apariencia sofisticada, sino que también dan la sensación de altura.

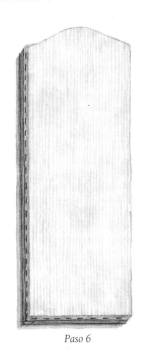

Paso 6   Paso 7

6 Corte ocho trozos de papel de burbujas, suficiente como para cubrir cada panel y que sobre alrededor. Coloque el primer panel en una superficie firme, después coloque el papel en la parte superior. Extienda el papel a medida que trabaja, clávelo temporalmente alrededor de los bordes del armazón. Grape el papel a los bordes, luego quite el clavado temporal y corte el exceso del papel. Repita este proceso en ambos lados de cada panel.

7 Utilizando el mismo método, cubra los paneles con la tela. Superponga la tela de la parte frontal y el revés a lo largo de la línea central en los laterales del armazón. Grape y recorte el exceso de tela.

8 Coloque el primer y el segundo panel juntos con las telas que contrastan mirándose. Corte una tira de la tela que contrasta lo suficientemente ancha como para cubrir los bordes laterales de los dos paneles y lo suficientemente larga como para cubrir los laterales, desde la parte inferior a la superior más 4cm para dobleces a cada extremo. Coloque la tira con el haz hacia abajo y grápela a lo largo de los dos laterales de cada armazón, para unir los paneles y cerrar el hueco. Corte la tela, dejando un ribete natural a cada lado. Levante la parte superior y la inferior de la tira y clávela. Repita este proceso para unir todos los paneles, haciendo que coincidan la tela de las tiras y los paneles con los dobleces hacia dentro del biombo.

9 Marque la tira en los lugares en los que van las bisagras y taladre los agujeros para los tornillos.

Izquierda: Se consigue la continuidad haciendo que coincida la tela utilizada en los paneles con la que se ha utilizado en los dobleces interiores del biombo.

10 Pegue el galón por todos los bordes laterales y superiores de cada panel, cubriendo las bisagras y teniendo cuidado de mantener las líneas bien rectas.

11 Grape la guata de algodón al borde inferior del panel. Coloque un clavo antiguo en el borde inferior de cada panel para evitar que la tela se desgaste y para facilitar el desplazamiento por el suelo del biombo.

⚭ *Referencia*

Pasamanería, fijar el cordoncillo con cola adhesiva, página 102

Taburete circular

La tela jacquard tejida complementa las líneas sencillas de este taburete. Las rayas no son una elección usual para una forma redonda pero, teniendo buen cuidado de centrar el estampado, se puede hacer que este tipo de tela vaya perfectamente.

Dimensiones

Alto: 14 cm
Ancho: 38 cm
Largo: 38 cm

Materiales

- Espuma de 2,5cm de grosor, 46x46cm
- *Spray* adhesivo
- Grapas de 14mm
- Guata de poliéster de 56g, 50cm
- Tela para tapizar 50cm
- Tachuelas finas de 13mm
- Cubierta negra 50cm
- Grapas de 10mm

UN TABURETE CIRCULAR pequeño es un mueble muy útil para apoyar los pies y darles descanso o para que se siente un niño o un adulto, además de ser un accesorio atractivo. Los taburetes pequeños se pueden comprar listos para ser tapizados en la tela de su elección o tener suerte y encontrar uno en una tienda de antigüedades. El taburete que vamos a tapizar aquí está muy bien hecho, con un tablero interior desmontable que está listo para ser tapizado. Las junturas en la base hacen un interesante contraste con la veta de la madera.

Los colores de la tela combinan muy bien con los tonos y las vetas de la madera, y juntos le dan vida a este pequeño taburete.

3 Corte un círculo de guata de poliéster y colóquelo sobre la espuma, rompiendo el borde un poco más corto que el borde de espuma.

1 Quite los tornillos que sujetan el tablero central y retire las patas. Coloque la parte central sobre la espuma y dibuje el contorno con un lápiz. Haga otra línea de 2,5cm por fuera de la primera. Corte alrededor del círculo exterior con un *cutter* o un cuchillo para el pan. Haga un chaflán con la espuma desde la línea interior a la exterior.

2 Pulverice el tablero, haciendo un círculo, con *spray* adhesivo y coloque la espuma sobre él, centrada, de manera que el borde superior sobrepase el tablero. Doble el borde superior hacia abajo y grápelo alrededor del la parte superior del tablero con grapas de 14mm. No sobrepase el borde o no podrá colocarlo de nuevo en el armazón. Compruebe siempre el espacio antes de proceder.

4 Corte la tela para tapizar en un cuadrado y colóquela, con el estampado central sobre la parte superior de la guata. Clave cuatro tachuelas temporales a intervalos regulares en el lado exterior del tablero, asegurándose de que la tela no se ha movido. Clave tachuelas temporales a intervalos de 2,5cm, trabajando a través desde los lados opuestos y tensando la tela a medida que trabaja. Mueva la tela sobrante que está debajo del tablero hasta que la de los laterales y la parte superior esté lisa. Grape a 2,5cm del borde exterior. Quite las tachuelas y corte la tela sobrante.

borde del taburete y asegúrela con grapas de 10mm. Localice los agujeros de los tornillos en la base y agujeree la tela con un regulador.

5 Corte un círculo de cubierta negra para la base, añadiendo 1,5cm para los dobleces. Colóquela en la base, dóblela hacia abajo, justo hacia dentro del

6 Vuelva a colocar las patas en la base del armazón y atornille el tablero central, ya tapizado en su sitio, en el armazón del taburete.

RAYAS

RAYAS

Las rayas se asocian, por regla general, con las líneas rectas y uniformes, pero hoy en día hay una amplia variedad para elegir cuando se acude a escoger las telas y la pasamanería. Una cinta a rayas sombreada puede ser una elección más acertada como complemento de un mueble de contorno suave tapizado en una tela de color pálido, que una raya brillante y fresca.

LAS RAYAS han ido ganado popularidad a lo largo de la historia de la decoración. Su regularidad combina bien tanto con las telas lisas, como con las estampadas y le da un toque de orden a un esquema sin ser una intrusión.

El efecto global que se consigue depende del tipo de rayas que utilice. Ya estén espaciadas de manera uniforme, o en anchos aleatorios, rígidamente rectas o medio onduladas, con una textura lisa o con estampado en el tejido, las rayas están disponibles en todas las variantes imaginables, desde el algodón del día a día hasta el damasco, el brocado o la seda más lujosos.

Rayas frescas

La moda de las fibras naturales y la amplia aceptación de telas que en el pasado eran de uso más utilitario ha significado que las rayas ahora se fabrican en una amplia selección de colores sofisticados lejos del clásico marinero azul y blanco. No sólo las rayas, sino también la manipulación almidonada y nueva de la tela sumado al aspecto dinámico y vigorizante. No es de extrañar que las rayas nos recuerden a las sillas de cubierta junto al mar y evoque un sentimiento de vacaciones felices.

Con una elección cuidadosa es posible jugar con las rayas en una tela poco pretenciosa contra un mueble intrincado para lograr un efecto sofisticado. Inclu-

so una silla elegante, dorada y antigua vestida en un modesto algodón o un lino con rayas, adquiere un aspecto limpio y fresco.

Rayas elegantes

Las rayas también pueden tener una aspecto extremadamente lujoso. A lo largo de la historia los diseñadores han tomado las rayas del mundo militar para dar un aire de segura elegancia como decoración. Las rayas en telas suntuosas derrochan lujo clásico. Piense en los diseños de Cecil Beaton para *My Fair Lady*, anchas rayas blancas y negras en seda, hacen que Eliza, la chica de las flores, se convierta en una dama de la sociedad.

Para un efecto espectacular, utilice rayas anchas sobre un fondo de color claro. Para un acabado más adecuado que siga exudando calidad, elija colores que estén muy cerca en el círculo cromático, como el verde botella o el azul cobalto.

Rayas onduladas

No es necesario que las rayas vayan en líneas rectas, ya que también pueden seguir un diseño más suelto y seguir manteniendo su calidad gráfica. Las rayas onduladas llenas con diamantes en una tela de colores vivos, combina lo mejor de ambos mundos, con un alegre abandono que al mismo tiempo resulta suntuoso.

Las rayas sueltas de la tela de este pequeño taburete redondo tal vez sean una elección sorprendente, ya que están contenidas por el círculo del armazón de madera. Pero la combinación funciona bien y, con estos colores tan cálidos, son una perfecta bienvenida para unos pies cansados.

Silla con asiento desmontable

La base de este asiento es de madera contrachapada, así que con un tapizado mínimo el acabado del asiento puede ser algo duro. Añadir una pequeña cantidad de fibra por debajo del fieltro le dará altura al asiento, con un aspecto más redondeado y le resultará algo más cómodo al que se siente en él.

Dimensiones

Alto: 95 cm
Ancho: 41 cm
Largo: 41 cm

Materiales

- Arpillera 50cm
- Tachuelas finas de 13mm
- Bramante
- Fibra (dos puñados)
- Fieltro 50cm
- Calicó 50cm
- Alfileres para cordoncillo de 13mm
- Tachuelas finas de 10mm
- Guata de piel 1700g, 50cm
- Tela para tapizar 50cm
- Cubierta negra 50cm

⚭ *Referencia*

Ligaduras, página 60

ESTE TIPO de silla con asiento desmontable tiene las dos esquinas delanteras recortadas para tener espacio para el armazón. Es por eso, que es ligeramente más complicado tapizarla que el tipo con todas las esquinas perfectamente cuadradas, pero ello hace que sea más interesante trabajar en ella.

La tela que se ha elegido para tapizar es un tejido resistente y adecuado para el uso al que se le somete a esta silla a diario. El motivo del tejido colorido y repetitivo es una reminiscencia de una guinga, pero es lo suficientemente delicado como para encajar tanto en un esquema urbano, como en uno más rural. Esta silla estaba pintada de manera que hiciera juego con la tela y para darle una apariencia más agradable.

1 Retire el asiento desmontable del armazón de la silla. Corte un trozo de arpillera, lo suficientemente grande como para cubrir el asiento hasta los bordes y con un poco más de tela para hacer los dobleces. Coloque la arpillera sobre el asiento, cubriendo la madera contrachapada. Estírela de lado a lado desde la parte trasera a la delantera, fijando el centro de cada sección del asiento con una tachuela de 13mm clavada temporalmente. Siga estirando de la arpillera sobre el contrachapado, clave temporalmente todo el alrededor a intervalos de 5cm justo por dentro del borde del asiento.

2 Clave en firme todas las tachuelas y doble la arpillera sobrante hacia el centro del asiento. Coloque

otra fila de tachuelas alrededor, en los espacios que han quedado entre las de la primera fila, para fijar la arpillera doblada. Doble la arpillera de las esquinas, primero una hacia abajo, después otra hacia arriba y clave en firme. Recorte cualquier sobrante de tela.

3 Cosa tres filas de ligaduras a lo largo de la arpillera, luego carde unos puñados de fibra y colóquelos bajo las ligaduras hasta que el centro del asiento esté cubierto. Coloque dos capas de fieltro sobre la fibra y corte lo sobrante justo al borde del asiento.

4 Corte un trozo de calicó 5cm más largo que el tamaño del asiento. Fije el calicó bajo la parte central delantera del asiento con tachuelas temporales, póngala sobre el asiento y clávela temporalmente bajo el centro trasero del asiento. Repita de lado a lado, colocando una tachuela de manera temporal en el centro de cada lado. Trabaje desde los centros hacia las esquinas, coloque el calicó sobre el borde del asiento con una mano, mientras tira con la otra y asegúrelo con tachuelas temporales alrededor de la parte inferior a medida que trabaja.

5 Doble las dos esquinas traseras hacia abajo y clave en firme. En las esquinas delanteras, tire del calicó sobrante hacia abajo en cada esquina con forma

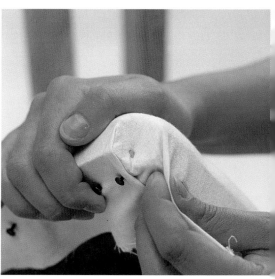

delantera y coloque un alfiler para cordoncillo justo en el centro para asegurarlo. Corte el exceso de calicó y haga un doblez en cada uno de los bordes exteriores de las esquinas. Fije el calicó bajo el asiento con tachuelas de 10mm.

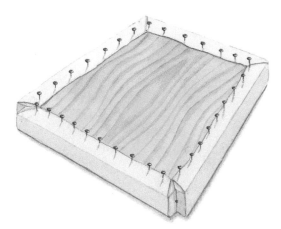

6 Cuando el calicó este tenso y los bordes estén bien definidos y sin bultos, clave en firme. Ponga un trozo de guata sobre el calicó y rompa el borde de manera que se encuentre justo con el borde superior del relleno. No deje que la guata vaya sobre el borde o el asiento no volverá a encajar en el armazón.

7 Corte la tela para tapizar añadiéndole 5cm de más para el borde inferior. Cubra el asiento con la tela del mismo modo que hizo con el calicó, clave temporalmente con tachuelas de 13mm para mantener el estampado alineado.

8 Clave en firme la tela por debajo de la parte inferior del asiento. Corte la tela sobrante, dejando un ribete natural. Coloque un trozo de cubierta negra sobre la parte inferior del asiento y córtela a la medida del asiento. Doble los bordes hacia abajo y clave el contorno del asiento con tachuelas de 10cm a intervalos de 5cm del borde. Ponga el asiento ya tapizado en el armazón, colocando primero la parte de atrás.

Silla de metal

La silla está tapizada con una tela de un color blanco fresco que incorpora unos limones tan reales que casi apetece comérselos. El perfil nítido del motivo de la fruta ácida va bien con las líneas marcadas y modernas de la silla de metal.

ESTE TIPO de sillas con patas metálicas no resulta caro a la hora de comprar. Sin embargo, una vez tapizadas es muy fácil y rápido volver a tapizar todo un conjunto de sillas, combinándolas con otros muebles.

Con un estampado aleatorio como éste, haga pruebas antes de cortar la tela. Coloque la tela de manera que tenga una apariencia agradable y equilibrada. Las telas de colores claros pueden pulverizarse con un *spray* protector antes de ser utilizadas, de modo que cualquier líquido que se derrame pueda limpiarse sin tener que teñirlo.

1 Primero retire los tornillos de la parte de abajo del armazón, que mantienen fijo el asiento. Quite el tapizado antiguo con cuidado sin dañar el calicó o la espuma que están debajo. La espuma ha sido tratada para retardar el fuego y, como ya se le ha dado la forma para que encaje perfectamente, sería una pena malgastarla. Deje en su sitio tanto la espuma como el calicó.

2 Cubra el asiento con un trozo de guata de poliéster y córtelo de manera que sobresalga un poquito y pueda doblarse bajo el asiento para suavizar el borde. No la corte con más de 1,25cm de más, ya que así la tela con la que va a tapizar podrá doblarse hacia abajo con una cantidad mínima de bultos y ser grapada entre el borde y las patas de la silla.

3 Marque en la tela el centro de las partes delantera, trasera y laterales del armazón del asiento. Ponga la tela para tapizar sobre el asiento, colocando cuidadosamente el estampado, y prenda un alfiler fino en la tela para alinearlo con cada una de las cuatro marcas hechas en el armazón.

4 Dé la vuelta al asiento y, manteniendo los alfileres alineados con las marcas, comience a clavar temporalmente primero en estos puntos. Clave temporalmente alrededor de la parte de abajo del asiento, partiendo de cada punto central hacia las esquinas y metiendo la tela alrededor de las esquinas. Cuando la tela esté tirante y distribuida uniformemente, grápela alrededor, justo por debajo del borde inferior. Quite las tachuelas.

5 Coloque la cubierta negra en la parte de abajo del asiento. Doble los ribetes naturales hacia abajo y grápelos, cubriendo limpiamente la primera fila de grapas que sujetan la tela. Para terminar la silla, atornille el asiento de nuevo en el armazón.

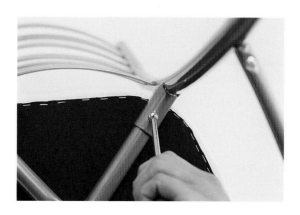

Dimensiones

Alto: 105 cm
Ancho: 45 cm
Largo: 45 cm

Materiales

- Guata de poliéster de 56g, 50cm
- Tela para tapizar 68,5cm
- Tachuelas finas de 13mm
- Grapas de 10mm
- Cubierta negra 50cm

〜 *Referencia*

Calcular la tela para tapizar, colocar el estampado, página 79

AMARILLOS

*El amarillo aparece
igualmente en el hogar en
entornos tradicionales o
modernos. Las líneas fuertes
y suaves de la silla de metal
son el armazón perfecto
para el sencillo estampado
de limones. Una tela de
algodón es una elección
ideal para el armazón
cromado y de acero y ambos
contribuyen a la frescura de
un estilo moderno.*

EL AMARILLO EVOCA la imagen de la luz del sol,
colándose a través de la ventana para alegrar el
corazón e iluminar todo lo que halle en su camino
con un brillo dorado.

De todos los colores, el amarillo es el más
adecuado para crear un ambiente animado y alegre,
sin el riesgo de ofender. Tiene el poder de añadir
calidez al rincón más apagado y, sin ser dominante,
es perfecto para las habitaciones multiuso. Un
comedor amarillo claro, por ejemplo, es animado a
la hora del desayuno, pero no lo suficientemente
abrumador como para distraer al estudiante que
necesitará la mesa del comedor después.

Combinaciones clásicas

El amarillo combina alegremente con otros
colores para crear diferentes efectos. Puede ser
muy sofisticado, si juega un papel secundario con
colores neutros o derrochar opulencia si se le
presenta con vivos dorados. El amarillo claro,
como la mantequilla, tejido con colores crema en
telas lujosas, como la seda o el damasco hará que
la belleza clásica de la forma del mueble resalte.
Por otro lado, mezclándolo con blanco, negro y
plata, el amarillo parecerá más nítido e irá bien en
interiores contemporáneos de estilo urbano
amueblados con cristal, acero y cromados.

La calidez idílica de un *cottage* es otro aspecto que también se puede evocar con amarillos, ya sea en la cocina de una granja o de una casa de ciudad. Las tonalidades abundantes del extremo más cálido del espectro, utilizando telas naturales como el resistente algodón y el lino crujiente, crearán el aire hogareño adecuado.

La alternativa fresca

En contraste, el amarillo también puede ser contemporáneo y divertido. Contrastado con el extremo más verdoso del espectro, los colores cítricos crean combinaciones que son vivas y dinámicas. Los colores brillantes y ácidos pueden agotar al cabo de un tiempo, así que limítelos a resaltar muebles pequeños o utilícelos en otros más grandes, pero con cuidado. Por ejemplo, un sofá cama de color pomelo, puede ser un punto de enfoque en una habitación para adolescentes, pero no será la mejor de las elecciones en un estudio destinado a relajarse.

Hay un tipo de amarillo para cada estilo de mueble, ya sea antiguo o moderno. Simplemente piense en el ambiente que quiere recrear, elija los amarillos del extremo apropiado del espectro y diviértase combinándolos con otros colores.

La tela elegida para este ambiente evoca un aire elegante y hasta cierto punto formal, en especial, cuando se decora con un cordoncillo de color oro. El amarillo dorado del estampado de flores a lo largo de la madera oscura del armazón, le daría a una habitación un aire de calidez tentadora.

Silla de campaña

La combinación de colores cálidos con el brillo del naranja en una tela de algodón a cuadros, es un buen complemento para una silla de armazón de madera. Las líneas del estampado y los clavos decorativos de bronce son un eco de su herencia militar.

Dimensiones

Alto: 100 cm
Ancho: 50 cm
Largo: 50 cm

Materiales

- Tela para tapizar, 1,5m
- Tela base, 50cm
- Hilo de coser a máquina
- Cinchas, 3m
- Fieltro, 50cm
- Guata de piel de 1700g, 1m
- Tachuelas finas de 13mm
- 25 clavos antiguos
- Grapas de 14mm

∞ *Referencia*

Calcular la tela para el tapizado, página 78

Cómo coser a máquina, página 30

Pasamanería, claveteado, página 106

LA SILLA DE CAMPAÑA se originó cuando los ejércitos se trasladaban de un campamento a otro. Se parece un poco a la sofisticada silla de la cubierta de un barco, siendo un asiento cómodo, es razonablemente ligera y compacta para poder ser transportada. Las sillas de campaña se pueden encontrar todavía, pero es posible que no estén en las mejores condiciones.

La silla que aquí se muestra, ha pertenecido a nuestra familia durante mucho tiempo. Mi padre la retapizó una vez, pero ya era tiempo de tapizarla de nuevo por completo, así que era cuestión de comenzar desde cero. Observe su proyecto y decida si el tapizado interior va a durar tanto como el exterior. Por regla general, en una silla de este tamaño da una falsa impresión de ahorro el renovar sólo la tela exterior.

1 Retire el tapizado antiguo, por completo, con la guata original, quitando con cuidado todas las tachuelas viejas utilizando un mazo y un formón.

2 Para calcular la cantidad de tela que va a necesitar para tapizar, tome nota de las siguientes medidas. Mida a través del ancho de los travesaños superior e inferior del respaldo interior. La siguiente medida la tiene que tomar desde debajo del travesaño superior, teniendo en cuenta que la tela tiene que envolver el travesaño, y terminar a ras de la base del travesaño inferior. Repita los pasos por debajo del asiento, teniendo en cuenta que hay que envolver los travesaños delantero y trasero. Traslade todas estas medidas a un patrón, añadiendo 1,25cm en todos los lados. Necesitará dos trozos de tela para el respaldo y un trozo para el asiento. Para la parte de debajo del asiento, necesitará dos tiras de tela, de 10cm de ancho cada una y de la misma longitud que la otra sección del asiento.

3 Marque las medidas en el envés de la tela, teniendo en cuenta que el estampado tiene que coincidir en todas las secciones, de manera que vaya hacia abajo por el respaldo y el asiento a lo largo de la línea central. Corte la tela.

4 La tela base se utiliza con los paneles de la tela que usemos para tapizar bajo el asiento para obtener una base firme. Corte un trozo de tela base de la misma longitud que la sección superior del asiento. Haga una línea a 9cm a partir de los dos lados largos de la tela.

5 Prenda con un alfiler una tira de tela para la parte de abajo del asiento a cada línea de la tela base, con los haces juntos y dejando 1cm de más para las costuras. Cosa a máquina la tela a lo largo de cada línea y dóblela hacia atrás, de manera que quede al nivel del borde exterior de la tela base. Apriete las costuras y prenda los bordes exteriores, juntos, con alfileres. Ya puede darle el mismo trato que a un solo trozo de tela.

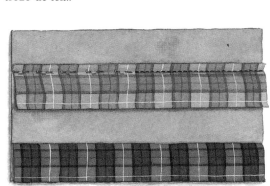

CLAVOS

Desde los comienzos del tapizado, los clavos no han sido sólo una parte integral del tapizado, sino también un elemento decorativo por derecho propio. En el siglo XVII, se utilizaba todo elemento de decoración disponible, incluyendo clavos con una cúpula muy grande, que según los gustos actuales, tienen un tamaño poco apropiado. Algunos de estos clavos eran al menos cuatro veces más largos que los que se utilizan actualmente y tenían formas muy elaboradas para un impacto visual todavía más pronunciado. En la actualidad, todavía tenemos una gran disponibilidad de clavos decorativos con los que dotar de mayor interés un mueble, ya sea con un claveteado doble u otro más sencillo y con las tachuelas más cerca unas de otras y también dotan de una práctica protección al borde inferior o a la esquina de un asiento, pero el énfasis está en la delicadeza, no en los elementos demasiado llamativos.

6 Una el trozo superior con el inferior por el haz. Préndalos con alfileres y cóselos a máquina, haciendo una costura de 1cm a cada lado. Vuelva la pieza del revés.

7 Una por el haz el trozo superior con el inferior de la sección del respaldo y cóselos a máquina. Vuelva la pieza del revés.

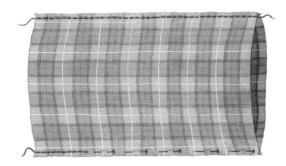

8 Corte dos trozos de cinchas 10cm más largos que el asiento y otros dos trozos para el respaldo, también 10cm más largos. Coloque las cinchas en las dos secciones, a la misma distancia de las costuras y de cada una de ellas. Asegure las cinchas en cada extremo con alfileres de tapicería para que no se mueva. Las cinchas soportarán la mayor parte del peso cuando alguien se siente y evitarán que la tela se rompa.

9 Haga un relleno de fieltro envuelto en una capa de guata de 3cm de grosor, aproximadamente, para ponerlo en el asiento y el respaldo. Meta el relleno cuidadosamente en cada sección, dejando el relleno en la parte inferior. Prenda con alfileres cada extremo de las dos secciones y después cosa a máquina a través de los extremos para asegurar el relleno.

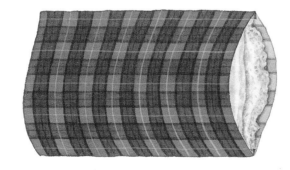

10 Coloque el relleno del extremo superior del respaldo 2,5cm por encima del borde inferior del travesaño delantero del reposacabezas. Clave a lo largo de este travesaño, manteniendo la tela al ras. Doble el respaldo por encima del travesaño del reposacabezas y páselo por encima de manera que quede en la parte delantera del asiento.

11 Doble los ribetes naturales en el extremo inferior de la sección del respaldo para hacer un cierre limpio. Coloque este extremo del borde inferior en el travesaño del respaldo interior y clávelo en firme, con una tachuela en cada borde y una en el centro.

12 Quite las tachuelas temporales a medida que va trabajando, coloque los clavos antiguos a intervalos regulares a lo largo de la parte delantera del travesaño del reposacabezas y a lo largo de la parte inferior del travesaño del respaldo interior para mantener la tela en su sitio.

13 Asegure el borde trasero de la sección del asiento a la parte delantera del travesaño inferior del respaldo con grapas. Dóblelo sobre la parte superior del travesaño, a través de la zona del asiento, y asegúrelo a la parte inferior del travesaño delantero con grapas. Pliegue la silla para poder acceder a la parte de debajo de los travesaños.

Taburete de estilo Chippendale

Este taburete tiene un borde con claveteado, una alternativa al borde cosido. La fibra se enrolla en arpillera y se clava para hacer un borde más definido, que le da una buena línea al acabado del taburete. Un taburete de este tamaño es una buena introducción al tapizado.

Dimensiones
Alto: 49 cm
Ancho: 67 cm
Largo: 48 cm

Materiales
- Cincha inglesa 6,5m
- Tachuelas mejoradas de 13mm
- Arpillera, 1m
- Tachuelas finas de 13mm
- Fibra 1,4kg
- Tachuelas mejoradas de 10mm
- Bramante
- Fieltro, 1m
- Calicó, 75cm
- Grapas de 10mm
- Guata de piel de 1700g, 1m
- Tela para tapizar, 75cm
- Clavos antiguos

ESTE TABURETE tiene un armazón bien reproducido, teñido para que se complemente con los colores del estampado que reproduce la piel de un animal. Los estampados inspirados en animales resurgen de tiempo en tiempo y dotan de una opulenta elegancia a un mueble, un motivo respaldado por la pata en forma de garra y la bola. El diseño del claveteado antiguo añade también un toque único.

Este armazón originalmente llevaba un asiento desmontable, pero como es algo resistente, es posible poner la tela por encima de los bordes, para hacer bordes acolchados. Un taburete recién pulido y encerado podría estropearse durante el tapizado, así que envuelva las patas con calicó mientras esté trabajando en él.

1 Encinche la parte superior del armazón, colocando siete cinchas a lo largo del ancho y cuatro más en el largo. Utilice tachuelas mejoradas de 13mm en este tipo de taburete.

2 Corte un trozo de arpillera, lo suficientemente largo como para cubrir el borde superior y añádale 15cm de más. Coloque la arpillera sobre las cinchas y clávela temporalmente con una tachuela fina de 13mm en el centro de cada lado y otra en la parte delantera y trasera, para que la granilla quede recta. Tense la tela, asegurándola con tachuelas temporales a intervalos de 2,5cm alrededor de todo el armazón. Clave en firme.

✷ Referencia
Cinchado, página 51

Arpillera, página 58

Ligaduras, página 60

Pasamanería, claveteado, página 106

3 Para hacer el rollo para clavar, vuelva hacia atrás el ribete natural de la arpillera en un lado y, comenzando por el centro, rellénelo bien con fibra para hacer un borde enrollado firme. Vuelva la arpillera bajo la fibra y presione el rollo hacia el borde exterior, colocando tachuelas de 10mm a intervalos de 1,25cm a lo largo del borde interior y trabajando hacia las esquinas. Repita en los demás lados. Doble la arpillera hacia abajo en cada esquina, corte lo necesario y añada la fibra que haga falta para que quede bien definido. Doble la arpillera formando un bisel en cada esquina, asegurándose de que todas tienen la misma densidad.

CONSEJO

Primero, dibuje el diseño del claveteado sobre el papel. Clave el papel con alfileres a la silla y marque con un alfiler o jaboncillo dónde van a ir los clavos. No intente hacer el claveteado antes de estar seguro del diseño, ya que puede dañar la madera.

4 Cosa tres filas de ligaduras en la arpillera central. Carde la fibra y métala por debajo de las ligaduras hasta que el centro quede uniformemente lleno y muy compacto. Llénelo al ras justo por encima del rollo para clavar. Coloque dos capas de fieltro en la parte superior de la fibra, córtelo al ras con respecto al borde exterior rompiéndolo con los dedos.

5 Ponga un trozo de calicó sobre toda la zona del asiento, de manera que sobre por los lados para asegurarla. Trabaje el calicó sobre el acolchado para hacer que el borde quede limpio y definido y clávelo en firme con tachuelas finas de 13mm, a medida que trabaja. Doble las esquinas hacia abajo y recorte el exceso de calicó de cada una de ellas. Grape, corte cualquier sobrante que haya podido quedar y quite las tachuelas temporales.

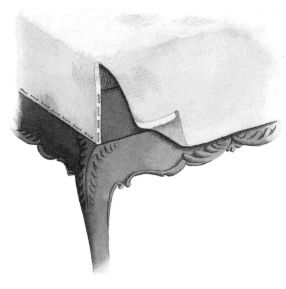

Derecha: El taburete se ha decorado con un claveteado de un diseño complejo, pero también puede diseñar el suyo propio.

6 Coloque un trozo de guata sobre el calicó, cubriendo la parte superior y las laterales. Corte la tela para tapizar de manera que se ajuste a la parte de arriba y de debajo de cada lado hasta que se encuentre con la madera vista, añadiendo 1,2cm de más.

7 Manteniendo la tela recta y tirante, clave temporalmente con tachuelas finas de 13mm, doblando el borde inferior hacia dentro. Corte el exceso de tela de las esquinas y dóblela hacia adentro, trabajando por pares para que los dobleces de los lados se miren. Grape cerca del borde. Retire las tachuelas temporales.

8 Clavetee de manera uniforme por todo el contorno del borde inferior y hacia arriba, en las costuras de las esquinas, acolchando el martillo para evitar dañar la madera.

9 En caso de que elija un diseño más complejo para el claveteado, planéelo primero sobre un papel y vea cómo queda antes de hacerlo. Clave primero la primera línea utilizando una guía para mantener los clavos en línea recta. Traspase el diseño de las formas más intrincadas a un trozo de cartón. Clave con alfileres el cartón a los laterales del taburete y realice el claveteado siguiendo su diseño.

TEXTURA

La textura es siempre un factor importante a tener en cuenta cuando elija la tela, pero también al elegir la pasamanería. Unos flecos cortos y elegantes se encontrarán más en su entorno en un mueble que unos más largos y sedosos y además será mucho más práctico.

LOS COLORES nos envían mensajes de manera tan rápida y poderosa al ojo y a la mente, que pueden saturar los sentidos, dejando la cuestión de la textura de lado hasta que lleva la tela a casa y se sienta descontento porque no parece la misma que en la tienda.

Cuestión de textura

Antes de enamorarse de una tela, asegúrese de que la textura, al igual que el color, es adecuada para el trabajo. El color se comporta de manera diferente según la textura. El mismo rojo brillante puede parecer diferente en una gasa translúcida y en una pesada cortina de terciopelo roja que llega hasta el

suelo. Las dos telas pueden ser técnicamente iguales, pero la luz que pasa a través de la gasa parece fresca y joven, mientras que el terciopelo absorbe la luz y reduce el sonido, dando una calidad silenciosa y reverente, perfecta para un salón acogedor.

Al igual que la opacidad y el peso de la tela afectan al color, la superficie y el largo de la tela también desempeñan un papel crucial a la hora de definir el aire de un mueble. La luz viaja de diferente manera sobre diferentes superficies. Las telas planas y brillantes reflejan la luz con un brillo dinámico que atrae. Se puede crear otra impresión global, utilizando una tela con motivos

con una mezcla compleja de texturas, excitando el sentido del tacto al mismo que se da una impresión visual espectacular. Quizá sea esto lo que necesita para hacer que un sofá que ha perdido protagonismo vuelva estar en primer plano, pero si quiere crear un ambiente íntimo y suave, pruebe la textura invitadora del terciopelo de algodón liso.

Hacer la mayor cantidad posible de luz

La cantidad de luz disponible también tiene algo que decir en el proceso de elección. Un canalé de algodón grueso, pesado de color naranja puede parecer brillante y despreocupado a la luz artificial de la tienda, pero si está destinado a una silla en un rincón oscuro en casa, la luz que se refleje en esa superficie hará que se creen sombras. Una mejor elección será una tela del mismo color, pero con el ligero brillo de la seda o un algodón satinado que refleje toda la luz disponible.

Si no se tiene que ceñir a las demandas de la luz, puede utilizar las texturas para crear efectos diferentes. Hacer capas con texturas puede dar como resultado combinaciones muy gratificantes cuya apariencia y tacto sea estimulante y sensual.

La fascinación por la textura de las telas se ha redescubierto recientemente y hay muchas disponibles para crear un estilo único.

Es aconsejable no considerar la textura de la tela sólo en términos de apariencia y estilo, sino también en términos de tacto y uso práctico. Una seda preciosa y un cordón ostentoso crearán un mueble para que se hable de él, pero si la cobertura del reposapiés no es cómoda no será el favorito para un buen merecido descanso.

Silla georgiana con asiento desmontable

Este armazón no sujeta el asiento frontalmente. Para que el asiento no se mueva hacia delante, una clavija en la parte central delantera del armazón encaja dentro de un agujero que hay bajo el asiento. La parte delantera del asiento tiene un borde en forma de rollo que está relleno y cosido.

Dimensiones

Alto: 95 cm
Ancho: 53 cm
Largo: 48 cm

Materiales

- Cincha inglesa, 3m
- Arpillera, 50cm
- Tachuelas finas de 13mm
- Cañamazo, 10cm
- Bramante
- Tachuelas mejoradas de 10mm
- Crin, 500g
- Fieltro, 75cm
- Guata de piel de 1700g, 1m
- Tela para tapizar, 75cm
- Cubierta negra, 50cm
- Alfileres para cordoncillo de 13mm

ESTA SILLA ha sido utilizada durante muchos años por Fred, un buen amigo y maestro tapicero, para sentarse y coser a máquina en su taller. Daba la impresión de que se podía retapizar y ahora queda tan elegante que va a ser ascendida a otro lugar que esté a su altura.

Como complemento a la madera oscura de caoba vista del armazón, el asiento desmontable está tapizado en una tela de seda de damasco roja. El color encaja con la calidez de un asiento tradicional de comedor y el estampado de la tela se ajusta cómodamente sobre el asiento y el canto delantero. Ahora la silla retapizada queda grandiosa.

1 Saque el armazón del asiento de la silla y, cuidadosamente, retire el tapizado antiguo y el relleno.

2 Encinche el armazón utilizando tres cinchas en cada dirección, tejiéndolas como si fueran un cesto. Corte un trozo de arpillera que se ajuste al armazón, con tela extra para los dobladillos y colóquela sobre las cinchas. Clave temporalmente la arpillera con tachuelas de 13mm justo por dentro del canto del armazón, tensándola. Clave en firme. Doble los ribetes naturales hacia la mitad del asiento y clave alrededor. Dibuje una línea a 12,5cm de la parte delantera del canto a través del asiento.

3 Corte un trozo de cañamazo de 20cm de ancho y 30cm de largo. Haga un dobladillo de 1,25cm a lo largo de uno de los bordes largos y ponga el dobladillo en línea, dejando la misma longitud sobresaliendo por cada lado. Haga un pespunte a lo largo de la línea del cañamazo y la arpillera. Cosa ligaduras en la zona en frente de la línea y carde la fibra bajo ellas hasta que el relleno quede firme.

4 Coloque el cañamazo sobre la fibra, hacia el canto delantero. Meta el cañamazo por debajo de la fibra y clave con tachuelas de 10mm a lo largo del canto delantero y los laterales, hasta que forme un rollo ancho. Regule el relleno hacia el canto delantero.

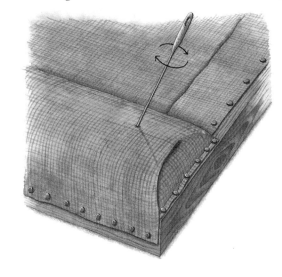

5 Haga una fila de puntadas ciegas a lo largo de la base del canto delantero. Regule otra vez y cosa con puntadas de vuelta redonda a lo largo del rollo, formando un canto firme.

6 Cosa ligaduras sobre toda la zona del asiento, incluyendo el canto delantero. Carde crin y colóquela bajo las ligaduras hasta que consiga un colchón firme. Ponga una capa de fieltro para cubrir toda la parte superior y el canto, pero tenga cuidado de no ponerlo en los laterales, o el asiento no volverá a encajar en el armazón.

7 Cubra el asiento con calicó, clavando con tachuelas de 13mm alrededor de la parte de abajo del armazón. Corte el calicó y coloque guata en las zonas frontal y laterales, pero no la lleve a los lados.

8 Corte la tela para tapizar, centrando el estampado en la parte superior del asiento y dejando 5cm de más por todo el contorno para meterla por debajo del asiento. Coloque la tela sobre el asiento y clávela temporalmente por debajo del armazón, manteniendo el estampado recto. Doble la tela, con cuidado para no dejar arrugas, por debajo en las esquinas. Clave en firme cuando esté seguro de que el tapizado está firme.

9 Recorte el exceso de tela y coloque un trozo de cubierta negra en la parte de abajo del asiento. Doble los ribetes naturales hacia adentro, clave temporalmente y después en firme todo el contorno. Corte alrededor del agujero de la clavija y doble los bordes hacia abajo. Coloque alfileres para cordoncillo en un círculo alrededor del agujero.

10 Coloque el asiento en el armazón de la silla, alineando la clavija y el agujero. Empuje hacia abajo, poniendo el asiento al ras del armazón.

✿ Referencia

Destapizar, página 50

Cinchado, página 51

Ligaduras, página 60

Silla de comedor moderna

Este es un proyecto para un tapicero principiante. Este tipo de silla está disponible sólo cubierta por el calicó y sólo necesita el tapizado. Por ello, es sencillo y relativamente económico el retapizar todo un conjunto de sillas para que hagan juego con una habitación que se ha vuelto a decorar.

Dimensiones

Alto: 97 cm
Ancho: 47 cm
Largo: 46 cm

Materiales

- Tela para tapizar, 2m
- Guata de poliéster de 56g, 1,5m
- Tachuelas finas de 13mm
- Alfileres para cordoncillo de 13mm
- Grapas de 10mm
- Una tira para clavar de 46cm
- Hilo para coser a mano
- Cubierta negra, 50cm
- 32 clavos antiguos

⚭ Referencia

Calcular la tela para el tapizado, página 78

Tapizar el exterior, página 86

Pasamanería, claveteado, página 106

A PESAR de que esta silla sólo necesita el tapizado final, hay que quitar algo de calicó para poder acceder al armazón, para después poder asegurar el tapizado.

La tela que se eligió para esta silla es de algodón. Por ello, es muy práctico y aguantará bien el uso diario y constante de una familia. Los motivos del estampado, pequeños y repetidos, son muy fáciles de colocar y también le dan a la silla una elegancia que irá bien en un ambiente más refinado. Los colores van bien con el tono de la madera y un juego de sillas como ésta quedará bien en cualquier conjunto de muebles.

1 Con un mazo y un formón, retire la cubierta negra y quite el calicó exterior de la parte de atrás, de manera que pueda llegar al armazón. Guarde el calicó, ya que puede volver a utilizarlo después en el respaldo exterior.

2 Tome las medidas para la tela con la que va a tapizar y haga un patrón. Mida el ancho y el largo del respaldo interior y exterior. Mida el asiento desde debajo de un lado, pasando por encima del asiento, hasta la parte de abajo del otro lado y después desde la parte de abajo a la de arriba, por encima del asiento, hacia el travesaño de abajo, donde la tela se mete hacia abajo entre el asiento y el respaldo interior. Planee estas medidas en su patrón. No olvide añadir tela de más para hacer los dobladillos y manipularla, al menos 5cm alrededor de toda la tela. Etiquete las piezas en la parte de atrás con un jaboncillo. Corte todas las piezas.

3 Coloque un trozo de guata sobre el asiento, justo al borde de la estructura y rómpalo con los dedos alrededor del borde. Ponga la tela para tapizar el asiento sobre la guata y clave temporalmente bajo el armazón a la parte delantera y laterales para mantener el estampado perfectamente cuadrado. Ponga la tela sobre el respaldo del asiento y haga un corte en el interior de cada bastidor trasero para que la tela pueda pasar por el respaldo y llegue al travesaño inferior trasero. Tire de la tela hacia abajo y clave temporalmente a la parte superior del travesaño del respaldo inferior.

4 Alise la tela hacia el canto delantero y siga clavando temporalmente por debajo. Haga cortes en la tela para que pueda pasar alrededor de las patas. Corte y doble los bordes hacia abajo, donde las patas se encuentran con la parte inferior del armazón. Corte el exceso de la tela de las esquinas delanteras y dóblela hacia dentro haciendo un bisel con la tela, formando una costura vertical en cada borde de las esquinas. Meta la tela hacia abajo para hacer un borde recto a través de la parte superior de cada pata y ase-

ALGODÓN

El algodón es un tipo de fibra barata y versátil. Está disponible en una gran cantidad de pesos y texturas y es fuerte, resistente y práctica. El algodón posee durabilidad, lo que le ha hecho muy popular como tela para el tapizado durante siglos. El algodón también se tiñe particularmente bien. Ya sea mezclado con fibras más lujosas, como la seda o el lino en telas sofisticadas como el terciopelo o el damasco, o solo en materiales fuertes como el denim, los tejidos acanalados o la cretona, el algodón prevalece como una fibra asequible y de múltiples usos.

gure con alfileres para cordoncillo, lista para ser clavada después. Clave en firme o grape el tapizado por debajo del asiento y retire las tachuelas temporales.

5 Haga cortes en la esquina donde el respaldo se encuentra con el asiento y deje que la tela se abra alrededor del respaldo. Grape en el travesaño inferior del respaldo y después en los bastidores exteriores del respaldo. Retire las tachuelas temporales. Corte todo el exceso de tela.

6 Coloque guata y después la tela para tapizar en el respaldo interior, alineando el estampado con el asiento. Lleve la tela alrededor de los bordes del respaldo y clave temporalmente a la parte trasera de los travesaños de los bastidores y sobre la parte superior del travesaño del reposacabezas. Haga un doblez en las esquinas superiores traseras, de la misma forma que hizo con la parte delantera del asiento.

7 Corte en la esquinas, donde el respaldo se encuentra con el asiento para que la tela se pueda meter entre el asiento y el respaldo interior. Meta la tela por el hueco. Tire de la tela firmemente y grápela a la parte superior del travesaño inferior del respaldo. Corte todo el exceso de tela. Retire las tachuelas tem-

porales de la parte de atrás de los travesaños de los bastidores y grape en firme. Recorte todo el exceso de tela.

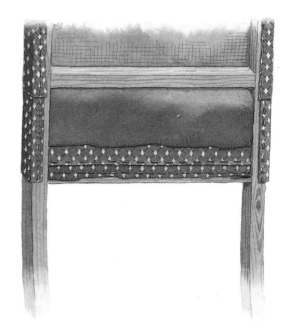

8 Vuelva a colocar el calicó para reforzar el respaldo exterior y ponga guata encima.

9 Ponga el haz del borde superior de la tela para tapizar justo por debajo del borde superior con el volumen de la tela sobre el respaldo interior. Grape un trozo de tira para clavar a lo largo de la tela, justo por dentro de los bordes interiores. Doble la tela hacia atrás sobre el respaldo exterior y doble los bordes laterales hacia adentro. Préndala con alfileres y corte alrededor de las patas del respaldo, doblando la tela hacia abajo. Clave temporalmente la tela bajo el asiento. Cosa con puntadas invisibles la tela en los laterales y termine grapando la tela bajo el asiento.

10 Corte un trozo de cubierta negra del tamaño de la parte de abajo del asiento, cortando alrededor de las patas y doblando la tela hacia abajo. Termine con grapas. Ponga clavos antiguos alrededor de la partes delantera y laterales del asiento. Repita en las patas traseras.

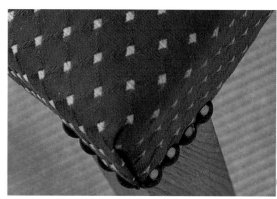

Sofá con acerico

Este sofá encantador se ha vuelto a tapizar complementando el delicado diseño del armazón y el color de la madera. La tela elegida es un exquisito y repetitivo jacquard con un estampado de flores de un dorado claro sobre un fondo de color crema.

Dimensiones
Alto: 74 cm
Ancho: 1,25 m
Largo: 48 cm

Materiales
- Cincha inglesa, 10m
- Grapas de 14mm
- Tachuelas finas de 13mm
- Arpillera, 50cm
- Grapas de 10mm
- Fieltro, 2,5m
- Calicó, 65cm
- Guata de piel de 1700g, 1,25m
- Tela para tapizar, 60cm
- Cordoncillo, 3,5m
- Alfileres para cordoncillo de 13mm
- Barras de cola adhesiva

CONSEJO
Ponga un bloque de madera bajo la parte en la que está clavando para absorber el golpe y evitar que la madera se raje por la mitad.

EL ASIENTO es un buen ejemplo de cómo un tapizado sensato puede rejuvenecer un mueble dañado. La madera vista en el asiento ha quedado dañada por utilizar clavos demasiado largos en tapizados anteriores. Con un armazón delicado como éste, es más recomendable utilizar grapas, tachuelas pequeñas y finas o alfileres para cordoncillo. La tela nueva se ha sacado justo por encima del rebaje de los lados trasero y laterales para ocultar el daño, pero sin estropear la línea de la madera vista. Por suerte, la madera delantera está en buenas condiciones y el acabado del asiento parece exquisito.

El asiento retapizado puede realzar cualquier habitación sin sobresalir entre los otros muebles o convertirse en un mueble de exposición por sí mismo.

∞ *Referencia*

Destapizar, página 50

Cinchado, página 51

Pasamanería, fijar el cordoncillo con cola adhesiva, página 102

CONSEJO

Si la tela tiende a deshilacharse, corte el respaldo a 1,25cm y dóblelo hacia abajo antes de asegurarlo al rebaje con grapas.

1 Retire toda la tela y el relleno antiguo del asiento y quite cuidadosamente las cinchas utilizando un despuntador o un mazo y un formón.

2 Encinche el asiento desde el respaldo hasta la parte delantera a intervalos de 7,5cm, poniendo las cinchas en ángulo para seguir la curva del armazón. El rebaje es muy delgado en un asiento de este tipo, así que es recomendable utilizar grapas de 14mm. Como alternativa puede utilizar tachuelas finas de 13mm. Teja las cinchas de lado a lado.

3 Corte un trozo de arpillera para ponerla por encima de las cinchas con 5cm de más. Grape la arpillera. Doble el dobladillo hacia fuera y grape todo el contorno por debajo de las cinchas, tensando la arpillera a medida que trabaja.

4 Ponga dos capas de fieltro sobre la arpillera. La primera capa debe ser 15cm más corta que todo el contorno del borde, para formar una pequeña cúpula en el centro. La segunda capa tiene que cubrir la primera y terminar justo donde termina la arpillera. Rompa el fieltro con los dedos para evitar que se haga una línea muy marcada bajo el tapizado.

5 Corte un trozo de calicó de la forma del asiento con 7,5cm de más en todo el contorno. Colóquelo sobre el fieltro y clávelo temporalmente alrededor del rebaje. Tire firmemente del calicó y grápelo. Recorte el exceso de calicó, dejando un ribete natural. Coloque un trozo de guata sobre el calicó y rompa los bordes con los dedos, justo por dentro del rebaje.

6 Mida la tela para tapizar para que se ajuste al asiento, asegurándose de que el estampado está centrado y dejando 5cm de más alrededor para poder trabajar. Clave temporalmente la tela, trabajando por igual desde la parte de delante hacia atrás y de lado a lado hasta que el tapizado esté tenso.

7 Grape la tela alrededor, justo por dentro del rebaje. En este asiento en concreto, la tela se grapó por dentro del rebaje a lo largo del borde delantero, pero como el respaldo y los laterales estaban dañados, la tela se grapó más allá del rebaje en esos bordes para cubrir los agujeros que había en la madera. Tal vez

CINCHAS

Las cinchas se utilizaron en el siglo XIV para asegurar las mantas y las sillas de los caballos. Gradualmente se fueron desarrollando las cinchas específicas para el tapizado y, sorprendentemente, han cambiado poco desde su origen en el siglo XV y XVI. Su desarrollo se ha debido a mejoras de tipo práctico, principalmente en la fibras que se utilizan. Las primeras cinchas estaban hechas de lino, perfecto por su elasticidad, suavidad y resistencia. La economía forzó los cambios desde entonces y se comenzó a utilizar cáñamo, después yute y algodón. Para reforzar este tipo de fibras, más quebradizas, se introdujeron orillos de algodón y tejidos asargados. Los fabricantes a lo largo de la historia han marcado el origen y la calidad de sus cinchas con bandas únicas o el nombre de la compañía.

Arriba: El cordoncillo oculta los ribetes naturales de la tela alrededor de la madera.

tenga que tomar decisiones similares con muebles que hayan resultado dañados en tapizados anteriores. Termine recortando el exceso de tela.

8 Adorne el asiento con cordoncillo, comenzando con un alfiler para cordoncillo bajo el primer extremo. Siga colocando el cordoncillo utilizando la cola adhesiva en una pistola de encolar, dando unos golpes suaves con un martillo para que se adhiera mejor a la tela. Bisele las esquinas de manera que cada doblez mire al otro. Al final, doble el cordoncillo hacia abajo, metiéndolo por debajo del extremo por el que comenzó para un acabado limpio. Coloque un alfiler para cordoncillo temporalmente en el extremo y retírelo cuando la cola esté seca.

ESTAMPADOS DE MOTIVOS PEQUEÑO

Los estampados de motivos pequeños y repetidos pueden ser motivos irregulares, ya sean flores o bien detalles geométricos, como los de la tela elegida en colores morado y crema para la silla de comedor. Debido a que los motivos pequeños son delicados y no saturan tanto como otros más grandes, son la elección perfecta para tapizar un conjunto de sillas.

CIERTOS MOTIVOS se repiten una y otra vez en los estampados a pequeña escala. A pesar de que las connotaciones religiosas e históricas de sus aplicaciones originales se han ido olvidando con el tiempo, aún llaman la atención del subconsciente después de siglos de asociación visual, cuando se eligió utilizar esos motivos. Por ejemplo, los motivos de flor de lis confieren un sentimiento tradicional, ligeramente majestuoso que proviene de sus orígenes de boato medievales. Por otro lado, los lunares refrescantes y sencillos nos recuerdan la ropa brillante y despreocupada de los 50 o la inocencia femenina, una imagen realzada por los vestidos de muselina de una heroína llamada Jane Austen.

Utilizar motivos pequeños

Los motivos pequeños y repetidos están pensados para encajar en los muebles más pequeños, que quedarían saturados con motivos a una escala mayor, pero que demandan algo más interesante que una tela lisa. También se pueden utilizar con el mismo éxito para hacer que sea visualmente más pequeño un mueble que quedaría opresivo en un apartamento pequeño, con colores puros o con un estampado más grande que llame la atención.

A nivel práctico, los motivos pequeños ocultarán de manera más solícita el uso y el deterioro, cualquier marca que se mire por encima parecerá que forma parte del estampado. Esto es especialmente cierto si

se utiliza un estampado ligeramente irregular, mejor que otro geométrico, muy preciso y rígido.

Estampados perfectos

Los estampados pequeños y repetidos son los mejores vecinos de la paleta del decorador. Se llevan bien con los estampados de mayor escala, añadiendo otro nivel de interés a una combinación. Trate de utilizarlos como cojines sueltos en un sofá o como forro en una otomana. Pueden intensificar y añadir vivacidad, proporcionar un susurro silencioso de actividad de fondo, que se perderá si no está. Por ejemplo, los colores y las formas del diseño tradicional de piñones estilizados utilizado para tapizar la silla puede

acentuarse con un cojín en una tela de colores mate que repita el mismo motivo, pero en una escala más sencilla y pequeña.

Si mezclar escalas y estampados le intimida demasiado, combinar diferentes motivos repetidos puede ser una buena manera de comenzar a experimentar con la mezcla de estampados. Los de cuadros y florales, puntos y rayas, todos viven en perfecta armonía mientras se relacionen con colores y texturas. Sin embargo, puede exagerarlo y demasiados motivos a pequeña escala pueden parecer tacaños, más que impresionantes.

No importa qué periodo o ambiente utilice, hay un motivo pequeño que responde a sus necesidades.

Este conjunto antiguo y delicado era el mueble perfecto para una tela con un estampado pequeño de flores. La delicadeza de los zarcillos de flores repite el espíritu del conjunto y el estampado dorado y el cordoncillo en un fondo de color crema liso parece especialmente efectivo frente a la madera oscura.

153

Arcón

El éxito de utilizar un estampado grande requiere de un plan cuidadoso a la hora de cortar y colocar la tela, pero el resultado hace que merezca la pena el tiempo invertido en ello. Este espectacular diseño se ha colocado de manera que el pez no quede sin cabeza o cola cuando se cierra la tapa.

ESTE ARCÓN lo hizo mi hijo Matthew siguiendo un diseño antiguo. Originalmente estaba tapizado en damasco, pero había empezado a parecer raído. La tela nueva que se eligió es de un llamativo algodón con un acabado mate, que lo hace lo suficientemente práctico tanto como elemento de decoración, como para ser utilizado.

Los colores de la tela son una mezcla poco usual de colores cálidos y azules, que se complementan con un forro de algodón con rayas discreto pero impresionante. Los colores vivos y el estampado del pez le da al arcón una presencia real, haciendo que la pieza sea más decorativa que para el uso.

1 Utilizando un mazo, un formón y un cuchillo para artesanía, retire todo el tapizado antiguo. Desmonte el arcón quitando la base y desatornillando las bisagras para quitar la tapa.

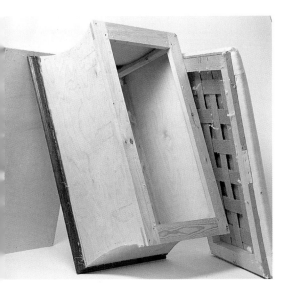

2 Planee cómo irá el estampado en un patrón. Mida la altura y el ancho de los cuatro paneles y mida el ancho y el largo de la tapa, teniendo en cuenta todos los dobleces y la tela suficiente como para que pase por todos los bordes de los paneles. Pase las medidas al patrón. Planee cómo va a ir colocado el estampado de manera que case cuando la tapa esté cerrada, teniendo en cuenta la tela que no se verá bajo

la tapa y en el borde superior del arcón. También planee las secciones para forrarlo, haciendo un patrón de la misma manera que ha hecho con el tapizado.

3 Forre primero el panel delantero y el trasero. Pulverice adhesivo en el centro de cada panel y ponga una trozo de guata encima, rompiéndolo al nivel del borde superior de la caja. Coloque un trozo de forro sobre la guata y grápelo al borde superior de la caja. Tire de la tela hacia abajo, a la parte inferior de la caja, abajo de la posición del tablero de la base y asegúrelo con grapas. Alise la tela sobrante hacia los laterales y asegure la tela a los paneles de los extremos, justo por las esquinas. Recorte la tela sobrante.

4 Forre los dos paneles de los extremos de la caja de la misma manera que hizo con el superior y el inferior, pero en los lados corte dejando 1,25cm y doble los bordes hacia abajo de modo que el doblez encaje perfectamente en la esquina. Tire firmemente entre la parte inferior y la superior de cada esquina y grape para asegurarla.

5 Cubra la base de la caja con guata hasta llegar al borde y después cúbrala con forro. Tire firmemente del forro por encima del borde y grape a 1,25cm del borde en la parte inferior. Ponga el table-

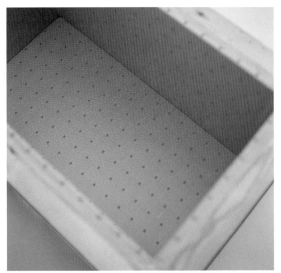

Dimensiones

Alto: 43 cm
Ancho: 97 cm
Largo: 52 cm

Materiales

- Tela para tapizar, 3m
- Tela para forrar, 2,25m
- *Spray* adhesivo
- Grapas de 10mm
- Tira para clavar, 3m
- Tachuelas finas de 13mm
- Hilo para coser a mano
- Cordoncillo, 3,5m
- Barras de cola adhesiva
- Cubierta negra, 55cm
- Hilo para coser a máquina
- Cordón, 75cm
- 2 clavos antiguos

ro forrado en la base del arcón por debajo para comprobar si encaja. Retírelo y déjelo a un lado hasta que el tapizado esté terminado.

6 Para tapizar el exterior del arcón, comience por pegar un trozo de guata en uno de los paneles del fondo, poniéndola sobre el borde superior. Tome un trozo de tela para tapizar, colocando el estampado, y ponga la tela para el doblez en el borde superior del borde interior de la parte superior del arcón, con la mayor parte de la tela dentro del arcón. Ponga un trozo de tira para clavar a lo largo de la tela y grápela de manera que la tela quede asegurada al borde interior. La tela debería asegurarse justo en las esquinas interiores y cortar allí la tela para clavar.

CONSEJO

Cuando tenga que hacer que encajen estampados grandes, planéelo bien y corte los trozos con tela de más. Compruebe que encaja bien y haga los ajustes necesarios in situ con la tela. Las partes preeminentes del arcón, como la tapa y la parte delantera, son las más importantes.

Abajo: La tapa acolchada le da un contorno suave al arcón y lo convierte en un cómodo asiento.

7 Lleve la tela de nuevo sobre la guata del exterior del arcón. Clave temporalmente los bordes interiores de la tela a los paneles laterales, comenzando por la parte de arriba y trabajando de lado a lado hacia la base, para asegurarse de que la tela queda recta y sigue el contorno del arcón. Después clave en firme cuando todo el panel esté en su sitio. Clave el borde inferior de la tela justo por encima de la parte superior del plinto que rodea la base del arcón. Repita el mismo proceso con el otro panel del fondo.

8 Acolche el panel delantero, incluyendo el borde superior, con guata. Alinee el estampado de manera que quede correctamente colocado y añádale una tira para clavar de la misma forma que hizo con los paneles del fondo. Doble la tela hacia el exterior del arcón. Corte la tela sobrante en ángulo con las esquinas superiores y doble la tela hacia abajo para hacer un bisel, superponiendo la tela de los paneles laterales. Corte los lados de la tela, métalos hacia abajo y préndala con alfileres, siguiendo el contorno del

Izquierda: La tela tiene que planearse cuidadosamente antes de ser cortada de modo que el estampado encaje.

arcón, de arriba hacia abajo. Cosa la tela bajando por los bordes con puntadas ocultas.

9 Clave la tela justo por debajo de la parte superior del plinto, como en los paneles del fondo. Repita el mismo proceso en el panel trasero.

10 Pulverice adhesivo en el plinto de madera y cúbralo con una capa de guata. Pulverice adhesivo sobre la guata y tapícelo, adaptando la tela al contorno del plinto. Haga un bisel con la tela en las esquinas. Clave la tela por debajo de la base. Recorte el exceso de tela a lo largo de borde superior del plinto.

11 Adorne con cordoncillo a lo largo de la parte superior del plinto. Dé la vuelta al arcón y atornille la base forrada. Termine la parte inferior con un trozo de cubierta negra, dóblelo hacia abajo y grape todo el alrededor.

12 Coloque un trozo de guata sobre la parte superior y los laterales de la tapa y adorne las esquinas. Ponga la tapa en la caja y coloque la tela para tapizar, de manera que el estampado esté alineado con el borde delantero cuando el arcón esté cerrado. Marque el borde en el envés de la tela. Quite la tapa del arcón y clave temporalmente la tela por debajo de la tapa justo en el borde, alineando la marca con su posición correcta.

13 Tire de la tela por encima del borde trasero y clave temporalmente justo por debajo de la tapa. Repita en ambos lados. Doble la tela hacia dentro en las esquinas para hacer un doblez y un bisel con la tela sobrante de la parte de debajo de la tapa. Grape alrededor y retire las tachuelas temporales. Ponga de nuevo las bisagras en la tapa y en el arcón en esta fase.

14 Haga una lengüeta con un trozo de tela de 15cm de largo y 10cm de ancho. Doble la tela a lo largo, con el envés hacia dentro. Cósala a máquina. Vuélvala del derecho y presione.

15 Doble la lengüeta por la mitad y colóquela en el centro de la tapa por debajo del borde delantero con dos tercios sobresaliendo. Clave temporalmente los ribetes naturales a la tapa. Asegúrela con grapas y retire las tachuelas temporales.

16 Coloque una capa fina de guata en la parte inferior de la tapa. Coloque un trozo de forro en la parte superior. Doble los bordes hacia abajo y cosa con puntadas corredizas todo el contorno, cubriendo los bordes de la lengüeta y los bordes del tapizado. Coloque un trozo de cordón, un extremo a lo largo del borde interior del lateral y el otro en la tapa. Cubra con clavos antiguos.

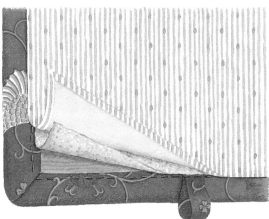

⚭ *Referencia*

Destapizar, página 50

Calcular la tela para el tapizado, página 78

Pasamanería, claveteado, página 106

ESTAMPADOS GRANDES

Una consideración cuidadosa de la colocación de cualquier estampado es importante pero, en especial, uno como el estampado de peces que hemos utilizado para tapizar el arcón. La continuidad de esta pieza se logra colocando el estampado de manera que ninguno de los peces quede cortado, creando la impresión de que el arcón se diseñó para que encajara en la tela y no al revés.

PARECE QUE NOS GUSTA decorar la casa con estampados grandes, en especial los de flores, tal vez porque el entrelazado de los zarcillos, las hojas, las frondas y las flores satisfacen el anhelo romántico de una profunda conexión con el mundo natural.

Uno de los grandes maestros del diseño de gran escala fue William Morris, que fue el responsable de un prodigiosa colección de estampados con motivos grandes, basados en formas dramáticas y naturalistas. De hecho, muchos de sus diseños originales están todavía disponibles.

El estampado no siempre está impreso en la tela, ya que también puede ser una parte intrínseca del tejido. Las grandes imágenes florales de los damascos y

brocados le dan una calidad rica, como bordada. Donde los estampados grandes pueden ser muy dominantes, estos estampados más restringidos permiten que la tela añada interés sin ser absorbente.

Un planeado cuidadoso

Utilizar estampados grandes en verdad necesita un alto grado de habilidad y criterio para saber si el efecto va a ser rechazado. Lo que puede parecer llamativo en un cojín, puede saturar por completo utilizado en un mueble grande. Los estampados, incluso en colores apagados y oscuros, tienden a dominar una habitación, lo que está bien si quiere ur mueble que llame la atención, pero no si lo que

refiere es que se mezcle silenciosamente con el
ntorno.

Los estampados a gran escala se pueden mezclar
on éxito en una habitación si los colores, motivos y
exturas se complementan unos con otros. Para jugar
obre seguro, sin embargo, son la mejor manera de
ompensar telas lisas o estampados con una escala
iferente o tipo para evitar un caos visual.

Algunos pares de estampados van bien juntos,
umando cada uno su impacto al otro. Las cortinas
echas de tela de jouy, el diseño figurativo más
omántico y bonito, adquirirán una fresca vivacidad
uando se les conjunte con sillas tapizadas en
uadros de colores claros limpios y similares.

Consideraciones prácticas

El tipo y la forma del mueble afectará a su elección
del estampado. Los estilos libres y pictóricos con
una sensación exuberante tal vez vayan mejor en
muebles modernos, mientras que los diseños
dibujados con delicadeza y detallados irán mejor en
muebles tradicionales y en los de periodos clásicos.
También tiene que tener en cuenta la posición de
los motivos dominantes. Los estampados grandes a
menudo se ven mejor planos, sin pliegues y
dobleces, así que tenga en cuenta cómo el capitoné
y otras formas pueden afectar al diseño.

Elija estampados grandes para tapizar con
cuidado y podrá crear una obra maestra.

*Los estampados grandes
normalmente van mejor
con muebles grandes, como
un biombo o un sofá. Sin
embargo, con una
planificación cuidadosa, un
estampado grande se puede
utilizar de manera efectiva
como elemento en un
espacio más pequeño, por
ejemplo, colocándolo
centrado en un asiento.*

Escabel tapizado

Se eligió espuma de virutas para la forma sencilla de este escabel, ya que es sólida y hace que las esquinas sean firmes. Esta base se cubrió con una espuma más fina y una capa de guata para darle una apariencia más suave y evitar que la espuma de virutas rompa el tapizado desde abajo.

Dimensiones

Alto: 56 cm
Ancho: 1,41 m
Largo: 87 cm

Materiales

- Cincha inglesa, 21m
- Tachuelas mejoradas de 13mm
- Arpillera, 1,5m
- Tachuelas finas de 13mm
- Espuma de virutas de 5cm de grosor, 150x100cm
- *Spray* adhesivo
- Espuma de 1,25cm de grosor, 180x125cm
- Guata de poliéster de 56g, 1,5m
- Moqueta para tapizar con el borde ribeteado
- Hilo para coser a mano
- Grapas de 10mm
- Cubierta negra, 1,5m
- 4 ruedecillas de latón

LA BONITA moqueta que se presenta parecía demasiado especial como para colocarla en el suelo, de manera que decidió aprovecharse que había que tapizar un escabel para mostrarla. La moqueta es muy pesada y difícil de manejar y, como es natural en el tapizado, no muy cuadrada. Por tanto, el tapizado requería una consideración cuidadosa, pero fue un éxito debido a las sencillas líneas del escabel.

Esta pieza puede servir tanto de escabel como de mesita, mezclada en cualquier entorno y sirve bien como punto focal en una habitación. Los colores, suaves en la sección central principal y el fondo oscuro de los bordes, hacen que el contraste sea espectacular.

1 Este armazón tiene un soporte central en la mitad del mueble que le da mayor resistencia. Encinche la parte superior de los travesaños con doce cinchas a lo ancho y después haga una trama con seis a lo largo. Las cinchas largas se clavan en el soporte central con tachuelas mejoradas. Doble un trozo de cincha a lo largo y clávelo al soporte para mantener todas las cinchas firmemente.

2 Ponga arpillera sobre las cinchas y clave todo el contorno temporalmente con tachuelas finas, hasta que esté extendida y tensa sobre todo el cinchado. Clave en firme y doble los extremos hacia abajo. Coloque otra fila de tachuelas alrededor del borde. Recorte el exceso de tela.

3 Coloque el escabel boca abajo sobre una lámina de espuma de virutas y dibuje su contorno. Corte la espuma del tamaño exacto con un *cutter* o un cuchillo para el pan. Dé la vuelta al escabel. Pulverice adhesivo en la parte de arriba de la espuma, alineándolo con los bordes del armazón. Pulverice adhesivo en la parte superior de la espuma y coloque una lámina de las más finas de espuma sobre la parte superior e inferior de los lados. Corte las esquinas de manera que se encuentren en los lados.

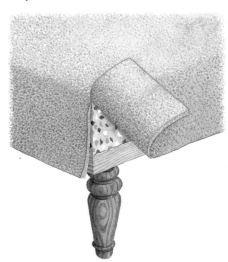

4 Coloque la guata sobre la espuma y rómpala en el borde inferior. Coloque el tapizado en el esca

bel y clave temporalmente en la parte de abajo. Clave las esquinas con alfileres para que se ajusten a los laterales y corte, dejando 1,25cm para dobleces. Meta el doblez hacia abajo y cosa con puntadas ocultas desde la esquina hasta el borde inferior.

5 Meta los bordes hacia dentro y grápelos. Las patas del escabel irán perfectamente encajadas, de modo que no hay que cortar el tapizado para acomodarlas. Coloque la cubierta negra en la parte de abajo del escabel y córtelo en las esquinas, de manera que se ajuste a las patas. Doble los bordes hacia abajo y grape todo el contorno justo por dentro del borde, tapando las grapas anteriores. Ajuste las ruedecillas a las patas.

♋ *Referencia*
Cinchado, página 51

Butaca estilo Luis XVI

Esta butaca antigua es de estilo Luis XVI y data de circa 1785. Probablemente era un prototipo que se utilizaba para mostrar cómo sería el estilo de las butacas en un futuro. De pequeña estatura, su delicadas líneas le darían gracia a un dormitorio con mucho estilo.

A PESAR DE SU EDAD, había mucho de esta silla que estaba en buenas condiciones. Una vez que se había quitado el antiguo tapizado, la madera pintada y dorada, fue obvio que el relleno merecía la pena ser conservado.

Sólo necesitaba un nuevo tapizado exterior y decoración. Se eligió una mezcla de algodón y rayón con hilo Lurex, en un tejido fuerte, de uso constante. La tela color crema con sus diminutos puntos dorados y el precioso cordoncillo elegido a juego, todo complementaba la carpintería y realzaba esta pequeña y delicada silla.

1 Si va a destapizar por completo esta silla, es mejor que siga las indicaciones que se le han dado para un tapizado tradicional, adaptando el número de cinchas y muelles que se necesitan para el tamaño de la silla. De otra manera, quite cuidadosamente el calicó antiguo, dejando el tapizado original en su sitio. Cubra la silla con el calicó nuevo y grape todo el contorno.

2 Ajuste el calicó al respaldo interior y los reposabrazos y cosa las secciones a máquina. Ajuste el calicó a los rebajes delanteros y superiores y clave en firme. Corte en la parte inferior de los bastidores traseros. Meta todo el calicó por entre los travesaños y clávelo temporalmente a la parte superior del travesaño trasero inferior.

3 Mida todas las secciones de la silla, dejando 5cm de más en todo el contorno. Mida la zona del asiento desde la parte inferior de la madera delantera, por encima del asiento, hasta el travesaño inferior trasero y desde uno de los travesaños laterales hasta el del otro lado. Mida el interior de los reposabrazos y el respaldo interior desde la parte superior de la madera que se ve hasta los travesaños del asiento. Mida el exterior de los reposabrazos y el respaldo exterior. Pase todas las medidas al patrón. Corte y marque todos los trozos de la tela para tapizar. Marque la parte superior del estampado con una flecha en el envés de la tela.

4 Cubra el asiento con un trozo de guata desde la parte de la madera que se ve del travesaño delantero al respaldo y al interior de los reposabrazos. Rompa con los dedos la parte delantera.

5 Ponga la tela con la que va a tapizar en el asiento y clave temporalmente a lo largo del travesaño delantero justo por encima de la madera que se ve. Afloje la tela hacia el respaldo y haga cortes para llevar la tela hacia cada bastidor trasero. Remeta la tela y clave temporalmente al borde delantero del travesaño inferior del respaldo. Haga un corte en los bastidores en la parte delantera, remeta la tela y clave temporalmente en los travesaños laterales inferiores. Grápela y elimine todas las tachuelas temporales.

Dimensiones

Alto: 69 cm
Ancho: 59 cm
Largo: 61 cm

Materiales

- Calicó, 2m
- Grapas de 10mm
- Tachuelas finas de 13mm
- Hilo para coser a máquina
- Tela para tapizar, 3m
- Guata de piel de 1700g, 4m
- Barras de cola adhesiva
- Cordoncillo, 7m
- Cubierta negra, 1m

AGUJAS

A pesar de que actualmente las agujas se dan por supuesto, en la Inglaterra normanda, la posesión de una aguja era un privilegio que sólo podía ostentar la realeza. Sólo había tres agujas «legales» en uso: una en el gabinete del médico de la corte, otra guardada por el cazador principal para coser perros heridos y la tercera estaba reservada para los bordados de la reina. Las agujas en aquel entonces estaban hechas toscamente en hierro, haciendo que el hilo quedara triturado y se rompiera regularmente. Las agujas de acero no se introdujeron a un uso más generalizado hasta el siglo XVI. Desde entonces, se han ido desarrollando rápidamente. En el siglo XIX las agujas comenzaron a fabricarse para cada tarea específica imaginable, llegando al amplio abanico disponible para el tapizado en la actualidad.

6 Clave en firme el calicó en el respaldo interior y los reposabrazos. Coloque las secciones de tapizado del respaldo interior y de los reposabrazos en la silla y asegúrelas con alfileres. Clave con alfileres la sección trasera a las secciones de los reposabrazos para hacer dos costuras. Si la tela no se adapta al contorno de la silla haga cortes para hacer que se abra. Corte las costuras a 1,25cm y haga unas cuantas muescas en cada costura.

7 Ponga la tela en el lugar en el que se encuentra con el asiento y haga una serie de cortes alrededor. Corte la tela a 1,25cm.

8 Quite la tela y cosa las costuras, utilizando las muescas para que encajen. Corte la tela en la cruz para hacer un collar de 15cm de ancho y de una longitud que vaya desde la parte delantera de un repo-

sabrazos, alrededor del respaldo interior hasta la parte delantera del otro reposabrazos. El collar se puede cortar en dos trozos y unirlos para evitar malgastar la tela. Comenzando desde el centro del respaldo, prenda con alfileres el collar al borde inferior del respaldo interior y las secciones de los reposabrazos. Cosa a máquina el collar al respaldo interior y la sección de los reposabrazos.

9 Coloque una lámina de guata sobre el interior de los reposabrazos y en la parte de atrás del asiento. Después ponga de nuevo la tela con la que va a tapizar en los reposabrazos y el respaldo y asegúrela con alfileres en la parte superior.

10 Corte el collar para que pueda ir alrededor de los bastidores traseros. Meta el resto del collar por entre el asiento y el respaldo, cortando otra vez en los bastidores delanteros. Asegure el collar a los travesaños inferiores laterales y traseros utilizando una grapadora automática. Corte el exceso de tela, doble los bordes hacia arriba y grápelos.

11 Clave temporalmente la tela alrededor de los rebajes de la parte superior del respaldo y los reposabrazos. Después clave en firme lo más cerca posible de la madera que se va a ver y corte la tela. Si

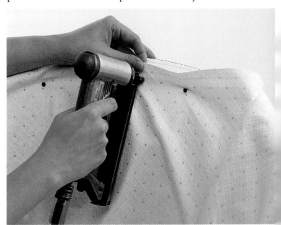

Izquierda: Los puntos dorados en la tela complementan el precioso trabajo de dorado hecho en el armazón de la silla.

CONSEJO

Nunca corte el cordoncillo antes de comenzar a trabajar, porque siempre necesitará más de lo que esperaba. Si tiene que hacer una juntura, hágalo en una de las esquinas biseladas.

la tela tiende a deshilacharse, córtela y dóblela hacia abajo antes de graparla.

12 Utilizando una pistola de encolar o adhesivo, pegue el cordoncillo cerca de la madera vista alrededor del interior, metiéndolo por la parte delantera del asiento para comenzar y terminar. Adorne el borde delantero del asiento con el cordoncillo de la misma manera. Es aconsejable proteger el tapizado mientras trabaja para evitar las gotas de pegamento.

13 Vuelva al exterior de los reposabrazos y el respaldo con el calicó, asegurándolo justo por dentro del borde del rebaje, prenda con alfileres la tela para tapizar de los reposabrazos y el respaldo en la silla, haciendo que las costuras sigan las líneas de los bastidores traseros. Retire estas secciones y cosa a máquina las costuras.

14 Coloque guata sobre el calicó en el exterior del respaldo y los reposabrazos de la silla y vuelva a colocar la tela para tapizar. Clave temporalmente la tela, siguiendo la línea de la madera vista alrededor. Grápela y retire las tachuelas temporales. Corte la tela sobrante con un cuchillo para artesanía.

15 Utilizando una pistola de encolar, pegue el cordoncillo alrededor de los bordes exteriores, biselando las esquinas. Coloque la cubierta negra en la parte de debajo de la silla, corte a la medida y clave en firme.

∞ *Referencia*

Calcular la tela para el tapizado, página 78

Cómo coser a máquina, página 30

Pasamanería, fijar el cordoncillo con cola adhesiva, página 102

TELAS DE ESTAMPADO NATURAL

La colocación de una tela con estampado natural es de suma importancia. La tela utilizada en el acolchado del cabecero romántico se ha colocado cuidadosamente para asegurarse de que queda simétrico. La misma tela se ha utilizado en el fruncido, lo que le da una apariencia más blanda de la que le daría una tela lisa.

DESDE QUE EL DAMASCO comenzó a utilizarse en el siglo XV ha mantenido su popularidad debido a su capacidad para dar la sensación de lujo pero sin ostentación. Al igual que en el damasco tradicional, los nuevos métodos a la hora de tejer y dar relieve crean un variado repertorio que puede ser un verdadero descubrimiento.

Estampado y tejido

Los damascos de un solo color, en seda, lino y algodón tienen motivos satinados en mate sobre un fondo brillante y satinado. La luz se refleja en estos planos diferentes para crear un estampado delicado y elegante, de manera que los motivos tradicionales

de flores estilizadas y curvilíneas y el follaje añaden interés sin llamar la atención sobre sí mismos.

Hay otros tejidos de un solo color que debido a su estructura, más bien compleja, también pueden ser clasificados dentro de este grupo. Un algodón espigado o una mezcla de algodón y lino de color liso con motivos diminutos que se repiten, proporciona un estampado discreto que transmite calma y dignidad.

Actualmente se pueden fabricar tejidos con un relieve similar al damasco mediante el relieve, el flocado o el estampado de tono sobre tono, reproduciendo el mismo contraste de mate sobre satinado. Los métodos modernos han evolucionado

hasta llegar a un grado tal que estas telas son mucho más asequibles que el damasco y son una alternativa viable, en especial, para los muebles grandes.

Una discreta elección

Los estampados naturales son una elección decorativa discreta, añadiendo riqueza y profundidad mientras que mantienen una cierta sutileza. Se pueden utilizar para enfatizar estampados o motivos ya existentes en la habitación sin restarle mérito o valor a la inspiración original y convertirse en algo demasiado dominante. Por ejemplo, utilizar un damasco de un solo color con un motivo de hojas de acanto en las sillas, como

complemento a un sofá vestido con un grueso estampado y una tela multicolor que incorpora el mismo motivo produce una apariencia suntuosa, sin convertirse en un revoltijo exigente y saturador.

Un tema decorativo puede reforzarse discretamente de una forma parecida eligiendo telas de estampado natural. Trate de utilizar una tela para el tapizado con formas de piñones estilizadas en remolinos para realzar un tema ecléctico y exótico o utilizar un estampado geométrico y disciplinado para añadir una elegancia moderna a una combinación tranquila y contemporánea. Encontrar la tela que incorpora en motivo o el estampado correcto produce un sentimiento de gran satisfacción.

Sólo una tela con un efecto sencillo en conjunto iría bien en un mueble con un elaborado tallado y un armazón dorado como esta butaca de estilo Luis XVI. La delicada tela con una textura crema con sus diminutos puntitos dorados es una perfecta compañera para el armazón dorado y realza el estilo por excelencia de este mueble.

Butaca

Esta butaca pequeña y elegante es un perfecto mueble moderno. Tapizada con técnicas modernas y relleno de espuma, está cubierta con una tela de cuadros en blanco y negro que queda bien en cualquier ambiente elegante.

Dimensiones

Alto: 84 cm
Ancho: 74 cm
Largo: 76 cm

Materiales

- Cinchas de goma, 8m
- Grapas de 14mm
- Cinchas de yute, 1m
- Espuma de virutas de 7,5cm de grosor, 61x61cm
- *Spray* adhesivo
- Espuma de 2,5cm de grosor, 210x60cm
- Calicó, 1m
- Tela para tapizar, 4m
- Guata de poliéster de 113g, 5m
- Tachuelas finas de 13mm
- Cordón para hacer un ribete, 2,75m
- Hilo para coser a máquina
- Hilo para coser a mano
- Cubierta negra, 1m

LA BUTACA, aunque comprada como un armazón estándar, está hecha de una madera atractiva, de manera que cuando las patas se lijaron y enceraron, la veta natural quedó a la vista y contribuyó enormemente al efecto del conjunto. Es un buen ejemplo del uso de las técnicas modernas, en las que las cinchas de yute y goma han sido grapadas al armazón y se han utilizado diversos tipos de espuma para hacer la base del tapizado.

Las líneas limpias de la butaca se complementan por la elección de una tela tradicional de lana a cuadros y enfatizada por un ribete sencillo y pequeño. La tela es fácil de manejar, con el beneficio añadido de que soporta muy bien el uso continuo y tiene un tacto suave que realza la comodidad de la butaca. A menudo asociada con el mundo de los negocios, el estampado le da un toque moderno a una oficina en una casa o estudio. Aunque el armazón es extremadamente adaptable y quedaría igual de impresionante con otra apariencia. Con un exquisito terciopelo y un largo faldón, esta butaca podría tomar el esplendor de la época victoriana o producir un gran impacto en un color similar al de las piedras preciosas y liso.

1 Comience en el asiento, colocando cinco cinchas de goma desde el respaldo a la parte delantera, manteniéndolas uniformemente espaciadas, más cerca en el travesaño trasero y más separadas en la parte delantera. Tense cada cincha con el tensor, aproximadamente al 10%, pero evite tensarlas en exceso o perderán su elasticidad. Asegure cada cincha con dos filas de grapas de 14mm. Corte los extremos de cada cincha y déjelas planas. Haga un entramado con cuatro cinchas a través del asiento y fíjelas de la misma manera.

2 Utilice cinchas de yute en el respaldo interior y los reposabrazos, colocando tres cinchas en el respaldo y dos en cada reposabrazos. Grape esas cinchas en el interior del armazón, doblando los extremos y grapándolos como en el cinchado tradicional. Coloque una cincha de yute final alrededor del respaldo, a lo largo del armazón. Primero grápela en el exterior del bastidor delantero del reposabrazos, tire hasta el siguiente bastidor trasero y grápela ahí. Repita en el siguiente bastidor y termine en el exterior del bastidor del segundo reposabrazos. Doble los extremos y grápelos. Esta cincha ayudará a llevar la tensión de las cinchas de los bastidores.

3 Coloque arpillera en el respaldo interior y en los reposabrazos en tres secciones separadas. Tense la arpillera a medida que la grapa al armazón con grapas de 10mm, doblando los ribetes naturales hacia delante. Ponga la arpillera en el asiento. Grape el borde delantero a la parte superior del travesaño delantero. Ajuste la arpillera a los otro travesaños de asiento. Déjela ligeramente suelta, de manera que dará un poquito de sí cuando las cinchas se estiren al sentarse alguien. Grápela.

4 Haga una plantilla del asiento en un trozo de papel y después pase esta forma a la espuma. Dibuje alrededor de la plantilla y córtela del tamaño exacto con un *cutter* o un cuchillo para el pan. Coloque la espuma en el asiento.

5 Grape el borde inferior de la espuma a la parte superior del armazón del asiento. Pulverice adhesivo en los bordes superiores y en el centro de la espuma y cúbralo con la espuma más delgada, doblándola hacia la parte delantera y hacia la parte inferior del travesaño delantero. Corte la espuma para que encaje en los bastidores. Grape el borde de la espuma a los travesaños traseros del asiento.

6 Cubra el asiento con calicó, poniéndolo sobre la base de espuma y grápelo a la parte de abajo del travesaño delantero. Corte el calicó alrededor de los bastidores delanteros y tirando de él hacia la parte de atrás del asiento, grape el contorno a los travesaños inferiores. El asiento debería tener ahora una suave curva sobre la parte delantera y una ligera cúpula en el centro.

7 Ajuste la espuma más delgada al respaldo interior y los reposabrazos. Grápela al borde exterior y alrededor de los travesaños superiores y tire de ella hacia abajo del respaldo interior y los reposabrazos. Afloje la espuma alrededor de los bastidores delan-

CONSEJO

Es difícil saber dónde unir las secciones interiores y exteriores de los reposabrazos, haga una línea que le sirva de guía y que pueda ser eliminada después. Ponga una tachuela en la parte superior y otra en la inferior del bastidor del reposabrazos y después ate un trozo de bramante entre las dos.

Derecha: La tela tiene que alinearse cuidadosamente con los contornos de la silla.

teros y grápela al borde exterior de cada uno. Corte la espuma de arriba abajo en cada bastidor trasero hasta el travesaño inferior. Levante hacia fuera las secciones que ahora están separadas y alise las secciones de ambos reposabrazos de vuelta a su posición. Vuelva a colocar la sección del respaldo y quite la espuma que quede solapada de manera que los tres trozos se toquen a lo largo de los bastidores traseros.

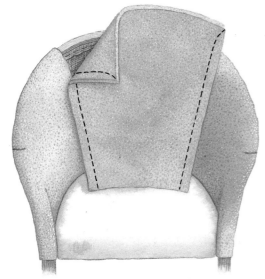

8 Pulverice adhesivo en el revés de la espuma y presione al colocarla sobre la arpillera. Meta la espuma por el hueco que queda alrededor del asiento y asegure todo el contorno de la parte de abajo de los travesaños inferior trasero y los laterales con grapas. La silla debería tener ahora un trozo de espuma suave a medida moldeada según la forma del respaldo, de los reposabrazos y del asiento, lista para ser tapizada.

9 Haga un patrón y marque todos los trozos en el envés de la tela. Etiquete cada parte y marque todas las parte superiores de cada una a medida que las corta. También mida y corte trozos de tela para hacer un ribete en la cruz.

10 Ponga un trozo de guata sobre todo el asiento, metiéndola por entre todos los travesaños. Corte alrededor de los bastidores delanteros y coloque la guata sobre la parte delantera bajando hacia el travesaño delantero. Rompa el borde para evitar una línea angulosa.

11 Coloque la tela para tapizar en el asiento, manteniendo el estampado y el tejido rectos. Haga un corte en forma de «Y» en los dos bastidores traseros y meta la tela a través de los travesaños del asiento. Asegure a la parte superior de los travesaños con tachuelas temporales. Corte en la parte delantera de los bastidores en ángulo para permitir que la tela vaya alrededor de la parte delantera. Corte otra vez en los bastidores para dejar que la tela pase a través para llegar a los travesaños laterales. Clave temporalmente en la parte superior de los travesaños alrededor del asiento.

12 Tire de la tela por encima del borde delantero y clávela temporalmente. Alísela alrededor de la parte delantera de los bastidores de los reposabrazos. Grápela en el exterior de los bastidores y por debajo del travesaño delantero. En la parte superior de las patas, corte la tela y doble el resto de la tela en su sitio en el otro travesaño del asiento, retirando las tachuelas temporales.

13 Clave las secciones del respaldo interior y los reposabrazos a la silla con el haz hacia abajo, teniendo en cuenta la suficiente tela como para meterla por debajo del asiento y fijarla a los travesaños inferiores del respaldo y de los reposabrazos. Clave temporalmente el respaldo interior, haciendo que el estampado coincida con el del asiento. Ahora coloque la tela en el interior de los reposabrazos, haciendo que el estampado coincida con el del respaldo interior, teniendo en cuenta que hay suficiente como para ponerla alrededor de los bordes exteriores en la parte delantera. Clávela a la espuma para que se mantenga en su sitio.

14 Prenda con alfileres la sección del respaldo a las de los reposabrazos a lo largo de la línea de los bastidores traseros para hacer dos costuras. Si la tela no se ajusta al contorno de la silla, haga cortes para que se extienda mejor. Recorte las costuras a 1,25cm y haga muescas en cada costura.

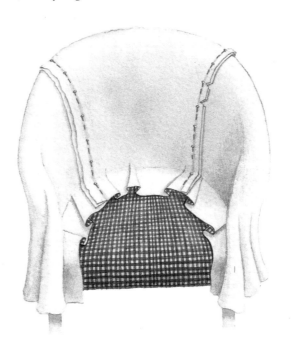

15 Haga suficiente ribete como para que baje por las dos costuras simplemente prendido con alfileres y también desde el borde exterior de una de las patas delanteras a lo largo de la parte superior de la pata hasta la parte delantera, que suba a lo largo del exterior del bastidor, a lo largo de la parte superior del reposabrazos y el respaldo y hacia abajo a la otra pata delantera, con la cantidad suficiente como para terminar y hacer la juntura.

LANA

Desde la Edad Media, la lana se ha utilizado mucho como tela para tapizar. El proceso largo, laborioso e intensivo que se utilizaba originalmente para convertir la lana en un tejido se fue mecanizando poco a poco, lo que llevó a un incremento de la producción de una sorprendentemente amplia selección de telas de lana para tapizar, incluyendo el terciopelo, la moqueta y el estambre. Entonces, como ahora, la lana a menudo se ha combinado con otras fibras. Por ejemplo, la lana de las ovejas mezclada con el pelo de la cabra de angora produce el mohair, especialmente adecuado para el tapizado por su resistencia y flexibilidad. Aislante, duradero y a prueba de fuego de manera natural, además de bonito y de textura confortable, la apariencia de la lana y la mezcla de lana son intemporales.

16 Retire la funda del respaldo interior y los reposabrazos de la silla. Deshaga las costuras que ha hecho con los alfileres y cosa el ribete a los dos lados del respaldo interior, utilizando la tela para los dobleces como guía. Cosa las secciones interiores de los reposabrazos al respaldo interior, haciendo las muescas y utilizando un pie para ribete, si tiene uno para que se ajuste por encima del ribete.

17 Ponga una capa de guata sobre toda la espuma expuesta del interior de la silla, utilizando *spray* adhesivo para pegarlo en su sitio. Coloque la tela para tapizar en el respaldo interior y los reposabrazos. Clave temporalmente el borde superior de todo el contorno del respaldo de arriba. Corte en los bastidores traseros de la misma manera que hizo con el asiento, doble los ribetes naturales hacia abajo y meta la tela del respaldo a través, hasta el travesaño inferior del respaldo. Clave temporalmente a la parte superior del travesaño.

18 Haga cortes en los bastidores de los reposabrazos para que coincidan con los cortes hechos en el asiento. Recorte la tela, dejando suficiente como para meterlo por debajo y llevarla sobre la tela del asiento a los bastidores en un bisel recto para unir el borde del exterior de los reposabrazos. Asegure la tela con tachuelas temporales en el exterior de los bastidores. Meta la tela del interior de los reposabrazos a través del respaldo y clávela temporalmente en la parte superior de los travesaños laterales inferiores.

19 Grape el borde delantero de la tela al exterior de los bastidores de los reposabrazos, comenzando por la parte inferior y siguiendo hacia arriba. En la parte de arriba, corte la tela sobrante y haga un pliegue con el doblez mirando hacia abajo. Cuando toda la tela esté en su sitio alrededor de los travesaños de los bastidores y el respaldo, grápela para fijarla y retire todas las tachuelas temporales.

20 Grape el ribete, comenzando por el borde exterior inferior de una de las patas delanteras, asegurándolo en el travesaño lateral inferior. Coloque el ribete con el cordón firmemente contra el borde exterior de la silla. Grape el ribete a lo largo de la parte superior de la pata hacia la parte delantera, suba por el exterior del bastidor, a lo largo de la parte superior del reposabrazos y baje hacia la otra pata delantera. Grape el extremo cuidadosamente.

21 Refuerce la parte exterior de la silla con la arpillera. Clave con alfileres la tela para el tapizado al exterior de los reposabrazos, comenzando con la granilla recta a lo largo del borde inferior de cada travesaño del asiento y después clave los bastidores de los reposabrazos y el respaldo. Prenda la sección del exterior del respaldo a la sección del exterior de los reposabrazos, haciendo que coincida el estampado para hacer las costuras en los bastidores del respaldo. Corte la tela sobrante y haga muescas en cada costura. Quite la tela de la silla y cosa las dos costuras.

22 Ponga guata sobre la arpillera y, utilizando alfileres y espetones, ajuste de nuevo la tela a la silla, recortando toda la tela que sobre. Doble los bordes superiores y delanteros de la tela hacia abajo, sujetándolos con alfileres al ribete. Tire de la tela hacia abajo y grápela en la parte de abajo del asiento, cortando en las patas y doblando la tela a medida que grapa. Cosa con puntadas ocultas la tela al ribete utilizando una aguja circular e hilo para coser a mano.

23 Termine la parte de debajo de la silla con un trozo de cubierta negra. Corte en las patas para dejar que la tela quede de manera limpia. Doble la tela hacia abajo y grápela alrededor, justo por dentro del borde inferior, tapando las grapas anteriores.

Izquierda: Los cojines sueltos de la silla con motivos de cuadros repiten el motivo del tapizado y crean un asiento que invita a sentarse.

CONSEJO

Necesitará una gran cantidad de ribete para este tipo de silla, de manera que planee las junturas para que se hagan en lugares que se vean poco, como alrededor del exterior del respaldo.

∞ Referencia

Cinchado, página 51

Calcular la tela para el tapizado, página 78

Cómo coser a máquina, página 30

Pasamanería, ribete sencillo, página 97

Silla de comedor victoriana

La tela de esta silla es un brocado con motivos florales azules y dorados sobre un amarillo dorado brillante que complementa el tono de la madera. A pesar de que parece delicada, es una tela que se puede utilizar diariamente con un tejido muy apretado.

Dimensiones

Alto: 84 cm
Ancho: 38 cm
Largo: 38 cm

Materiales

• Cincha inglesa, 4m
• Arpillera, 1m
• Tachuelas mejoradas de 10mm
• Fibra, 1,4kg
• Bramante
• Fieltro, 1m
• Calicó, 1m
• Tachuelas finas de 13mm
• Guata de piel de 1700g, 1m
• Tela para tapizar, 1m
• Barras de cola adhesiva
• Galón, 2m
• Clavos antiguos

ESTA ELEGANTE SILLA victoriana se encontró en una tienda de muebles de segunda mano. Es habitual adquirir sólo una silla, ya que los conjuntos de sillas tienden a separarse, a menos que sean muy valiosas.

El tapizado estaba en muy malas condiciones. La silla estaba cubierta con la tela original, una imitación del cuero, y tenía una banda tachonada alrededor de la base. Ahora, restaurada y retapizada por completo, se ha convertido en una exquisita silla de comedor.

El cordoncillo elegido repite los colores de la tela y los clavos antiguos son una reminiscencia de la antigua decoración.

1 Retire cuidadosamente el antiguo tapizado y el relleno hasta dejar el armazón desnudo.

2 Encinche el asiento en la parte superior de los travesaños, colocando cuatro cinchas de la parte delantera al respaldo y tejiendo después otras cuatro de lado a lado. Corte un trozo de arpillera para tapar las cinchas y llegue hasta los travesaños, con 10cm de tela de más. Clave la arpillera al asiento, cerca del borde de los travesaños, colocando tachuelas de 10mm separadas por 1,2cm. Corte en los bastidores del respaldo, de manera que la arpillera pueda pasar alrededor de ellos y clávela. Doble los bordes de la arpillera hacia atrás, hacia el centro del asiento.

3 Haga un rollo para clavar, comenzando en el centro de la parte delantera, metiendo firmemente la fibra bajo el dobladillo de la arpillera. Enrolle la arpillera sobre la fibra y doble el ribete natural hacia abajo. Coloque una tachuela a través del dobladillo de la arpillera, forzándolo contra el borde delantero. Siga haciendo el rollo para clavar alrededor de los bordes. Doble y haga un bisel en las esquinas a medida que vaya llegando a ellas, cortando el exceso de arpillera y clavando los extremos limpiamente. Cada esquina tiene que estar muy firme, así que añada más fibra en caso de que sea necesario.

4 Cosa ligaduras en la sección central del asiento y rellene con fibra hasta que esté a mayor altura que la parte superior del rollo para clavar. Ponga dos capas de fieltro sobre la fibra, clavándolas a los bordes.

Paso 3

∞ *Referencia*

Destapizar, página 50

Cinchado, página 51

Ligaduras, página 60

Pasamanería, fijar el cordoncillo con cola adhesiva, página 102 (esta técnica también se aplica al galón)

Pasamanería, claveteado, página 10

Abajo: Los clavos antiguos se han colocado de manera uniforme alrededor de la silla, en el galón.

5 Corte suficiente calicó para cubrir el asiento y los laterales. Coloque tachuelas temporales de 13mm en los travesaños, una en cada lado y otra en el centro. Haga cortes en los bastidores del respaldo para permitir que el calicó se abra. Tire firmemente del calicó para darle forma al relleno y clave temporalmente en el travesaño del respaldo. Clave temporalmente alrededor de los travesaños. Cuando el calicó esté liso, clave en firme y recorte el sobrante. Deje los ribetes naturales para evitar que se vea una línea.

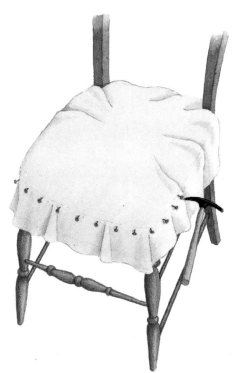

6 Ponga guata sobre el calicó y rompa con los dedos el borde, justo por encima de los travesaños del asiento. Coloque la tela para tapizar, manteniendo el estampado en el centro. Asegure con tachuelas temporales en los travesaños del asiento, manteniendo la línea muy recta si el galón que se va a utilizar es estrecho, de manera que los agujeros de las tachuelas queden ocultos después. Corte en los bastidores del respaldo. Corte y doble la tela hacia abajo, alrededor de los bastidores. En las esquinas delanteras, doble el exceso de tela en un pliegue doble. Clave las tachuelas temporales en firme.

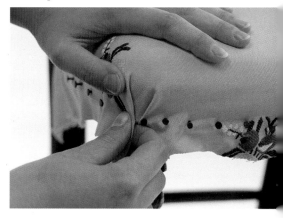

7 Corte la tela en el borde inferior con un cuchillo para manualidades. Pegue el galón en la parte inferior del borde del respaldo, después péguelo a lo largo del borde lateral, comenzando en la parte de atrás y continuando alrededor de la parte delantera y el otro lateral. Mantenga cierta tensión en el galón para que quede recto.

8 Complete el adorno con los clavos. Utilizando un martillo acolchado, coloque un clavo en cada esquina delantera y después a intervalos regulares de aproximadamente, 5cm a lo largo del centro del galón en el borde delantero. Repita en los laterales y atrás

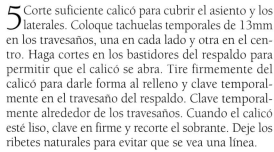

Taburete para piano

Normalmente la tela para tapizar un taburete de piano sería el damasco o el terciopelo, pero este taburete queda impresionante en un algodón azul de textura suntuosa embellecido con pasamanería brillante y moderna. El profundo contraste de los flecos con borlas de color naranja se suaviza con el añadido de un galón encima.

Dimensiones

Alto: 46 cm
Diámetro: 31 cm
Largo del asiento: 6 cm

Materiales

- Cañamazo, 50cm
- Tachuelas mejoradas de 10mm
- Fibra, 1kg
- Bramante
- Tachuelas finas de 13mm
- Crin, 450g
- Calicó, 50cm
- Guata de piel de 1700g, 50cm
- Bramante de nailon
- Flecos, 1,75m
- Barras de cola adhesiva
- Borlas, 1,75m
- 5 copetes que hagan juego con las borlas

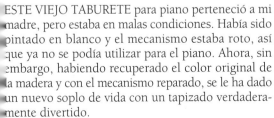

ESTE VIEJO TABURETE para piano perteneció a mi madre, pero estaba en malas condiciones. Había sido pintado en blanco y el mecanismo estaba roto, así que ya no se podía utilizar para el piano. Ahora, sin embargo, habiendo recuperado el color original de la madera y con el mecanismo reparado, se le ha dado un nuevo soplo de vida con un tapizado verdaderamente divertido.

La tela lisa elegida para tapizar le proporciona la oportunidad perfecta para divertirse con la pasama-nería. Se utilizan copetes en vez de botones y están hechos de las borlas con flecos con un bordado de seda añadido en el centro para darle más color. Los copetes son puramente decorativos y no son lo suficientemente fuertes como para sujetar el plisado, que se mantiene en su sitio mediante puntadas.

Devuelto a su uso habitual, este taburete podría haber hecho que mi madre sonriera y probablemente hubiera hecho de las prácticas de piano una experiencia más divertida.

INSERTADO

Una vez que las técnicas del tapizado estuvieron perfeccionadas, hacia finales del siglo XVII, comenzaron a idearse nuevos tipos de puntadas para que el relleno se mantuviera en su sitio. Los pequeños ramilletes de hilo de lino sin hilar evitaban que el hilo de guata que los aseguraba se rompiera a través del tapizado en el acolchado. Poco a poco, el potencial decorativo de los copetes comenzó a ser reconocido y los copetes se empezaron a fabricar en diseños atractivos para dar un mayor efecto. Muchos materiales han sido utilizados, como arandelas de cuero y cintas, al igual que los familiares copetes de hilo, que fueron suplantados en el siglo XIX por los botones de metal, que incluso mantienen con facilidad el relleno más grueso en su sitio. Sin embargo, los copetes, se han vuelto a poner de moda.

Derecha: Los flecos con borlas naranjas quedan espléndidos con un galón que haga juego.

1 Quite la antigua tapicería del taburete, retirando cualquier tachuela que quedara. El taburete estaba tapizado originalmente con alva, un relleno de algas tradicional, que estaba en demasiadas malas condiciones como para ser reutilizado. Haga un chaflán alrededor del borde del taburete utilizando una escofina, para mejorar la superficie en la que va a clavar el cañamazo y sujetar el borde cosido. Si originalmente no había agujeros para los botones, hágalos ahora con una taladradora en la base del asiento, un agujero central y cuatro más separados a la misma distancia, a 4cm del borde.

2 Dibuje un círculo en la base del asiento, a dos tercios de distancia del centro hacia el borde exterior, listo para hacer un cosido de los bordes. Corte una tira de cañamazo lo suficientemente ancha como para que cubra desde la línea que ha dibujado, hasta 7,5cm por dentro del borde exterior, y lo suficientemente larga como para que vaya alrededor del borde exterior más 10cm para superponerla.

3 Haga un doblez hacia abajo, a lo largo del borde largo del cañamazo. Divida la base del asiento y el trozo de cañamazo en cuatro partes iguales y coloque una tachuela temporal de 10mm para sujetar el cañamazo a cada cuarto del círculo, doblando hacia abajo el cañamazo para superponerse en la juntura. Pliegue el cañamazo equitativamente entre las primeras tachuelas y clávelo alrededor del círculo dibujado. Tire de la tela hacia el borde exterior, después afloje y rellene con fibra por debajo del cañamazo hasta que esté distribuida de manera uniforme y quede firme.

4 Clave el cañamazo por debajo de la fibra, alrededor del borde exterior. Ponga una tachuela temporal en el borde achaflanado y otra en el lado opuesto. Coloque dos tachuelas más a la misma distancia entre las primeras. Trabaje de esta forma hasta que el cañamazo esté clavado temporalmente alrededor de todo el taburete.

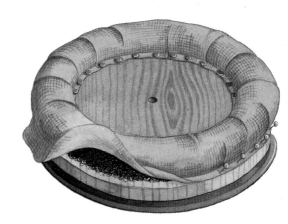

5 Clave todas las tachuelas en firme y añada más de forma que estén muy cerca unas de otras. Regule el relleno hacia el borde. Cosa con puntadas ciegas alrededor del borde, manteniendo la aguja muy cerca de la fila de tachuelas. Regule otra vez, y después haga una fila de puntadas de vuelta redonda alrededor. Regule otra vez y haga una segunda fila de puntadas de vuelta redonda, consiguiendo que el borde quede muy firme.

6 Haga dos filas de ligaduras para tachuelas a través del círculo central con tachuelas de 13mm, y haga ligaduras alrededor de la parte superior del relleno del borde exterior.

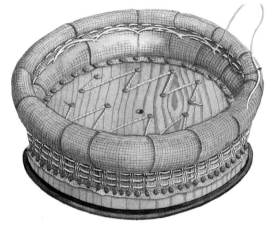

7 Carde crin y rellene las ligaduras de forma que el círculo central quede ligeramente más alto que el borde superior del cañamazo.

8 Ponga calicó sobre el asiento y prepárelo para el insertado, colocando pequeñas arandelas de calicó donde irán los copetes. Tire del calicó por encima del borde del asiento y clave justo por encima del plinto inferior. Recorte el exceso de calicó. Ponga una capa de guata en el calicó y rómpala por donde irán los copetes.

9 Corte un trozo de tela para tapizar. Mida las marcas para los copetes y páselas a la tela, marcándolas en el envés con una cruz. Retire las arandelas del centro del agujero para el botón y deje la tela sobre el asiento. Meta una aguja de colchonero con el extremo del ojo hacia fuera, en la parte superior del asiento a través de las marcas hechas en la tela. Enhebre bramante de nailon en la aguja y pásela a través del agujero. Quite la aguja y deje el bramante colgando en la parte de abajo. Enhebre la aguja con el bramante colgando en la parte superior y dé unas puntadas en la tela para tapizar, pasando la aguja otra vez hacia la parte de abajo. Ponga dos tachuelas cerca del agujero, en la parte de abajo. Ate el primer trozo de bramante alrededor de la tachuela y clávela en firme. Tire del

otro extremo del bramante hacia abajo mientras empuja hacia abajo en la puntada que ha dado a través de la tela con el pulgar. Ate este trozo alrededor de la segunda tachuela y clave en firme, haciendo un lazo. Repita el proceso en cada uno de los cuatro agujeros.

10 En la parte superior del asiento, doble los pliegues que han quedado entre las ligaduras para sujetar, utilizando el borde con forma de pala del regulador. Doble la tela desde las cuatro ligaduras para sujetar por encima del borde del asiento. Clave la tela alrededor del taburete, cerca del plinto. Recorte la tela sobrante con un cuchillo para manualidades, cerca de la línea de claveteado.

11 Decore el taburete con flecos de borlas, utilizando una pistola de encolar y comenzando por el extremo doblado de los flecos hacia dentro. Ponga pegamento alrededor y doble el otro extremo hacia dentro, haciendo que los extremos se toquen cuando se encuentren. Ponga un trozo de galón en la parte superior de los flecos y péguelo de la misma manera.

12 Para poner lo copetes, tome una aguja de colchonero enhebrada con bramante de nailon y pásela a través del lazo de la base del copete. Pase los dos extremos del bramante por el agujero con la aguja. Tire del bramante hacia abajo y sujételo con tachuelas, de la misma manera que con las ligaduras para sujetar. Arregle los copetes.

〇〇 *Referencia*

Destapizar, página 50

Bordes cosidos, página 65

Capitoné profundo en calicó, página 70, tapizado, página 80

Pasamanería, poner flecos, página 103

AZULES

Para una combinación relajante y calmante, combine tonos azules con verdes. Estos vecinos en el círculo cromático son los perfectos compañeros para el diseño en forma de diamante que se ha elegido para la silla tallada de estilo Luis XV.

MUCHA GENTE siente una gran pasión por el azul y siempre ha sido muy popular en los hogares. Elegir justo el matiz correcto para su tapizado puede ayudarle a llevar la combinación de los colores de una habitación en una dirección fresca o calmante.

Crear diferentes ambientes

Las terapias de color utilizan el azul para focalizar y relajar la mente y, en un entorno religioso, es el color de la serenidad y la meditación. Piense en un lago azul claro o un cielo de verano sin nubes y podrá apreciar lo calmante y refrescante que es para los sentidos, ayudando a la concentración y convirtiéndolo en la perfecta elección

reconstituyente para cuartos de baño, habitaciones y estudios.

El azul también puede ser dinámico y vigorizante, en versiones claras y despejadas como azul cobalto, azul cielo y azul cerúleo evocando la frescura de una orilla soleada.

Para combinaciones espectaculares, piense en el mar cuando hay tormenta o en los cielos nocturnos repletos de estrellas. El azul marino, especialmente reproducido en una tela suntuosa como el terciopelo, con el misterioso impacto de las estrellas doradas en relieve, tiene una nota opulenta y oscura.

Los azules vibrantes, como el turquesa del Egeo, pueden ser demasiado vívidos, agotando la mente,

Si se abusa de ellos, así que reserve estos matices para acentuar un esquema con cubrecamas, cojines y pasamanería.

Combinar el azul con otros colores

El azul ha sido utilizado durante mucho tiempo con el amarillo, es casi complementario, para combinaciones que son a la vez vívidas y relajantes, un equilibrio perfecto. La claridad elegante del azul se contrarresta con la calidez del amarillo, produciendo una combinación muy popular que tiene un efecto suave y es perfecto para la vida diaria.

Los marrones cálidos también compensan el azul. Por ejemplo, muebles de pino añejo quedan bien

tapizados con cuadros al estilo sueco en tonos azul claro o pastel.

Cuando se combina el azul con otros colores, tenga en cuenta los tonos subyacentes. Una tela azul que termina en un verde está en el extremo brillante del espectro y quedará sensacional combinada con pasamanería de color verde. Sin embargo, un azul con un tono malva subyacente está más cerca del rojo en el círculo cromático y decorarlo con colores lavanda, lila o morado producirá una combinación más calmada y serena.

Realzar los tonos subyacentes del azul con tonos adyacentes puede resultar en combinaciones que son visualmente llamativas y funcionan bien casi sin esfuerzo.

La tela de color azul monocromo da una apariencia de valentía en la silla prie dieu, desarrollando el tema de la meditación. Este tela es también el fondo perfecto para un galón elaborado y resulta muy espectacular en un interior de color terracota.

181

Silla con respaldo acolchado

El relleno de una silla de comedor con un asiento con muelles es el mejor para

aprender la mayor parte de los procesos de tapizado de relleno y cosido de la manera

tradicional. Este tipo de silla puede encontrarse con un respaldo acolchado o sin él.

Dimensiones

Alto: 89 cm
Ancho: 46 cm
Largo: 40 cm

Materiales

- Cincha inglesa, 5m
- Tachuelas mejoradas de 13mm
- 5 muelles helicoidales de 10cm del calibre 10
- Bramante
- Cordel
- Arpillera, 50cm
- Fibra, 1,8kg
- Cañamazo, 75cm
- Tachuelas mejoradas de 10cm
- Crin, 900g
- Calicó, 75cm
- Guata de piel de 1700, 1,5m
- Tela para tapizar, 1m
- Alfileres para cordoncillo de 13mm
- Tachuelas finas de 10mm
- Cordoncillo, 4m
- Barras de cola adhesiva

LOS TONOS VERDES y amarillos en la tela hacen un contraste agradable y fresco con la madera oscura. El diseño de senderos sube por todo el asiento y por el respaldo acolchado e ilumina lo que de otra manera sería una silla bastante sombría. Un toque de rojo en el cordoncillo saca el color de la madera y une de manera ingeniosa todo el esquema de la silla.

1 Quite todo el antiguo tapizado y el relleno de la silla utilizando un mazo y un formón. Antes de comenzar a tapizar, utilice una escofina para hacer un chaflán en la parte superior del asiento, listo para clavar el cáñamo. A pesar de que el asiento ya estaba achaflanado, es importante mejorar el borde después de haber quitado todas las antiguas tachuelas.

2 Ponga cuatro cinchas en la parte delantera del respaldo y teja cuatro más de lado a lado, en la parte de debajo de los travesaños del asiento. No ponga las cinchas demasiado cerca del borde de los travesaños o se verán una vez acabada la silla. Asegúrelas con tachuelas de 13mm.

3 Coloque cinco muelles helicoidales en las cinchas, dos en la parte delantera, dos en la trasera y uno en el centro. Dejando un gran espacio entre los muelles traseros y el travesaño trasero, ya que la mayor parte del peso va a recaer en el centro y la parte delantera del asiento.

4 Cosa los muelles en su sitio sobre las cinchas por debajo de la silla, utilizando una aguja circular para muelles enhebrada con bramante. Ate los muelles utilizando un cordel.

5 Ponga arpillera sobre los muelles y clávela alrededor, doblando los ribetes naturales hacia arriba. Cosa los muelles a la arpillera, con la misma estructura y utilizando el mismo método que en el paso 4. Cosa cinco filas de ligaduras a través del asiento, utilizando una aguja para muelles y bramante.

6 Carde y rellene con fibra las ligaduras. Cúbralo todo con cañamazo, añadiendo más fibra para que los bordes queden firmes a medida que clava el cañamazo al borde achaflanado. Cosa ligaduras en el asiento, utilizando bramante para tapizado. Anúdelo temporalmente, listo para ser tensado después de que los bordes hayan sido cosidos.

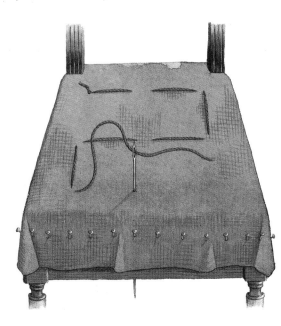

7 Clave el cañamazo en las esquinas delanteras y añada más fibra para que estén firmes. Corte en los bastidores del respaldo y doble el exceso de cañamazo hacia abajo. Ponga tachuelas mejoradas de 10mm sitúelas cerca unas de otras y clave en firme todo el alrededor.

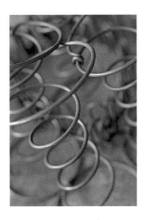

MUELLES

Los muebles no fueron un elemento habitual en el tapizado hasta 1840, aunque se habían hecho algunos intentos pioneros hacia el desarrollo del sistema de muelles en varias ocasiones desde 1760. El uso de los muelles como algo habitual se generalizó de una manera inverosímil, una silla de ejercicios con anchos muelles en espiral, que fue muy popular en Inglaterra durante los últimos años de siglo XVIII. Estos muelles, empezaron a utilizarse después en la fabricación de camas y fueron absorbidos por las técnicas tapiceras después de un comienzo escéptico.

8 Cosa con puntadas ciegas todo el contorno, manteniéndose cerca de la línea de tachuelas. Después haga dos filas de puntadas de vuelta redonda alrededor del asiento. Si quiere un asiento más alto, haga dos filas de puntadas ciegas y dos más de puntadas de vuelta redonda. Cosa filas de ligaduras a través del asiento. Carde crin y póngala debajo de las ligaduras para hacer un buen colchón de crin justo hacia los bordes, añadiendo más en el centro para que quede abombado.

9 Cubra con calicó, tirando firmemente y moldeando la forma del asiento a medida que clava temporalmente los travesaños delantero, laterales y trasero con tachuelas mejoradas de 13mm. Clave por encima de la madera vista, dejando un espacio para las siguientes tachuelas en la tela para tapizar, que se clavarán más cerca de la madera vista. Corte las esquinas delanteras y doble hacia abajo. Haga cortes en los bastidores del respaldo y doble hacia abajo. Clave en firme y recorte todo el exceso de calicó.

10 Ponga un trozo de guata sobre todo el asiento y rómpalo en el borde inferior. Coloque la tela para tapizar sobre el asiento, manteniendo el estampado en el centro. Ponga una tachuela temporal justo por encima de la madera vista en los travesaños delantero, laterales y trasero. Haga cortes en los bastidores y recorte el exceso de tela, dejando un dobladillo de 1,25cm. Dóblelo hacia abajo. Continúe clavando temporalmente en las esquinas, dejando 1,25cm para doblar hacia abajo y biselar las esquinas. Ponga un alfiler para cordoncillo en cada lado de la esquina, en la parte inferior de cada doblez.

11 Termine de clavar temporalmente los dos laterales a lo largo del borde de la madera vista con tachuelas de 13mm. Clave en firme todo el alrededor con tachuelas finas de 10mm. Recorte la tela sobrante con un cuchillo para manualidades, cortándola al borde de la madera vista, justo por debajo de la línea de tachuelas.

12 Decore el borde con un trozo de cordoncillo, comenzando en una de las esquinas traseras. Doble el extremo del cordoncillo hacia abajo y asegúrelo con un alfiler para cordoncillo. Pegue el cordoncillo, sólo unos centímetros cada vez, y presiónelo contra la tela, tapando la línea de las tachuelas. Continúe alrededor de la parte delantera y el otro lateral del asiento. Termine el extremo cortándolo ligeramente más largo, doblando el cordoncillo hacia abajo y pegándolo con cuidado. Dé unos golpes suaves a lo largo del cordoncillo con un martillo de tapicero para asegurarse de que la cola se ha adherido a la silla. Ponga otro trozo de cordoncillo a lo largo de la parte de atrás del asiento.

13 Corte un trozo de tela para tapizar ligeramente más grande que el vano del respaldo, manteniendo el estampado central para que case con el del asiento. Coloque la tela en el vano desde la parte delantera con el haz de la tela mirando al armazón. Utilizando alfileres para cordoncillo (porque el rebaje es muy estrecho), clave la tela de manera que se

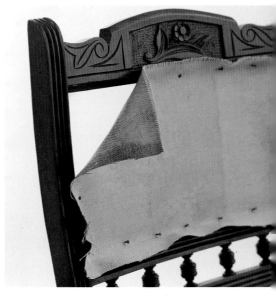

quede muy tirante. Ponga un bloque de madera debajo de la sección que está clavando con alfileres para
que absorba el golpe y evite que la estructura sea
dañada. Puede utilizar una grapadora automática si
lo prefiere, ya que así causará menos daños. Cuando
la tela haya sido clavada o grapada alrededor, doble
los bordes hacia el centro y corte la tela sobrante.

14 Ponga un trozo de guata que encaje dentro del
rebaje. Añada una capa de arpillera, asegúrela
con alfileres para cordoncillo, doble la tela sobrante hacia
el medio. Coloque un trozo de cincha en el centro y fíjela arriba y abajo, manteniendo los extremos sueltos.

15 Cosa ligaduras en la arpillera, asegurándose de
que no penetran en el respaldo exterior. Carde
una capa de crin y métala por debajo de las ligaduras para formar un acolchado de 1,25cm de profundidad. Cubra con calicó y clávelo con alfileres para
cordoncillo alrededor de los bordes. Corte, dejando
un ribete natural.

16 Ponga una capa de guata sobre el calicó y
rompa los bordes justo en el borde. Coloque
un trozo de tela para tapizar, con el estampado centrado para que case con el del asiento, en la parte
delantera del acolchado. Clave temporalmente alre-

dedor. Ponga alfileres para cordoncillo justo por dentro del borde del rebaje y clávelos en firme, retirando las tachuelas temporales a medida que va trabajando. Recorte la tela cerca del borde con un cuchillo
para manualidades.

17 Utilizando una pistola de encolar, pegue el cordoncillo alrededor del respaldo acolchado,
comenzando por la parte de abajo a la derecha. Haga
un bisel en cada esquina. Doble el cordoncillo en
ángulo para hacer un bisel en la última esquina.

*Abajo: El cordoncillo le da
un acabado precioso a la
silla, sirviendo de nexo
entre la tela y la oscura
madera vista.*

VERDES

La tela verde claro de la silla con respaldo acolchado está enmarcada por una madera oscura con un tallado muy elaborado, una reminiscencia de las hojas verdes de los árboles que provienen de sus ramas y tronco marrón oscuro. El color utilizado en la silla repite sutilmente la decoración del interior.

AUNQUE NO SE TRATA de un color primario, el verde asume una importancia igual en la decoración interior. Probablemente es porque es el color de la naturaleza, con su equilibrio y armonía y así evoca un sentimiento de calma, meditación y descanso.

La investigación ha demostrado que el verde tiene el poder de restaurar el equilibrio y la habilidad de llevar a la mente, al cuerpo y al alma a una cómoda alineación. Sólo tenemos que pensar en el verde sereno o los campos ondulados para comprender por qué el poder de tranquilizar de este color poco exigente ha sido reconocido en los hogares durante siglos. Incluso se utiliza frecuentemente para decorar edificios públicos debido a su efecto calmante.

Complementar verde con rojo

El verde es buen compañero de otros colores en el hogar, igual que en la naturaleza. El rojo, su complementario y opuesto en el círculo cromático, es una buena compañía, ya que cada color realza, sin atacar, las propiedades del otro. Piense en una rosa de color rojo oscuro o un geranio color escarlata entre las hojas verdes.

Las combinaciones de verde y rojo funcionan muy bien en los salones donde, por ejemplo, la tela verde claro de un frío sofá se verá templada por los rosas oscuros o el encendido albaricoque en el estampado, los cojines o la pasamanería. Como alternativa, el verde se puede utilizar para equilibrar fríamente un esquema rojo vibrante; por ejemplo,

un tartán verde musgo utilizado para tapizar las sillas en un comedor rojo rabioso puede quedar espectacular a la vez que armonioso.

Combinaciones dinámicas

Los verdes de la naturaleza pueden ser profundamente reconstituyentes, pero la naturaleza también puede evocar un sentimiento dinámico. Piense en los brotes verdes saliendo de la tierra invernal en primavera y puede anticipar la inmediata sensación primaveral que el ácido verde lima puede traer a una habitación. Flores de color verde ácido en una habitación para adolescentes

pueden ser la respuesta a la búsqueda de combinar la juventud con una influencia tranquilizadora. Tenga cuidado, no obstante, de que el mismo aspecto no evoque un sentimiento frío en una habitación que dé al norte o que recibe muy poca luz natural.

Los verdes se pueden utilizar de manera cómoda con muchos colores, en especial rojos o en una gloriosa profusión ellos solos. Cualquiera que sea el verde que elija, estará explotando una rica veta de cultura de diseño. El verde trae la naturaleza y el ritmo confortable de las estaciones cambiantes al hogar para un gran efecto decorativo y psicológico.

El verde se utiliza a menudo con el rojo para evocar un sentimiento festivo, pero también genera una apariencia de bienvenida en esta silla. El cojín es el nexo perfecto entre el azul y el verde en el estampado.

187

Silla tallada Luis XV

Las sedas son telas finas y los hilos tienen una tendencia a formar líneas tirantes o engancharse, a menos que se tenga cuidado. Este tipo de tela tal vez es mejor reservarla para un mueble que no se vaya a utilizar demasiado y para cuando ya tenga una cierta experiencia en el tapizado.

Dimensiones

Alto: 69 cm
Ancho: 56 cm
Largo: 54 cm

Materiales

- Cincha inglesa, 1m
- Tachuelas mejoradas de 13mm
- Arpillera, 1m
- Tachuelas finas 13mm
- Bramante
- Fibra, 1,8kg
- Cañamazo, 1m
- Tachuelas mejoradas 10mm
- Crin, 900g
- Calicó, 1m
- Tela para tapizar, 2m
- Guata de piel de 1700g, 2m
- Fieltro, 50cm
- Cordoncillo, 6m
- Barras de cola adhesiva
- Alfileres para cordoncillo de 13mm

POCOS DE NOSOTROS tenemos la suficiente suerte como para tener una silla original de estilo Luis XV, pero si le gusta un estilo determinado de muebles antiguos, la alternativa es comprar una reproducción bien hecha. Elija un armazón resistente con un buen rebaje al que se pueda fijar el tapizado.

Esta reproducción está hecha en caoba y es cuestión de lijar y pulir la madera para darle una apariencia más suntuosa, resultando en una agradable patina que hace que parezca antigua.

La tela para tapizar es seda tornasolada en un estampado de rombos, que complementa la veta y el color de la madera. Es una tela glamurosa que le da a la silla una apariencia lujosa y que podría convenir a una pieza genuina.

1 Haga un chaflán en el borde superior del travesaño del asiento para hacer un borde cosido después. Coloque cinco cinchas del travesaño del respaldo al de la parte delantera y haga un entramado con otras cuatro que vayan de lado a lado, asegurándolas con tachuelas mejoradas de 13mm.

2 Ponga arpillera sobre las cinchas en el asiento y clave con tachuelas finas. Doble los bordes hacia el centro y clave en firme. Cosa ligaduras en la arpillera. Carde y rellene con fibra las ligaduras.

3 Cubra la fibra con cañamazo y cosa ligaduras para el relleno a través del asiento. Clave temporalmente el cañamazo en el borde achaflanado alrededor del asiento con tachuelas mejoradas de 10mm, añadiendo más fibra y regulando el relleno para mantenerlo uniforme. Corte en las patas delanteras y traseras y doble en cañamazo hacia abajo. Haga un borde cosido alrededor del asiento con dos filas de puntadas ciegas y una de puntadas de vuelta redonda. Ate todas las ligaduras para el relleno.

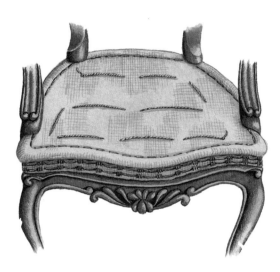

4 Ahora comience el acolchado del respaldo. Ponga suficiente arpillera en el rebaje delantero del acolchado del respaldo para llenar el hueco y tener un doblez de 2,5cm. Clave la arpillera con tachuelas finas, tirando firmemente para que quede tenso y clave en firme. Doble los bordes hacia el centro y clave en firme. Dibuje una línea de 10cm desde el rebaje, alrededor del respaldo interior y siguiendo el contorno del armazón.

5 Mida el contorno del rebaje, sume 10cm más y corte una tira de cañamazo de esta longitud y de 15cm de ancho. Doble un extremo largo del cañamazo hacia abajo y préndalo con alfileres a la línea que ha dibujado en la arpillera. Pliegue el cañamazo en curvas para que llegue a los bordes exteriores. Doble el extremo hacia abajo y superponga donde se encuentra el cañamazo.

CORDONCILLO

La palabra cordoncillo describe un hilo compuesto de un hilo, el núcleo, enrollado en el exterior por un hilo de buena calidad, por ejemplo, hilo de alambre o rígido cubierto con seda. A lo largo de los años, esta definición ha llegado a incorporar el galón de encaje, que es a lo que ahora se refiere la palabra. A diferencia de los galones, sus partes análogas planas, el cordoncillo tiene un trabajo estructural en tres dimensiones y es, por regla general, más flexible. El cordoncillo en rollos, con su estructura sinuosa de serpentina, es particularmente útil para las curvas, mientras que el cordoncillo de bordes rectos va bien para hacer biseles. El cordoncillo se ha utilizado desde hace mucho para ocultar tachuelas y ribetes naturales de manera oportuna y elegante. Puede pegarse, coserse o clavarse en su sitio con clavos decorativos o alfileres para cordoncillo.

6 Comience a meter fibra bajo el cañamazo, doble el cañamazo hacia abajo y clave temporalmente al rebaje, justo por dentro de la madera vista. Continúe hasta que se forme un acolchado firme. Clave en firme y retire las tachuelas temporales. Regule el relleno. Utilizando una aguja curva para mayor facilidad y evitar dañar la madera vista, cosa una fila de puntadas ciegas y otra de puntadas de vuelta redonda, comenzando cerca de la línea de las tachuelas.

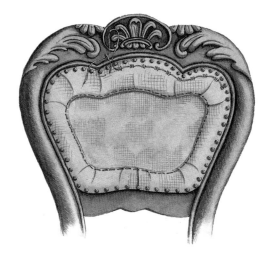

7 Haga el relleno de ambos reposabrazos al mismo tiempo para que tengan el mismo tamaño. Mida la longitud y el largo del acolchado del reposabrazos, añadiendo 10cm de más. Corte dos trozos de cañamazo de ese tamaño. Doble uno de los bordes largos del cañamazo hacia abajo y clávelo al borde interior del armazón del reposabrazos. Haga lazos para clavar en la madera y carde fibra y métala por debajo para hacer un acolchado firme. Ponga el cañamazo sobre la fibra y clávelo por debajo del borde exterior. Clave temporalmente a lo largo de este borde, añadiendo más fibra en caso de que fuera necesario. Clave en firme. Forme un doblez con las esquinas delanteras y clávelas en firme en cada esquina y a lo largo del borde delantero. Repita en la parte de atrás del acolchado del reposabrazos.

8 Regule el relleno en los bordes del acolchado del reposabrazos. Después haga una fila de puntadas ciegas y una de puntadas de vuelta redonda alrededor de la parte superior del acolchado de los reposabrazos para hacer que el borde sea firme.

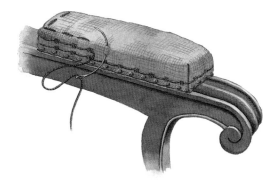

9 Cosa ligaduras a través del acolchado, carde crin y métala debajo, haciendo un centro ligeramente abombado. Cubra con calicó, doblando las esquinas delanteras y traseras y recortando el exceso de calicó.

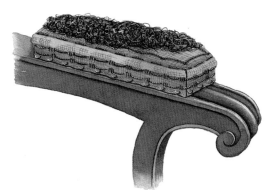

10 Cosa ligaduras a través del asiento y carde una capa de crin y métala por debajo hasta que se forme un acolchado firme. Corte un trozo de calicó y colóquelo sobre el asiento. Clave temporalmente justo en el rebaje de la parte delantera, laterales y trasera del asiento. Corte en los bastidores del reposabrazos y del respaldo y clave en firme. Doble las esquinas delanteras formando un pliegue y recorte el exceso de calicó.

11 Cosa ligaduras a través del acolchado del respaldo y añada crin, como lo hizo en el asiento. Corte un trozo de calicó y clávelo temporalmente alrededor, justo en el rebaje. Clave en firme y recorte el calicó sobrante.

12 Mida el acolchado del asiento, de los reposabrazos y el respaldo y haga un patrón para la tela con la que va a tapizar, manteniendo el estampado centrado y dejando suficiente para manipular la tela. Corte las secciones y márquelas en el envés de la tela.

13 Coloque un trozo de guata sobre el asiento y corte los bordes con los dedos. Ponga la tela

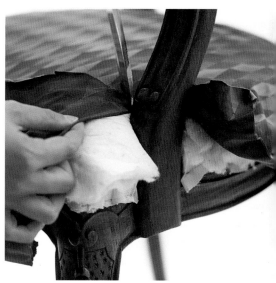

en el asiento y clave temporalmente la parte trasera, los laterales y la parte delantera, cortando en los bastidores traseros y los delanteros del reposabrazos para que la tela pueda pasar alrededor.

14 Recorte el exceso principal dejando, aproximadamente, 2,5cm para trabajar con ella. Pliegue dos veces las esquinas delanteras y clave en firme en el rebaje, justo por encima de la madera vista. Corte otra vez por el rebaje utilizando un cuchillo afilado.

15 Ponga un trozo de guata en el acolchado del respaldo y rompa los bordes justo por dentro del rebaje. Coloque la tela en el acolchado del respaldo, alineando el estampado con el del asiento. Clave temporalmente, justo por dentro del rebaje. Ponga más tachuelas y clave en firme. Corte por el rebaje.

16 En el exterior del respaldo ponga fieltro sobre la arpillera para ponerla al nivel del exterior del armazón. Ponga un trozo de calicó sobre la parte de arriba del respaldo y cubra el acolchado. Añada guata, rompiéndola alrededor de los bordes. Colo-

que la tela para tapizar y clave temporalmente, manteniendo el estampado alineado. Añada más tachuelas y clave en firme justo por dentro del rebaje. Remeta por el rebaje.

17 Cubra el acolchado de los reposabrazos con guata y después con la tela para tapizar, pliegue el exceso de tela en las esquinas. Clave en firme. Meta por el rebaje.

18 Adorne el asiento con el cordoncillo. Para comenzar, pegue el ribete natural del extremo del cordoncillo al rebaje y asegúrelo con dos alfileres para cordoncillo, después doble el cordoncillo hacia atrás sobre sí mismo para que vaya recto por el borde del rebaje, siguiendo la línea curva de la madera vista. Pegue unos 15cm por vez, golpeándolo suavemente con un martillo a medida que trabaja. Doble el cordoncillo hacia abajo en el otro extremo y péguelo. Utilice un alfiler para cordoncillo para mantenerlo hasta que se seque el pegamento. Repita en todos los lados del asiento.

19 Decore el acolchado del respaldo interior y exterior de la misma manera, uniendo el cordoncillo en el centro de la parte inferior del acolchado, doblando los extremos hacia abajo y pegándolos para que la juntura sea invisible. Decore el acolchado de los reposabrazos de la misma manera, uniendo el cordoncillo en la parte de atrás del acolchado.

Arriba: La tela ha sido colocada cuidadosamente de manera que el estampado de rombos de los reposabrazos vaya en la misma dirección que en el asiento de la silla.

Referencia

Cinchado, página 51

Ligaduras, página 60

Asegurar el primer relleno, página 62

Bordes cosidos, página 65

Calcular la tela para el tapizado, página 78

Pasamanería, fijar el cordoncillo con cola adhesiva, página 102

Silla auxiliar

Las sillas auxiliares se utilizaban en un entorno femenino, de modo que se eligió un rosa brillante para tapizarla. El color va a animar una habitación sin parecer demasiado estrafalaria y se puede decorar o no con diferentes elementos de pasamanería.

EL ARMAZÓN de esta vieja silla estaba en muy malas condiciones y hubo que repararlo antes de que se pudiera tapizar. Aunque era obvio que con cierta cantidad de habilidad y esfuerzo podía convertirse en un mueble muy llamativo.

El rosa distintivo de la tela para tapizar pedía una pasamanería espectacular a gritos. Aquí el cordón elaborado en colores fuertes y contrastantes, con las rosetas y las borlas a juego, da la impresión de que es a la vez elegante y ligeramente formal. La tela rosa también podía haberse complementado con una pasamanería más frívola que hubiera quedado bonita en un dormitorio.

1 Quite la tela, el relleno y los muelles del armazón. Elimine todas las tachuelas antiguas y, utilizando una escofina, haga un chaflán en todos los bordes del armazón a lo largo de la línea de tachuelas. Encole y ponga grapas al armazón en caso de que esté suelto. Limpie las patas y, si quiere pintarlas, líjelas y dé una primera mano en esta fase.

2 Ponga cinchas en la parte de abajo del asiento utilizando cinco cinchas en cada lado y asegurándolas con tachuelas mejoradas de 13mm. Encinche el respaldo interior del armazón, poniendo dos cinchas juntas, a unos 7,5cm del travesaño inferior, una a través de la parte superior del bastidor del respaldo y cuatro más espaciadas uniformemente entre las anteriores.

3 Ponga los muelles en el asiento, seis muelles helicoidales, tres en una fila hacia el respaldo y tres en la parte delantera, utilizando el siguiente orden para trabajar. Ponga los muelles, cósalos a las cinchas y átelos abajo. Ponga la arpillera, fijándola a los travesaños trasero, laterales y delantero. Cosa los muelles a la arpillera. Cosa ligaduras. Carde la fibra para cubrir el área del asiento. Cubra con cañamazo. Cosa ligaduras para el relleno. Haga dos filas de puntadas ciegas y una más de puntadas de vuelta redonda en los laterales y la parte delantera. Haga ligaduras a través del cañamazo y carde y meta crin por debajo.

4 Cubra el asiento con el calicó, cortando en los bastidores del respaldo y clavando en firme en el travesaño trasero utilizando tachuelas finas de 13mm. Haga un pliegue en las esquinas delanteras. Corte el exceso de calicó antes de clavar en firme a lo largo de la cara de los travesaños lateral y delantero.

Dimensiones

Alto: 66 cm
Ancho: 52 cm
Largo: 54 cm

Materiales

- Cincha inglesa, 8,5m
- Tachuelas mejoradas de 13mm
- 6 muelles helicoidales
- Bramante
- Cordel
- Arpillera, 1m
- Fibra, 3,6kg
- Cañamazo, 1m
- Crin, 1,8kg
- Calicó, 1m
- Tachuelas finas de 13mm
- Tachuelas mejoradas de 10mm
- Tela para tapizar, 2,25m
- Guata de piel de 1700g, 2m
- Alfileres para cordoncillo
- Hilo para coser a máquina
- Tira para clavar, 60cm
- Cubierta negra, 1m
- Cordón, 4,5m
- 2 borlas
- 2 rosetas
- Alfileres para panel

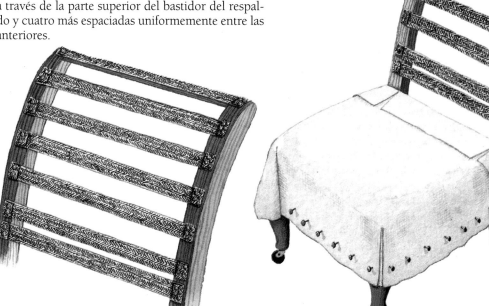

5 Coloque la arpillera sobre las cinchas en el respaldo interior y haga el relleno desde la arpillera, de la misma manera que con el asiento. Dé forma al tapizado siguiendo el contorno de los bastidores del respaldo y añada más fibra en la zona lumbar. Ponga el cañamazo y clave en firme utilizando tachuelas de 10mm. Cosa dos filas de puntadas ciegas y otras dos de puntadas de vuelta redonda para hacer un borde a lo largo de cada bastidor, formando un contorno. Cosa ligaduras al cañamazo.

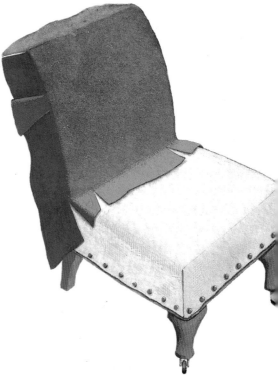

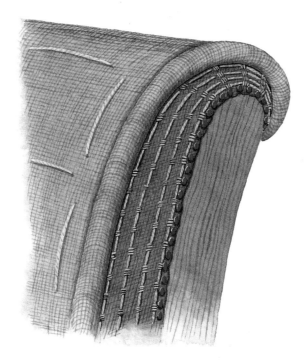

6 Añada una capa de crin y cubra con calicó. Haga un pliegue en las dos esquinas superiores, recorte el exceso de calicó. Clave en firme en la cara lateral de los travesaños del bastidor utilizando tachuelas finas de 13mm y termine en la parte superior de la parte de atrás del travesaño del reposacabezas.

7 Mida el asiento desde debajo del travesaño lateral, pasando por encima del asiento, hasta debajo del otro travesaño lateral, en la parte más ancha del asiento. Mida el respaldo interior desde la base del travesaño de la cabeza, por encima del respaldo interior, hasta el travesaño del respaldo y de lado a lado, comenzando y terminando en el exterior de los travesaños de los bastidores en el punto más ancho. Pase las medidas a un patrón, teniendo en cuenta los dobleces. Corte y etiquete las piezas de tela.

8 Ponga un trozo de guata en el calicó del respaldo interior y rompa los bordes con los dedos. Coloque la tela para tapizar sobre el travesaño del reposacabezas y clávela temporalmente a la base del mismo. Tire de la tela por encima, hacia el asiento y corte en el interior de los dos bastidores.

9 Meta la tela por el respaldo, después recorte el exceso de tela y clávela temporalmente en la parte inferior del travesaño del respaldo. Ponga la tela alrededor para clavarla temporalmente en la parte de atrás de los bastidores. Recorte el exceso de tela en la parte superior de los bastidores, dóblela hacia abajo y haga un pliegue. Termine clavando en firme la parte superior y los laterales.

10 En caso de que esté pintando las patas de la silla, dé ahora una mano de pintura y deje que se seque antes de continuar. Envuelva las patas en estoquinete o similar para evitar que se rayen.

11 Ponga guata en el asiento, rompa los bordes con los dedos, justo por encima de los travesaños del asiento. Coloque la tela para tapizar sobre el asiento y asegúrela con tachuelas temporales bajo los travesaños del asiento. Corte en el interior de los travesaños del bastidor, haciendo que coincidan con los cortes del respaldo interior. Meta la tela por entre el respaldo y el asiento y asegúrela al travesaño de la parte de atrás del asiento. Haga otros cortes en los travesaños del bastidor para dejar que la tela pase alrededor. Doble la tela hacia atrás para formar un bisel en la esquina inferior del armazón, déjelo sobre la tela del respaldo interior y clave a la parte de debajo de los travesaños del asiento.

12 Corte en la patas traseras, recorte el exceso de tela y dóblela hacia abajo, póngala al nivel del borde inferior del armazón. Asegúrela con tachuelas en los bastidores del respaldo y clave temporalmente. Corte en el lateral de las patas delanteras y recorte el exceso de tela. Doble hacia debajo de modo que la tela esté al nivel del armazón y clave a lo largo del

borde. Tire de la tela por encima de la parte delantera del asiento y asegúrela por debajo del travesaño delantero. Haga cortes en la pata, de la misma manera que hizo en el lateral, y recorte. Clave con alfileres la esquina delantera, haciendo un pliegue. Corte el exceso de tela y doble los bordes hacia abajo. Doble los bordes inferiores hacia abajo y asegúrelos en la esquina inferior con un alfiler para cordoncillo. Cosa con puntadas invisibles los dos pliegues delanteros, comenzando por arriba. Continúe asegurando la tela por debajo del travesaño de la base.

13 Coloque la tela del respaldo exterior sobre el respaldo interior de la silla, con los haces mirándose. Coloque la tela para tapizar a lo largo de la parte de abajo del travesaño del reposacabezas en el respaldo exterior y clave temporalmente para que se sostenga. Ponga una tira para clavar a lo largo del travesaño del reposacabezas, en la parte de arriba de la tela y clávela, retirando las tachuelas temporales.

14 Tire de la tela por encima de la tira y ponga guata en el respaldo exterior por debajo de la tela. Doble los laterales de la tela y sujételos desde los laterales con alfileres. Corte en las patas y doble la tela hacia abajo para ponerla al nivel del armazón. Tire de la tela por debajo del armazón y clave en firme a lo largo del travesaño de la base. Cosa los bordes del respaldo exterior.

15 Ponga la silla boca abajo y termine la parte inferior cubriéndola con un trozo de cubierta negra. Corte en las patas y doble los bordes hacia abajo, alrededor del travesaño inferior. Clave la cubierta negra.

16 Ponga la silla del derecho otra vez para añadir la pasamanería. Cosa el cordón alrededor del borde inferior de la silla, comenzando por asegurarlo en el respaldo exterior con una tachuela. Termine poniendo los extremos del cordón uno sobre otro y cósalos juntos para que los bordes no se deshilachen y disimulen la juntura.

17 Para decorar el respaldo de la silla, tome un extremo de cordón y haga una espiral. Cosa con puntadas ocultas al lado izquierdo de la silla, utilizando una aguja circular pequeña y asegurándose de que el centro de la espiral está bien asegurado. Cubra el cordón a lo largo de la parte delantera del respaldo interior, asegurándose de que cuelga de forma que sea cómodo sentarse. Coloque alfileres en el cordón y la tela para marcar dónde comenzar a coser otra vez. Haga otra espiral con el cordón, como si fuera una imagen del espejo del anterior. Corte el extremo, métalo y asegúrelo. Cosa la espiral al lado derecho de la silla.

18 Enhebre el cordón de una de las borlas a través de una de las rosetas y átela al respaldo para sostenerla cuidadosamente. Coloque la roseta sobre una de las espirales del cordón en la silla y asegúrela al armazón con un martillo acolchado y alfileres para panel. Cosa con puntadas invisibles la roseta en su sitio. Repita con la segunda borla y la segunda roseta, asegurándose de que ambas borlas cuelgan a la misma altura.

19 Como alternativa a la pasamanería en una silla como esta, véase página 40. Se hizo y se cosió una cinta plisada alrededor de la base de la silla. La misma cinta estaba formada con pequeños motivos de campanas alrededor de un estambre hecho de cordón dorado y cosido en el sitio de las borlas. Esta pasamanería no soportará mucho el uso continuo, pero en un uso ocasional, dará un adorable sentimiento frívolo en un conjunto de *boudoir*.

véase página 40.

CONSEJO

En un armazón viejo, haga un chaflán en los travesaños con una escofina, por donde el tapizado tendrá el borde cosido. Esto le dará a las tachuelas un mejor agarre, creando una línea limpia y evitando que las tachuelas se vean por encima del tapizado.

Abajo: Las borlas se han enhebrado a través de la roseta y cosido sobre el cordón que forma una espiral.

PASAMANERÍA

La elección de la pasamanería es una decisión individual basada en sus gustos personales. Las rosetas combinadas con borlas son una elección muy popular y quedan muy elegantes rodeadas por el suntuoso cordón sobre la tela rosa. Debido a que la tela es en demasía lisa, la pasamanería puede ser un poquito más lujosa.

LA PASAMANERÍA es el azúcar glasé de la tarta de los tapiceros, confecciones tentadoras de color y textura. Con tanto entre lo que elegir, es fácil sentirse perdido en una confusa decisión.

Elegir la pasamanería

Dedique tanto tiempo a elegir la pasamanería como el que dedicó para elegir la tela. Antes de comenzar, tenga en consideración la impresión general que quiere dar. La forma, la función y el periodo del mueble serán los guías a la hora de elegir la tela, y la pasamanería es tan importante como la tela en la contribución del aspecto final.

Muchos fabricantes producen rosetas, borlas, galones y flecos en colores complementarios para que se consiga una apariencia coordinada. Aunque lo que puede parecer impresionante en una muestra pequeña puede resultar muy abrumador en masa, así que consiga unas muestras generosas y pruébelas en la tela del mueble para evitar errores caros, especialmente si su proyecto necesita grandes cantidades.

Utilizar una gama de un color que haga juego no es siempre la elección más apropiada estilísticamente hablando. Puede hacer sus propias combinaciones o encargar la pasamanería especialmente hecha para resaltar los colores del tapizado. Si no puede

encontrar algo que haga juego exactamente, elija un matiz ligeramente más oscuro que el color que quería, mejor que una tonalidad acertada, pero chapucera, que haga juego. En caso de duda, escoja el color subyacente en la tela, mejor que el dominante, para conseguir un aspecto de profundidad y delicadeza.

Diferencias espectaculares

Así utilice pasamanería discreta en tonos apagados, formas simples y texturas mate o bien se vuelva loco con borlas, rosetas y flecos lustrosos que llamen la atención, haga una elección considerada y apropiada.

La pureza de una *chaise lounge* tapizada en lino sin blanquear puede ser contrastada de manera efectiva con borlas glamurosas de seda color marfil y copetes de seda que hagan juego, cada material enfatizando las cualidades del otro. La misma silla probablemente quedaría desastrosa con pasamanería de color rojo brillante, pero póngalos en la *chaise* tapizada en una tela con colores cálidos similares y el resultado será de un éxito impresionante. La pasamanería no tiene por qué ser discreta. Cuando una borla y su correspondiente roseta se utilizan para decorar un almohadón circular fruncido, dirigen la mirada a un punto que merece una especial atención.

La pasamanería marca las diferencias.

En una pieza que no es probable que vaya a ser utilizada diariamente, puede permitirse el lujo de elegir una pasamanería que sea un poco más frágil. Las borlas de color naranja brillante del taburete para piano son divertidas, pero también se probaron antes para asegurarse de que eran lo suficientemente resistentes para el trabajo.

Silla *prie-dieu*

La tela utilizada es un algodón tejido a mano, liso pero de colores vivos, con una textura en relieve con efecto de estampado natural y que atrapa la luz. Un galón ancho enfatiza la apariencia eclesiástica de una manera estilísticamente suntuosa.

LAS SILLAS ANTIGUAS *prie-dieu*, o reclinatorios, a veces están decoradas profusamente. A menudo están formadas por un precioso armazón tallado y tapizadas con una tela adornada pesadamente y con una exquisita pasamanería. Normalmente, son reliquias de familia y la oportunidad de encontrar una en una tienda local de antigüedades es prácticamente inexistente. Aunque esto no debe ser un impedimento para que disfrute tapizando una reproducción de esta silla, que también se encuentran disponibles. El armazón se ha tapizado utilizando materiales y técnicas modernos, pero también puede tapizar la silla al estilo tradicional.

La verdadera belleza de la silla radica en sus formas sencillas, que le proporcionan el lienzo básico para que su imaginación pueda vestirlo con derroche.

1 Encere y pula las patas de la silla antes de comenzar a tapizar.

2 Encinche la parte superior del armazón del asiento con tres cinchas que vayan de la parte trasera a la delantera y dos más tejidas a través, asegúrelas con tachuelas mejoradas. Encinche el respaldo interior con dos cinchas verticales y cuatro más tejidas a través. Ponga un trozo de arpillera en el asiento con 5cm de más en todo el contorno. Clave la arpillera, manteniéndola tensa. Doble los bordes hacia el centro y vuelva a clavarla. Ponga arpillera en el respaldo interior de la misma manera.

3 Haga una plantilla del travesaño del reposacabezas. Pase este patrón a la espuma de virutas y córtela utilizando un *cutter* o un cuchillo para el pan. Ponga la espuma en el travesaño del reposacabezas y ponga un trozo de espuma delgada en el respaldo interior, añadiendo 15cm de más en la altura para cubrir la forma de «T». Haga una plantilla de la parte superior del armazón del asiento en una hoja de papel. Pase este patrón a la espuma y corte con la forma del asiento.

4 Pulverice *spray* adhesivo en la arpillera del asiento y presione la espuma de viruta contra él, alineando los bordes con los del armazón. Pulverice *spray* adhesivo tanto en la espuma de virutas, como en una lámina de espuma de 1,25cm de grosor. Coloque la lámina de espuma sobre la espuma de virutas y dóblela hacia abajo en los laterales y la parte delantera del asiento, cubriéndolo por completo. Corte el exceso de las esquinas delanteras para que se junten limpiamente. Ponga la espuma al nivel del borde inferior del armazón.

Dimensiones

Alto: 99 cm
Ancho: 51 cm
Largo: 71 cm

Materiales

- Cincha inglesa, 5m
- Tachuelas mejoradas de 13mm
- Arpillera, 1m
- Espuma de virutas de 5cm de grosor, 55x90cm
- Espuma de 2,5cm de grosor, 75x200cm
- *Spray* adhesivo
- Espuma de 1,25cm de grosor, 75x200cm
- Tela para tapizar, 2,5m
- Guata de poliéster de 56g, 3,5m
- Tachuelas finas de 13mm
- Alfileres para cordoncillo de 10mm
- Hilo para coser a mano
- Hilo para coser a máquina
- Calicó, 2m
- Tachuelas finas de 10mm
- Cubierta negra, 1m
- Galón con ondas, 4m

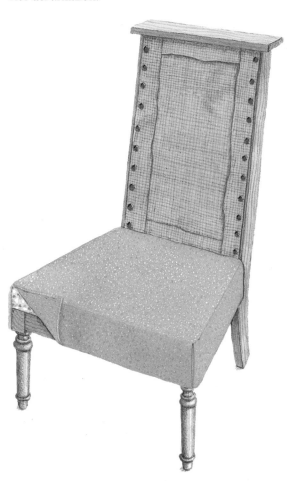

5 Pulverice *spray* adhesivo en el travesaño del reposacabezas y presione la espuma contra él. Dibuje una línea recta horizontal a 2,5cm del borde superior delantero de la espuma. Con un cuchillo o un *cutter*, y sosteniéndolo contra el borde delantero del armazón, corte a lo largo de la línea poniendo la esquina delantera alineada con el respaldo interior.

6 Pulverice *spray* adhesivo en la arpillera del interior del respaldo y ajuste la espuma de 2,5cm de grosor al respaldo. Pegue la espuma sobre la espuma de virutas en el travesaño de la cabeza, doblándola limpiamente alrededor de los extremos. Este proceso debería darle al respaldo interior de la silla un perfil liso y en pendiente.

7 Ponga una capa de espuma de 1,25cm de grosor sobre el respaldo interior cubriendo, de la misma manera, la espuma que ya está puesta. Cuando llegue a la sección superior, corte una línea recta a través de cada lado de la espuma para que pueda doblarse alrededor de los lados por debajo del travesaño de la cabeza. Corte la espuma para dejarla al nivel de los bastidores en la parte de atrás.

8 Tome medidas para la tela para tapizar el respaldo interior alrededor de la parte más ancha del travesaño del reposacabezas y desde la parte de abajo del travesaño del reposacabezas al respaldo exterior, sobre la parte de arriba y hacia abajo hasta el travesaño inferior del respaldo. Mida el asiento a través de la parte más ancha de la parte de debajo de uno de los travesaños laterales al otro y desde la parte de abajo del travesaño delantero, por encima del asiento, al travesaño trasero. Mida el respaldo exterior desde debajo del travesaño de la cabeza, a la parte de abajo del travesaño trasero inferior y de un bastidor al otro. Mida la tira hacia abajo del lateral de la silla a través de la parte más ancha y desde la parte superior del travesaño de la cabeza, alrededor de la forma de «T», y hacia abajo del lateral de la silla al travesaño inferior. Añada 5cm por todo el contorno para los dobleces de todas las medidas y páselas a un patrón. Corte y etiquete las piezas.

9 Ponga un trozo de guata sobre toda la espuma del asiento y rómpala justo por encima del borde inferior. Coloque la tela para tapizar sobre la guata, alineando el estampado centralmente. Clave temporalmente por debajo del travesaño inferior utilizando tachuelas finas de 13mm. Corte en los bastidores del respaldo, meta la tela por entre los travesaños traseros y clávela temporalmente. Corte en las esquinas en el exterior de los bastidores del respaldo y clave temporalmente en el travesaño lateral. Clave con alfileres las esquinas delanteras y corte el exceso de tela, quite los alfileres y doble los bordes hacia abajo para hacer un doblez. Clave con alfileres y déjelo listo para ser cosido. Corte alrededor de las patas, meta y doble la tela hacia abajo. Sujete todas las esquinas inferiores con un alfiler para cordoncillo y cosa el doblez de las esquinas delanteras. Añada tachuelas de más y clave en firme por debajo del armazón.

Derecha: El galón ha sido biselado para encajar exactamente en las esquinas de la silla.

10 Ponga la tela en el respaldo interior con alfileres de tapicero. Clave con alfileres una de las tiras laterales al respaldo interior desde donde el respaldo interior se encuentra con el asiento hasta la parte de abajo del travesaño de la cabeza en el respaldo exterior, haciendo que el estampado case. En las esquinas donde la tira se dobla bajo el travesaño de la cabeza, corte justo en la esquina y clave los trozos de tela con alfileres, siguiendo la línea del armazón. Repita en el otro lado con la segunda tira.

11 Corte y haga muescas en ambas costuras, quite la tela de la silla y cosa a máquina las secciones, poniendo guata sobre el respaldo interior, y enfunde de nuevo la tela. Clave temporalmente bajo el travesaño de la cabeza y en los bastidores del respaldo. Donde el asiento se encuentra con el respaldo, doble las tiras laterales hacia abajo y clave el borde

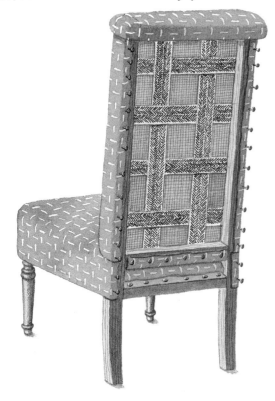

inferior de la tela por debajo del travesaño del respaldo interior.

12 Clave en firme todo el contorno, añadiendo más tachuelas donde sea necesario. Cubra el respaldo exterior con calicó, dejando un ribete natural alrededor. Cúbralo con guata. Clave con alfileres la tela para tapizar en su sitio y cosa alrededor de los laterales y la parte superior.

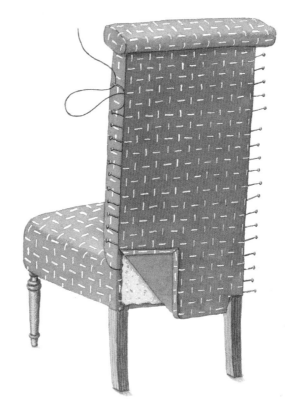

13 Corte en las patas y doble la tela hacia abajo alrededor de la parte superior de las mismas. Clave el resto de la tela a lo largo de la parte de debajo del travesaño trasero y corte con tachuelas finas de 10mm. Ponga un trozo de cubierta negra y clávela, doblando los bordes y cortando alrededor de las patas.

14 Comience pegando el galón justo bajo el travesaño de la cabeza, doblando una pequeña cantidad hacia abajo. Utilizando una aguja circular, cosa un trozo pequeño del borde trasero, después cosa el borde delantero, manteniendo el galón plano. Continúe cosiendo hacia abajo el lateral. En la esquina inferior, cosa primero el borde trasero y mantenga la aguja en el galón en el punto en el que quiere torcer. Doble el galón hacia abajo hasta que el borde inferior esté al nivel de la parte inferior del asiento y los bordes superiores del bisel casen perfectamente. Golpee el bisel suavemente con un martillo acolchado para aplanarlo y cóselo. Continúe cosiendo alrededor de la parte inferior del asiento. Haga que coincida el bisel en el otro lado y siga con el segundo lateral. Corte el galón en el travesaño de la cabeza, dejando un poco de más para hacer un pequeño doblez hacia abajo. Cóselo con cuidado.

GALONES

En el siglo XVII, las telas para tapizar se tejían a mano en telares estrechos, de aproximadamente 52cm de ancho, necesitando que se unieran varios trozos de tela en una silla, respaldo o asiento más anchos. Los galones se utilizaban para ocultar las junturas en las paredes tapizadas y después se utilizaron en el tapizado de sillas de la misma forma. Poco a poco se fueron utilizando simplemente para decorar, además de por su lado práctico. Los galones siguen desempeñando un papel importante en la ocultación y el embellecimiento de las costuras y junturas hasta hoy, demás de definir y acentuar las formas. Los hay de muchos diseños, desde lo más sencillos a los más complejos. Incluso hoy en día elaborar 3,5m de galón de pasamanería hecho con métodos y diseños tradicionales lleva un día de trabajo a un fabricante de pasamanería.

Sofá moderno

Los sofás de dos plazas se pueden encontrar en muchos hogares y, si están bien construidos, bien puede valer la pena el darles un nuevo soplo de vida. En este sofá, la tapicería original era sólida y sólo los cojines del asiento habían sufrido, así que sólo éstos y la cubierta superior necesitaban ser reemplazados.

Dimensiones

Alto: 62 cm
Ancho: 1,47 m
Largo: 86 cm

Materiales

- Tela para tapizar, 9m
- Forro, 1,05m
- Tela base, 75cm
- Guata de poliéster de 56g, 12m
- Tachuelas finas de 13mm
- Grapas de 10mm
- Hilo para coser a máquina
- Cinta de algodón de 30mm de ancho, 2m
- Calicó, 1m
- Tira para clavar, 5m
- Hilo para coser a mano
- Cubierta negra, 1,5m
- 2 trozos de espuma para los cojines del asiento de 10cm de largo
- Estoquinete, 2m
- 4 cremalleras de 60cm cada una

ESTE SOFÁ de dos plazas tiene un completo armazón moderno, que consiste en un armazón con muelles en zigzag en el asiento y cinchas en los reposabrazos y el respaldo. El armazón está recubierto por una espuma que retarda el fuego. Los dos cojines del respaldo están rellenos de fibra artificial que aún está en buenas condiciones y no es necesario reemplazarlos.

La tela, en un elegante gris marengo y crema, está hecha de una mezcla de fibras. Los cuadros pequeños le sientan bien a las líneas rectas de un sofá moderno y además hay un interés añadido por la textura de un ligero canalé y el brillo suave de la superficie de la tela, que le devuelven a la vida en diferentes condiciones de iluminación.

1 Quite toda la cobertura antigua utilizando un mazo y un formón o un quita grapas y unas tenazas. Limpie todos los escombros y compruebe el armazón para ver si necesita algún arreglo. Los bloques de ruedecillas en los armazones modernos necesitan normalmente alguna reparación.

2 Si las cinchas están flojas o necesitan que se las reemplace, ténselas o cámbielas en esta fase. Para tener un mejor acceso, levante la espuma de la parte inferior del asiento y de los reposabrazos con cuidado y dóblela hacia atrás. Sujete la espuma firmemente con un espetón, pero no la atraviese y evite que se

hagan agujeros. Cuando las cinchas estén de nuevo en su lugar, vuelva a poner la espuma en su sitio y grápela a los travesaños inferiores.

3 Mida las secciones que va a tapizar y haga un patrón, sumando a todas las medidas 5cm de más para los dobleces y haciendo que la tela case. El respaldo exterior es más ancho que el ancho de la tela, así que tenga en cuenta las dos costuras a cada lado y la tela de más que necesitan. Corte las piezas, etiquételas y marque la dirección con una flecha en el envés.

4 También corte la tela para el rodapié, cortando cinco trozos de 21cm de largo a través del ancho de la tela, haciendo que el estampado case. Corte cinco trozos de forro de 19cm de largo. Corte tiras en el cruce para los ribetes, haciendo la cantidad suficiente como para que vaya a lo largo de la parte delantera y la superior de los dos reposabrazos exteriores y alrededor del rodapiés en la parte delantera, trasera y laterales. También corte suficiente ribete para los cuatro cojines. Corte un trozo de tela base para cubrir la zona del asiento, incluyendo 5cm de más en todo el contorno.

5 Cubra la espuma original en el respaldo interior con guata, alineándola a lo largo del borde del respaldo exterior. Coloque la tela para tapizar sobre la guata y clave temporalmente justo por encima de la parte de atrás del travesaño de la cabeza. Haga dos

CUERO

Al igual que el capitoné profundo Chesterfield en un club de caballeros habla discretamente del elitismo y la opulencia, los primeros tapizados de cuero proclamaban la prosperidad de su dueño con una considerable menor discreción. El cuero del siglo XVII se doraba, pintaba y hacían relieves para fabricar lo último en el estatus simbólico del tapizado. En el siglo XVIII, el «damasco de cuero» presentaba diseños «quemados» estampados en la superficie. Actualmente, los acabados lisos son delicadamente elegantes, al mismo tiempo que duraderos. La piel de cuero se corta de forma que resulte tan delgada que será mucho más manejable que el cuero grueso, y con la entrada de la piel de búfalo en el mercado, nunca ha sido tan fácil incorporar esta cobertura de tacto maravilloso al tapizado.

cortes en la esquina superior y una en la inferior para que la tela pueda llegar al bastidor.

6 Meta la tela por debajo del travesaño del respaldo inferior y clávela temporalmente a él. Compruebe que todas las líneas del estampado están rectas, después grape definitivamente, retirando las tachuelas temporales a medida que va trabajando.

7 Coloque la tela con la que va a tapizar en uno de los reposabrazos interiores de manera que cuelgue ligeramente sobre el travesaño del reposabrazos y envuelva el bastidor delantero. Clávela con alfileres en su sitio. Haga cortes en la esquina delantera para que la tela se pueda extender, lista para encontrarse con el borde delantero y la plataforma. Coloque la tela del exterior del reposabrazos y préndala a la tela del reposabrazos interior con alfileres desde el borde inferior al delantero, siguiendo el borde exterior del armazón a lo largo del reposabrazos hasta el respaldo exterior. Prenda con alfileres a lo largo de la parte superior delantera, haciendo una pinza para quitar toda la tela sobrante. Recorte las costuras, dejando 1,25cm para las costuras. Haga muescas en las costuras.

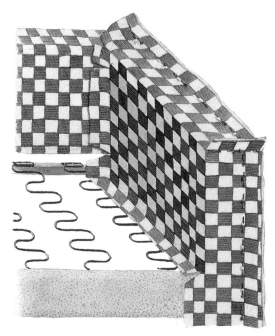

8 Retire la cobertura del sofá y quítele los alfileres. Déjela en las otras secciones interiores y exteriores del reposabrazos, con el haz de cada una mirándose, y traspase todos los tallajes y cortes. Con hilo de coser a máquina, cosa las pinzas en los dos reposabrazos y presione hasta que se abran.

9 Haga suficiente ribete sencillo para el exterior de los reposabrazos. Cosa el ribete a lo largo de la parte delantera y superior de las secciones exteriores de ambos reposabrazos. Ponga el reposabrazos exterior en la sección del reposabrazos interior, con los haces juntos. Cosa a máquina, haciendo que todas las muescas casen. Cuando llegue a la esquina, corte en la esquina, deje la aguja en la tela, levante el pie de la máquina para girar la tela y seguir cosiendo.

10 Ponga guata en el reposabrazos interior, recorte el exceso con los dedos. Enfunde la sección del reposabrazos sobre la guata. Haga cortes en el reposabrazos interior para que coincidan con los del

respaldo interior, meta la tela a través y asegúrela al bastidor trasero. Clave temporalmente la tela del reposabrazos exterior en el bastidor trasero. Asegure la sección en la parte superior de la tela del respaldo interior con una tachuela temporal.

11 Corte el interior del reposabrazos en el bastidor delantero para dejar que la tela pase entre travesaño del reposabrazos y del asiento. Clávelo temporalmente al travesaño del reposabrazos. Doble hacia atrás la tela delantera del reposabrazos interior y exterior y ponga guata donde se encuentra con el borde delantero en el travesaño lateral y sujétela con alfileres a un lado. Grape el resto de la tela del reposabrazos, retirando las tachuelas temporales. Ponga guata en el reposabrazos exterior desde el travesaño superior del reposabrazos al travesaño del asiento y grápela a la madera. Repita en el otro reposabrazos.

12 Haga y cosa los dobladillos en la tela base, en los dos bordes laterales y traseros. Marque el centro delantero de la base con una muesca. Tome un ancho completo de la tela para el borde delantero y marque el centro con una muesca. Sujete con alfileres la cobertura y la tela base juntas, con los haces de ambas juntos, haciendo que coincidan las muescas y dejando la tela más ancha que la tela base. Cosa a máquina la costura. Corte un trozo de cinta de algodón 20cm más larga que el borde delantero. Cósala a la costura cerrada, comenzando y terminando con cuidado y dejando un trozo del mismo tamaño sin coser a cada lado.

13 Con la parte delantera de las secciones de los reposabrazos clavadas a parte, ponga guata en el borde delantero del asiento y en el canto delantero. Coloque la sección del asiento en el sofá, tirando de la tela por encima de los muelles y clavándola en el travesaño del respaldo. Ponga la tela sobre el canto delantero y el del borde. Tire de la cinta de algodón firmemente en ambos lados y asegure con grapas en

la parte superior de cada travesaño del reposabrazos. Alise la tela sobre el canto delantero y asegure con grapas por debajo del travesaño inferior. Haga cortes en el canto, donde se encuentra con los reposabrazos interiores y grape hasta el bastidor delantero.

14 Tire de la tela hacia abajo y grape por debajo del travesaño lateral inferior y alrededor en el bastidor trasero exterior. Termine la parte superior doblando la tela hacia abajo y grapando en la parte de atrás del travesaño del reposacabezas. Haga cortes en el canto delantero y doble los bordes hacia abajo para que se ajusten limpiamente sobre el canto. Asegure con grapas por debajo de los travesaños delanteros y laterales. Repita en el otro reposabrazos.

15 Vuelva al respaldo exterior con un trozo de calicó. Ponga guata sobre el calicó y rompa el borde con los dedos. Cosa las piezas de la tela para tapizar el respaldo exterior, haciendo que el estampado case. Coloque el borde superior de la tela a lo largo del borde superior del travesaño del reposacabezas, haciendo que case el estampado, y después ponga la parte gruesa de la tela encima del respaldo interior. Coloque la tira para clavar en la parte superior de la tela, justo por debajo del borde superior del travesaño del reposacabezas y grápelo en su sitio. Vuelva a poner la tela sobre el respaldo exterior, dóblela hacia abajo en ambos lados y préndala con alfileres. Grape la tela por debajo del travesaño inferior. Cosa los laterales.

16 Retire las ruedecillas de sus soportes. Coloque un trozo de cubierta negra en la parte de abajo del sofá, dóblelo hacia abajo y grápelo. Corte una cruz en la cubierta negra, sobre los soportes y vuelva a poner las ruedecillas.

17 Para hacer el rodapiés y los cojines, véase páginas 96 y 107.

NEUTROS

Este sofá es un ejemplo de cómo una decoración contemporánea a veces depende más del estampado y la forma, que del color para ser interesante. Con sus líneas rectas y la tela de cuadros, complementa el lugar en el que se encuentra y las ilustraciones de rayas perfectamente, pero toda la combinación se ve suavizada por los cojines blanditos sueltos.

ESTA PALETA combina los básicos de un decorador contemporáneo ya probados y en los que confía. Completamente de fiar, los neutros no son en absoluto sosos y exudan un aire de calidad. Actualmente la paleta de neutros está realmente en el punto de mira, con el redescubrimiento de la apreciación de los materiales naturales.

Las consideraciones prácticas siguen siendo importantes cuando se elige desde el extremo más pálido del espectro de los neutros, aunque, a menudo, las telas modernas tienen una mejor resistencia a las arrugas y repelen las manchas. Mientras que el lino color crema queda chic en una silla en un estado virgen, puede parecer sucio unos

meses después. Sea realista acerca de su estilo de vida y elija fibras y tonos que resistan cualquier cosa que su vida, su familia o sus mascotas tire sobre ellas.

La elección de las telas

Los colores predominan una vez puros, inmaculados y los calicós sin teñir y los linos, acabados noblemente con fibras naturales, eran una elección asequible para los muebles que requieren un aspecto elegante, si bien primitivo. Se siguen prestando a sí mismos a un tapizado elegante, perfecto para el campo o la ciudad, los interiores modernos o tradicionales. Arpillera, algodón de pato, lino cotí sin teñir son elecciones adecuadas. Pruebe a ponerle

accesorios con texturas incluso más naturales en materiales no demasiado resistentes para el tapizado, como cojines de punto o borlas de rafia.

Recientemente, la variedad de la totalidad de los colores naturales desde el color blanco de la leche, pasando por el color masilla, el color harina de avena y el color tierra, han sido reproducidos en todo tipo de telas, creando nuevos y excitantes efectos visuales. Evoluciones posteriores han llevado la simple presentación de los neutros naturales a una variedad de tonos más sofisticados de minerales, metálicos e incluso colores neutralizados, como el lila plateado o el morado peltre, todos particularmente adecuados tanto para la ciudad como para el campo. Observe de cerca los tonos iridiscentes de una concha y comenzará a darse cuenta de cuán colorido es el no color.

La dimensión de la textura

Estas elecciones sutiles de colores dan textura y forma, y el modo en la que la luz interactúa con ellas con un impacto definitivo. La diferencia en que el modo en que la luz brilla sobre una tela sedosa y lisa en formas nítidas, y las sombras suaves que crea en una tela con pelo doblada sobre las curvas de una silla, es de vital importancia con respecto al efecto global. Juegue con capas de neutros de diferentes y descubrirá mucho efectos diferentes.

La textura juega un papel de pivote en los esquemas decorativos neutros, introduciendo otra dimensión en lo que de otra manera sería algo apagado. La tela de pelo elegida para el sillón con respaldo capitoné transmite suntuosidad y la textura se ve realzada por el borde con ribete doble.

Chaise lounge

Se ha elegido una tela tejida jacquard por sus muchas facetas. Da la impresión de un fondo acolchado con un diseño en relieve. También tiene rayas distintivas de muchos colores, con delicadas bandas que cruzan y un motivo floral laberíntico.

Dimensiones

Alto: 94 cm
Ancho: 81 cm
Largo: 1,7 m

Materiales

- Cincha inglesa, 24m
- Tachuelas mejoradas de 16mm
- 27 muelles helicoidales de 17,5cm calibre 9
- Bramante
- Cordel
- Arpillera, 2m
- Tachuelas finas de 13mm
- Crin, 6kg
- Calicó, 2m
- Tela para tapizar, 2m
- Guata de piel de 1700g, 4m
- Hilo para coser a máquina
- Cordón, 8m
- 2 borlas
- 4 rosetas
- Cubierta negra, 1,5m

LAS *CHAISE LOUNGE* eran muy populares en la época victoriana, pero las reproducciones modernas, con sus generosas proporciones, son probablemente más prácticas para ser utilizadas hoy en día. El extremo alto y redondeado del respaldo le da a esta *chaise* una línea agradable y el almohadón suma a ambos su comodidad y estilo.

El jacquard no es una tela con la que sea fácil trabajar, porque las líneas no son simétricas y van independientes del estampado floral. Aquí, las rayas van a lo largo de la *chaise* y alrededor del canto, dándole continuidad a todo el mueble. El rollo se mantiene flojo, mejor que plisado y ese acceso limpio está seguido de un sencillo bisel en la esquina inferior. Así que tenga cuidado con la planificación, especialmente en los bordes y rollos, se pueden conseguir grandes resultados.

1 Haga un chaflán alrededor de los bordes superiores del asiento y los del rollo en el respaldo del armazón utilizando una escofina. Envuelva las patas en esta fase, dejando el encerado para más tarde.

2 Ponga cinchas en la parte de debajo del asiento, utilizando tres cinchas en el largo y dieciocho a través del ancho, entramándolas por parejas para que sea más resistente. Asegúrelas con tachuelas de 16mm. Coloque ocho cinchas de lado a lado a través del respaldo interior, manteniéndolas juntas sobre la zona del rollo y colocando la última por debajo del rollo.

3 Ponga veintisiete muelles helicoidales en las intersecciones de las cinchas y cósalas en su sitio. No se ponen muelles en el respaldo de la chaise.

Paso 3

BORLAS

A través de la historia, las borlas se han utilizado en la costura y en la decoración interior para aportar individualismo y denotar el estatus. En los siglos XV y XVI, los retratos muestran borlas suntuosas hechas de hilo de oro entretejidas con lana roja o negra como adorno de los muebles del hogar del retratado. Esta opulenta exhibición de riqueza no sólo servía para enfatizar la posición social del sujeto, sino que las borlas se utilizaban en estos retratos para lo mismo que se utilizan en los muebles tapizados hoy en día: para llamar la atención sobre un punto de interés en particular, como un rollo o el extremo de un almohadón y animarlo de la manera más agradable posible.

4 Ponga tachuelas mejoradas de 16mm en ángulo alrededor de la parte superior del armazón en línea con cada fila de muelles. Ate los muelles a través y a lo largo utilizando cordel. Ate cada muelle en cada lado y a través del centro para evitar que se muevan de la línea. Ponga un trozo de arpillera sobre los muelles, dejando suficiente tela para doblarla hacia atrás. Clave la arpillera con tachuelas de 13mm.

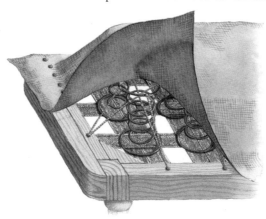

5 Doble hacia atrás los bordes de la arpillera y clave todo el alrededor. Haga cortes en el bastidor del respaldo y meta la tela a través del travesaño inferior del respaldo. Clave en firme en la parte superior del travesaño, doble la arpillera por encima y clave en firme otra vez.

6 Ponga arpillera en el respaldo interior, tapando los bordes de las cinchas. Termine por debajo del rollo, clave la arpillera al travesaño, doble el borde por encima y clave en firme otra vez. Haga cortes en el bastidor en la parte inferior del respaldo y meta a través la arpillera. Clave en firme en toda la parte inferior del respaldo.

7 Cosa los muelles al asiento a través de la arpillera, utilizando una aguja para muelles y bramante, de la misma manera que en la parte de abajo. Cosa ligaduras a través del asiento en filas. Carde fibra y métala bajo las ligaduras del asiento hasta que esté

todo cubierto y añada más en la sección media para que quede ligeramente abombado.

8 Corte suficiente cañamazo como para cubrir el asiento, clave por debajo de la fibra todo el contorno y hacia abajo entre los travesaños del respaldo y el asiento. Cosa ligaduras para el relleno por todo el cañamazo y rellene con fibra el largo del asiento y ate temporalmente. Meta el cañamazo por debajo y clávelo temporalmente al borde achaflanado. Añada más fibra para hacer que el borde sea firme, quitando las tachuelas temporales y reemplazándolas por tachuelas mejoradas de 10mm. Clave en firme a medida que trabaje. Afloje el cañamazo alrededor de las curvas inferiores, doblándolo para que tanto la altura, como la densidad del relleno permanezca constante. Termine alrededor del borde, después meta el cañamazo a través hacia el respaldo, añadiendo más fibra para que el asiento quede nivelado. Clave temporalmente al travesaño inferior del respaldo.

9 Regule el borde del asiento y cosa dos filas de puntadas ciegas y otras dos de puntadas de vuelta redonda, comenzando y terminando en el punto en el que el respaldo se encuentra con el asiento.

10 Cosa ligaduras, distribuidas equitativamente, a través del respaldo interior. Rellene con fibra, cúbralas con cañamazo, cosa ligaduras para el relleno y clave en firme todo el contorno del respaldo interior, siguiendo la línea del rollo y manteniendo los borde iguales y firmes. Regule un borde y cóselo con puntadas ciegas, comenzando por debajo del rollo y procediendo hacia abajo para encontrarse con el asiento. Añada otra fila de puntadas ciegas, regule, después cosa dos filas de puntadas de vuelta redonda. Repita en el otro lado para que casen. Levante las ligaduras para el relleno y ate con un nudo.

11 Cosa ligaduras en fila en el cañamazo del asiento. Carde una capa de crin para cubrir justo hasta los bordes del asiento. Cubra con calicó, utilizando espetones para que el calicó se mantenga en su sitio, justo debajo del borde cosido. Cosa con puntadas ciegas por debajo y a lo largo del borde, utilizando hilo para coser a mano y una aguja circular. Recorte el exceso de calicó. Repita exactamente el mismo proceso en el respaldo interior. Lije y encere las patas en esta fase. No las envuelva, ya que necesitará acceder a ellas cuando ponga la tela para tapizar.

12 Planee de manera básica cómo va a ir el estampado de la tela en la *chaise lounge*, pero corte las piezas a medida que las necesite. Ponga la tela sobre el asiento para decidir dónde irá el estampado, asegurándose de que el diseño está equilibrado. Marque en la parte de debajo de la tela, después retire la tela y córtela siguiendo las marcas. Ponga una lámina de guata sobre el calicó, rompiendo el borde de la guata con los dedos, justo por encima de la línea de las puntadas. Coloque la tela sobre el asiento y asegúrela con espetones por debajo del borde cosido. Cosa una fila de puntadas ciegas por debajo de las dadas en el calicó, utilizando una aguja circular e hilo. Corte en el bastidor del respaldo interior, meta la tela a través y asegúrela al travesaño inferior del respaldo con tachuelas finas de 13mm. Quite los espetones a medida que vaya trabajando.

13 Mida el respaldo interior. Corte la sección del respaldo, haciendo que el estampado coincida con el del asiento y tenga en cuenta si el estampado se repite. Ponga una lámina de guata sobre el respaldo y coloque la tela, haciendo que estampado case. Asegure con espetones cada lado, haciendo pliegues alrededor del rollo para aflojar el exceso de tela. Haga cortes en los bastidores del respaldo para dejar que la tela pase a través y clávela al travesaño del respaldo. Continúe ajustando la tela del respaldo alrededor de los rollos. Cosa con puntadas ciegas por debajo de cada borde, retirando los espetones a medida que trabaja.

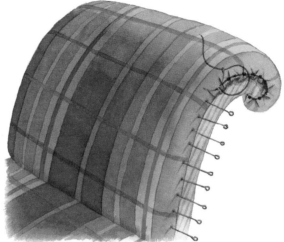

CONSEJO

Tómese su tiempo para planear el emplazamiento del estampado. Prenda con alfileres la tela en su sitio para ver cómo quedan los elementos principales del estampado y la mejor manera de que casen, en especial, en los bordes laterales y los de los rollos. Dibuje un boceto para recordar sus ideas.

14 Planee las secciones del canto y del rollo de manera que casen en el bisel. Corte el canto a lo largo de la tela. Corte las secciones del rollo, dejando suficiente para el ancho más lleno y 30cm más largo que la altura del rollo. Asegure el canto al asiento con alfileres para tapizado, desde el respaldo exterior en un lado, alrededor del extremo de la *chaise* al otro lado. Clave temporalmente los extremos del canto en la parte de atrás de cada bastidor. Clave temporalmente la parte inferior del canto por debajo del travesaño inferior para mantener el estampado recto.

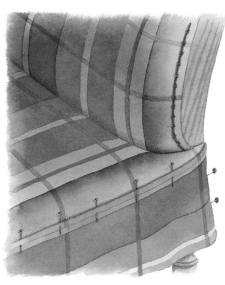

15 Sujete temporalmente el rollo con alfileres en su sitio, comprobando la posición de la tela. Haga un bisel a través del borde inferior desde el asiento hasta la parte inferior del armazón, haciendo que coincida el estampado con el del canto. Clave alfileres a través del bisel, dejando 1,25cm para los dobleces y corte. Repita en el otro rollo. Quite la tela de la *chaise* y cosa a máquina los biseles. Ponga guata en la zona del canto y del rollo. Vuelva a clavar con alfileres en su sitio, doblando el borde superior hacia abajo. Clave temporalmente bajo el travesaño inferior, manteniendo el estampado al ras.

16 Clave con alfileres el rollo por debajo del borde cosido, doblando los bordes hacia abajo y cosa con puntadas deslizantes en su sitio. Continúe cosiendo a mano alrededor de la parte superior del canto y repita el proceso en el otro rollo. Doble el borde trasero de la tela del rollo alrededor de los bastidores del respaldo y clave temporalmente el respaldo exterior. Clave en firme el canto por debajo del travesaño inferior.

17 Corte un trozo de tela para el respaldo exterior, haciendo que el estampado case. Clave en firme algunas tachuelas en los travesaños y después vuelva al calicó. Ponga un trozo de guata sobre el calicó y clave con alfileres la tela para tapizar por debajo del travesaño y hacia los dos laterales. Cosa a mano en su sitio con hilo de coser a máquina. Clave justo por debajo del travesaño inferior, cortando alrededor de las patas en caso de que fuera necesario.

18 Comience a poner el cordón metiéndolo por debajo de la base en el respaldo exterior y asegurándolo con una tachuela. Utilizando una aguja circular e hilo de coser, cosa el cordón alrededor del perfil del rollo y el canto para terminar en el lado opuesto. Asegure el cordón por debajo con una tachuela.

19 Ate una borla a través de una de las rosetas. Colóquelos en el almohadón para darle un efecto bien equilibrado. Ponga un alfiler de panel en el centro de la roseta, parta la seda con la punta de un espetón y clave el alfiler de panel en la madera. Ponga la seda otra vez en su sitio. Repita en el otro rollo.

Paso 18

20 Para hacer el almohadón, véase página 110. Asegúrese de que el estampado va alrededor del almohadón para casar con el asiento y el respaldo. Decore el almohadón a su gusto. En esta foto el almohadón está terminado con una roseta.

21 Coloque la cubierta negra en la parte de debajo de la *chaise*. Haga cortes en las patas y haga un pequeño doblez alrededor de ellas. Doble el resto de los bordes hacia abajo y clave en firme alrededor. Vuelva a ajustar las ruedecillas y dé brillo a las patas.

Arriba: El almohadón se ha decorado con rosetas y cordón haciendo juego.

213

ROJOS

Muchos rojos pueden ser algo chillones, pero se necesitaba algo más discreto para la chaise lounge en su conjunto suavemente rayado. El estampado azul de esta tela suaviza el rojo, creando un matiz morado-rosa que queda espectacular. El cordón, en rojo borgoña y naranja brillante, dirige la atención a las líneas elegantes de la chaise.

EL PODER Y EL ÉXITO están asociados de manera universal al rojo, así que utilizarlo en una casa da una impresión muy evidente.

El poder del rojo

El rojo es casi literalmente el color de la tierra y el fuego. Pigmentos naturales rojos han sido utilizados durante mucho tiempo para producir tonos de tela de incomparable riqueza, produciendo efectos que son fuertes e intensos, cálidos y confortables.

No es una sorpresa que el rojo sea simbólicamente muy importante en muchas culturas. Los chinos lo consideran tan favorable que las felicitaciones de bodas y cumpleaños están escritas en rojo para fomentar la salud, la buena fortuna y la felicidad. Los victorianos, principales celebradores de la tierra como centro del hogar, elegían para enfatizar este tema decorando los salones en rojo bermellón, añadiendo suntuosos terciopelos de color arándano, vino y rosa para ampliar el mensaje. El efecto deseado reflejaba sus ideas de status y éxito.

De modo que el rojo habla de opulencia y da una impresión de valentía y seguridad. El Feng Sui en la actualidad recomienda utilizar el rojo en habitaciones que se utilicen de manera principal por el sostén de la familia para traer la prosperidad.

Utilizar el rojo con éxito

Actualmente, sólo algunos pueden permitirse el lujo de decorar una habitación para una sola función o un solo uso. Es más probable que el comedor, por ejemplo, también se utilice a veces como oficina. Incluso así, el poder positivo del rojo puede introducirse de una manera más restringida.

El rojo se utiliza a menudo en comedores, y dado que diversos estudios demuestran que este color aumenta el ritmo respiratorio y acelera la actividad cerebral, las comidas en una habitación roja deberían ser vivas y agradables. Tapizando las sillas en rojo y dejando el resto de la habitación en colores neutros, también funcionará a nivel del día a día, dejándole libertad para avivar el calor con un lino rojo brillante para la mesa, flores y velas.

Una gran concentración de rojo también puede funcionar bien. Mezcle rojo tomate, chile y fucsia para una combinación que chisporrotee o utilícelos como tonos definidos para tomar el pulso a la carrera. Como alternativa, utilice los rojos y las terracotas con tonos delicados de verde oliva y verde liquen para una combinación que es a la vez cálida y abrigada.

Donde quiera que incorpore el rojo en sus combinaciones de tapizado y habitaciones, es seguro que creará un gran impacto.

El rojo no es una elección para los que sufren del corazón. Cualquier mueble tapizado en rojo se convertirá en el punto principal de la habitación en la que se encuentre. El dorado y el rojo son los compañeros más suntuosos y, combinados en seda en esta silla georgiana, garantizan que las comidas serán asuntos con clase.

Sillón de respaldo con muelles

Los sillones con respaldo acanalado eran muy populares y este estilo de sillón proporciona un interesante detalle. En particular sólo tiene tres acanaladuras, aunque suele haber más, muy juntas, como se puede ver en el tapizado de un coche.

ESTE SILLÓN data de 1950 y estaba tapizado en moqueta roja, que por aquel entonces estaba muy de moda. Había muy poco del tapizado original que mereciera la pena ser aprovechado, así que se destapizó hasta dejarlo en el armazón para retapizarlo por completo después. Los muelles nuevos son de un tamaño estándar, pero pueden encargarse en caso de que sea necesario. Los muelles se han colocado en el respaldo a mano, como en el original. Este sillón tiene un canto delantero doble, el canto más bajo está fijo, mientras que el de arriba se puede levantar o bajar cuando la malla de muelles se asienta.

La tela que se utilizó en el sillón es de lino y presenta un diseño de rico colorido que hace que este sillón sea algo especial. El audaz estampado de la tela y la distribución del color le van bien al estilo y al armazón del sillón. El acanalado rompe un poco el diseño, pero no en detrimento del efecto, y el sillón ha adquirido una gran presencia en su nuevo tapizado.

En un sillón como éste, el orden a la hora de tapizar debe ser planeado cuidadosamente evitando partes inaccesibles. El orden que se le proporciona más adelante puede ser caótico, pero acostúmbrese a él y comprobará que resulta más fácil de lo que parece.

1 Mida el sillón y haga un patrón para la tela con la que va a tapizar. Planee el estampado de manera que vaya centrado en el respaldo interior, el asiento y el canto delantero y vaya en línea alrededor de los brazos. Corte las secciones a medida que las necesite para tener en cuenta los ajustes en el estampado y el acolchado extra de las acanaladuras.

2 Quite el antiguo tapizado hasta que sólo quede el armazón. Los sillones de este estilo y edad suelen tener cartón en los reposabrazos interiores, al igual que un alambre perfilando los muelles, así que deje el cartón en su sitio y guarde el alambre. Quite la pintura y encere la madera de los reposabrazos y las patas en esta fase, en caso de que sea necesario.

3 Primero, ajuste cada muelle al asiento, de manera que sus espirales afiladas con bandas de alambre y metal no dañen el tapizado. Doble las bandas de metal de la malla de muelles sobre los travesaños delantero, trasero y laterales. Asegure las bandas de

metal a la madera con clavos con cabeza plana que se clavan en agujeros taladrados con anterioridad. Sujete el borde delantero de la malla de muelles firmemente, con lazos de cordel fijos en el travesaño delantero con tachuelas de 13mm.

4 Ahora comience el respaldo. Ponga dos cinchas juntas en el centro, asegurándolas en el respaldo interior, en la parte superior y en la inferior del respaldo exterior con tachuelas mejoradas, para preservar el contorno del respaldo del sillón. Ponga una cincha a través, justo por encima de los reposabrazos. Ponga tres muelles a través del travesaño del reposacabezas, asegurándolos a la madera con una tira de cincha puesta bajo la base del alambre del muelle. Clave a través de las cinchas cerca del muelle para atraparlo. Ponga otros tres muelles en la cincha que cruza. Los dos exteriores irán en parte en la madera, de manera que atrape los bordes con cincha para que se mantengan en su sitio; la parte del muelle que descansa en la cincha se cose a su sitio. El muelle de en medio se cose directamente a la cincha.

5 Ponga el borde de alambre alrededor de los bordes exteriores de los muelles. Ate los muelles a través y hacia abajo, incluyendo nudos en el alambre para mantenerlos firmemente en su sitio. Añada una atadura extra entre los muelles, tanto hacia abajo,

Dimensiones

Alto: 80 cm
Ancho: 70 cm
Largo: 67 cm

Materiales

- Tela para tapizar, 5,5m
- Una malla de muelles con las medidas del asiento
- Clavos de cabeza plana de 25mm
- Cordel
- Tachuelas finas de 13mm
- Cincha inglesa, 4m
- Tachuelas mejoradas de 13mm
- 6 muelles helicoidales de 15cm calibre 12
- Bramante
- Grapas de alambre galvanizado de 20mm
- Arpillera, 2m
- *Spray* adhesivo
- Fieltro, 3m
- Guata de piel de 1700g, 5m
- Grapas de 10mm
- Ribete
- Hilo para coser a máquina
- Barras de cola adhesiva
- Crin, 2kg
- Calicó, 1m
- Hilo
- Fieltro de aguja, 1m
- Crin engomada
- Cubierta negra, 1m

como a través, como un apoyo extra para el alambre. Asegure el alambre a lo largo del travesaño del respaldo interior con grapas de alambre clavadas en la madera con un martillo, para atraparlo.

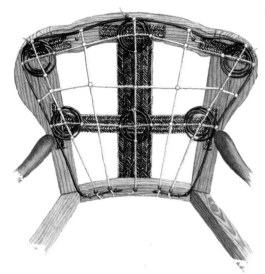

CONSEJO

Llene las espirales de la unidad de muelles con un puñado de floca para evitar que los muelles hagan ruido. Esto debe hacerse antes de poner la arpillera.

6 Cubra el respaldo interior con un trozo de arpillera. Haga cortes en los reposabrazos y meta la arpillera a través, hacia el respaldo, clavándola temporalmente al bastidor del respaldo con tachuelas finas. Clave la arpillera alrededor de la parte de atrás del travesaño del reposacabezas, plegando en las esquinas para que se ajuste bien. Clave todas las tachuelas en firme, doble los ribetes naturales hacia abajo y clave en firme otra vez. Haga una fila de puntadas ciegas alrededor del respaldo asiendo el alambre. Después cosa una fila de puntadas de vuelta redonda para definir el contorno en el borde delantero del respaldo interior. Cosa los muelles desde el borde delantero del respaldo interior y haga las ligaduras.

7 Ahora trabaje en el interior de los reposabrazos. Pulverice adhesivo en el cartón y acolche con una capa de fieltro, después añada una capa de guata.

Mida la tela para el tapizado del reposabrazos interior y corte a medida. Clave temporalmente la tela en su sitio, después grápela cerca del rebaje por debajo del reposabrazos. Corte el borde de la tela en las grapas con un cuchillo para manualidades. Meta la tela por entre el espacio entre el reposabrazos y el respaldo interior. Tire de la tela por debajo del travesaño inferior del reposabrazos, envuelva el travesaño y asegúrela en la parte de arriba con tachuelas temporales.

8 Los reposabrazos interiores se decoran ahora que se puede acceder a ellos fácilmente. Corte un trozo de ribete doble y péguelo en su sitio desde debajo del asiento hasta la parte delantera, alrededor del rebaje en el reposabrazos interior cerca de la madera encerada hasta el batidor del respaldo. Termine en el respaldo con una tachuela a través del ribete. Repita en el otro reposabrazos.

9 Ahora continúe con el respaldo interior, rellenando las ligaduras con una capa fina de crin. Cubra con calicó, haciendo cortes en los travesaños superiores e inferiores y metiendo el calicó por encima de los bordes superior y laterales y, con una aguja circular e hilo, haga un pespunte justo alrededor del contorno del borde delantero. Recorte el exceso de calicó.

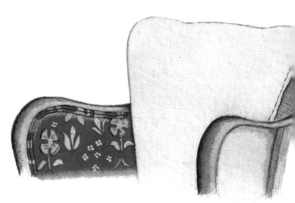

Paso 9

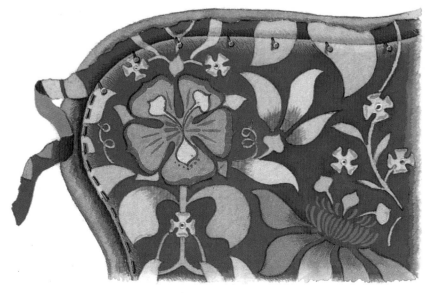

Paso 10

10 Vuelva a trabajar en el asiento. Cúbralo con un trozo de arpillera y clave en firme alrededor de los travesaños inferiores, plegando todas las esquinas para que pierda volumen. Doble los ribetes naturales por encima y clave otra vez. Utilizando una aguja circular larga y bramante, cosa la arpillera a los muelles, dando puntadas a lo largo del borde superior, atándolo y continuando de la misma manera por todo el contorno.

11 Ponga un trozo de fieltro cosido sobre la parte superior de la arpillera para evitar que los muelles se abran paso hasta la crin. Corte un trozo de crin engomada 10cm más grande que todo el contorno del asiento y colóquelo en la parte superior del fieltro. Cosa ligaduras para el relleno a través de la mitad del asiento para sujetar la crin. Ponga fieltro a lo largo de la línea ahuecada de las ligaduras para el relleno, para mantener el asiento a la misma altura. Lleve la crin sobre el borde delantero para que se encuentre con los reposabrazos y el respaldo interior. Asegure con una línea de puntadas bajo el borde de los muelles, doblando las esquinas delanteras y siguiendo con el cosido alrededor de las esquinas hasta que se encuentre con los reposabrazos.

12 Ponga otra capa de fieltro sobre todo el asiento y el borde delantero. Lo siguiente será cubrir el asiento de calicó. Clave temporalmente el calicó a los travesaños laterales y trasero y cóselo bajo el borde en el borde delantero y alrededor de las esquinas hasta que se encuentre con los reposabrazos.

13 Corte la tela para tapizar el asiento y los dos cantos delanteros, asegurándose de que el estampado está central y casa. Sujete con alfileres la tela, de manera que cuelgue justo del borde delantero. Clave con alfileres el canto superior a la tela del asiento, siguiendo la línea del armazón y clavándola alrededor de las esquinas delanteras del asiento, justo hasta la unión con los reposabrazos. Clave con alfi-

leres el canto inferior al canto superior, formando el doble canto. Haga muescas en todas las costuras y retire la funda del sillón.

14 Haga un trozo de ribete sencillo. Cosa a máquina un trozo de ribete entre el asiento y el canto superior y otro, entre el canto superior y el inferior. Cosa a máquina todas las secciones. Ponga el fieltro en el canto doble y después una capa de guata en el asiento y el doble canto. Vuelva a poner la tela en el asiento y sujétela con espetones para que se mantenga en su sitio. Haga cortes en las esquinas delanteras y alrededor de las patas, ajustando la tela alrededor de las esquinas delanteras en los reposabrazos. Clave temporalmente debajo del travesaño delantero. Meta la tela a través del respaldo exterior y haga cortes en la tela del bastidor del respaldo. Meta la tela a través del exterior de los resposabrazos. Asegure la tela a todos los travesaños de la base con tachuelas temporales y clave en firme cuando todo esté en su sitio.

15 Vuelva al respaldo interior y haga la sección acanalada. Corte un trozo de arpillera, suficiente como para cubrir el respaldo más una superposición para encontrarse con el canto. Sujétela en su sitio con espetones y, con un bolígrafo para marcar, marque el centro de la línea como guía y dos líneas separadas en ángulo a la misma distancia, donde se coserán las acanaladuras. Quite la arpillera del asiento.

16 Encuentre el centro de la tela para tapizar y márquelo con una línea en el envés. Mida a través de la acanaladura central en la arpillera desde una de las líneas de puntadas hasta la otra y añada 3cm para tener en cuenta el grosor del acolchado. Utilizando estas medidas, marque dos líneas para coser en el envés de la tela en ángulo, para que casen con las de la arpillera. La acanaladura central de la tela para tapizar es ahora 3cm más ancha que la de la arpillera.

LINO

El lino es una tela muy duradera. En diversas excavaciones arqueológicas se han encontrado trozos de setecientos años de antigüedad; por este motivo, no resulta sorprendente que el lino perdure como una de las telas favoritas para el tapizado. Dotado de una resistencia natural y de una lujosa suavidad al tacto, su textura delicada acepta bien cualquier estampado. El diseño parece integrarse con esta tela, más que posarse sobre la superficie, haciendo del lino y de las uniones de lino una elección muy popular para combinaciones en las que se desea una apariencia sofisticada y sobria.

17 Doble la tela a lo largo de la línea de costura con los enveses mirándose. Clave con alfileres la línea del doblez a la arpillera. Cosa a máquina la línea a la arpillera, muy cerca del borde. Corte un trozo de fieltro con la forma de la acanaladura del centro y póngala sobre la arpillera. Cúbralo con una capa de guata.

18 Doble la tela para tapizar a lo largo de la segunda línea de puntadas y clávela con alfileres a su correspondiente línea en la arpillera, haciendo que el acolchado encaje. Cosa a máquina la línea como antes.

19 Acolche las acanaladuras exteriores desde las líneas de costura hasta los bordes exteriores y asegúrelo con alfileres. Coloque las secciones acanaladas sobre el calicó en el respaldo interior y sujételas con espetones justo por detrás del borde cosido.

20 Cosa una fila de puntadas ciegas con hilo y una aguja circular, retirando los espetones. Corte la tela alrededor de los bastidores traseros y clave en firme en los bastidores. Tire del calicó y de la arpillera a través del respaldo y del asiento y clave en firme en la parte superior del travesaño del respaldo interior, cortando el exceso de tela. Tire de la parte inferior de la tela a través y clave en firme en el mismo travesaño.

21 Corte un trozo de tela para el canto trasero, clávelo temporalmente en su sitio y marque la forma del borde delantero en él. Quite el canto, haga una serie de cortes en las curvas y cosa a máquina un trozo de ribete a lo largo del borde delantero. Acolche el canto trasero en la silla con fieltro y enfunde la sección de la tela, sujétela con espetones. Doble el borde delantero hacia abajo y cosa a lo largo del borde delantero. Doble los bordes donde se encuentran con

os reposabrazos hacia abajo y cosa, cerca de la made-
a vista. Tire de la tela hacia el respaldo exterior y
lave en firme alrededor del armazón. Cubra los repo-
abrazos exteriores de la misma manera que los inte-
iores, haciendo que la tela coincida y decorando con
l ribete doble. Clave la parte inferior de la tela por
lebajo del travesaño inferior.

22 Refuerce el respaldo exterior con la arpillera y
ponga guata sobre ella. Sujete con alfileres el
respaldo exterior en su sitio y cosa todo el contorno.
Corte alrededor de las patas y clave por debajo del
travesaño inferior. Termine con la cubierta negra en
la parte de abajo. Corte la tela en las patas, doble hacia
abajo y clávela alrededor, justo por dentro del borde.

*Arriba: Las acanaladuras
acolchadas y los contornos
redondeados de los
reposabrazos se
complementan bien unos
con otros.*

Sillón con orejeras

Un estampado rígido de cuadros como este puede desanimar a cualquier tapicero al

principio, pero un plan cuidadoso para asegurarse de que las líneas sean rectas y casan

alrededor del sillón, hará que los cuadros funcionen bien, incluso en líneas curvas.

Dimensiones

Alto: 100 cm
Ancho: 78 cm
Largo: 65 cm

Materiales

• Tela para tapizar, 6m
• Tachuelas finas de 13mm
• Cinchas de yute, 7m
• Arpillera, 1m
• Grapas de 10mm
• *Spray* adhesivo
• Espuma de 2,5cm de grosor, 115x125cm
• Fieltro, 2m
• Guata de poliéster de 115g, 7m
• Hilo para coser a máquina
• Cordón para ribete, 10m
• Tela base, 1m
• Tira para clavar, 80cm
• Hilo
• Cubierta negra, 1m
• Cojines para el asiento de espuma de 10cm de largo, cortados a medida
• Estoquinete, 75cm

EL SILLÓN CON OREJERAS ya había sido tapizado con anterioridad, así que los restos de las dos coberturas lo hacían evidente. El armazón del sillón estaba en buenas condiciones y la tensión de los muelles en el asiento era sólida, aunque necesitaba una nueva plataforma para evitar deterioros en la nueva tapicería.

La tela elegida para este sillón es tela escocesa de lana tejida, que es flexible, de uso fácil y aguanta bien el día a día.

Los colores discretos de los cuadros ayudan a restar formalidad al estampado y crear un sillón atractivo. El corte al bies del ribete de la tela escocesa define el contorno del sillón para darle un interés extra y los cojines de chenilla a juego, aportan comodidad y contraste en las texturas.

1 Mida el sillón y corte un patrón para la tela del tapizado. Tenga en cuenta al menos una repetición del estampado en cada pieza, para ajustar el estampado alrededor de todo el sillón. Corte y etiquete las piezas.

2 Quite el tapizado del respaldo y de las orejeras y elimine todas las grapas del resto, pero deje la tela antigua en los reposabrazos para que el relleno no se estropee durante esta fase. Clave tres cinchas en el interior y teja cuatro a través, dos más juntas a través de la zona lumbar y dos separadas a la misma distancia entre los reposabrazos y el travesaño del reposacabezas.

3 Ponga arpillera en el respaldo interior y grápela a los travesaños del reposacabezas y el respaldo interior. Pulverice *spray* adhesivo en la arpillera y coloque una capa de espuma sobre el respaldo interior haciendo cortes en las orejeras en la parte superior para que quede suelta. Cubra con una lámina de fieltro, después con una de guata.

4 Ponga la tela para tapizar sobre el respaldo interior y asegúrela con grapas al travesaño de la cabeza, por encima y sobre el interior de la orejera. Haga cortes en el bastidor por debajo de la parte superior del armazón de la orejera, por encima y debajo del travesaño del reposabrazos y el en travesaño del asiento. Meta la tela a través, hacia el respaldo. Asegúrela con grapas en ambos bastidores y debajo del travesaño trasero.

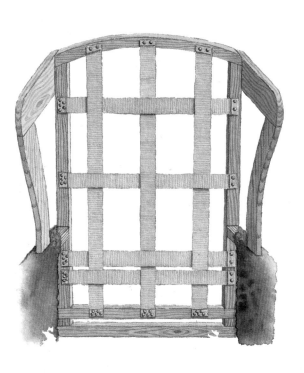

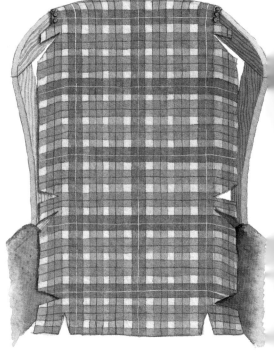

RIBETE

El ribete enfatiza el perfil del tapizado, además de proteger y estabilizar los bordes. Sofisticados y lustrosos, pueden proporcionar un discreto interés añadido, sin restarle mérito alguno a la apariencia curvilínea del mueble. El ribete sencillo se cose a máquina entre dos secciones de tela, mientras que el ribete doble se añade directamente a lo largo de los bordes de la madera vista. La tela para el ribete se puede cortar de la tela para el tapizado de muchas maneras. Los cortes del bies de la tela, aplicados sobre un cordón retorcido de algodón, es el ribete más flexible, pero necesita mucha tela. Aunque su flexibilidad justifica el gasto si se va a utilizar en una mueble curvo. El ribete cosido al tapizado puede ser utilizado como un acabado elegante y discreto frente a la madera vista.

5 Encinche el interior de la orejera, utilizando tachuelas finas, con una cincha en el centro y una segunda casi tocando el respaldo interior, de manera que pueda utilizarse como travesaño. Cubra el interior de la orejera con arpillera y grápela.

6 Ponga espuma sobre el interior de la orejera y asegúrela con grapas en la madera, alrededor de los bordes superiores. Haga cortes que coincidan con los cortes del respaldo interior en la esquina superior. Meta la espuma por el hueco que hay entre la cincha y el respaldo. Ponga un trozo de fieltro, después uno de guata, sobre el interior de la orejera y recorte el exceso con los dedos.

7 Coloque la tela para tapizar sobre la guata y alinee el estampado con el del respaldo interior. Haga cortes en la parte superior de la esquina y asegúrela con tachuelas temporales alrededor del exterior de la orejera. Tire de la tela a través del hueco de la parte de atrás de la orejera y asegúrela con grapas en el bastidor trasero, asegurándose de que el estampado todavía está al ras. Grape en firme alrededor de la orejera, después quite todas las tachuelas temporales.

8 Vuelva a sujetar con alfileres el tapizado y el acolchado antiguo en el reposabrazos y haga una serie de cortes para que la tela se abra en la parte inferior de la orejera, donde se encuentra con el armazón del reposabrazos interior. Asegúrela con grapas al armazón. Repita en la otra orejera.

9 Quite el tapizado antiguo de los reposabrazos. Si el acolchado está en buen estado, levántelo y consérvelo. Renueve las cinchas y la arpillera del reposabrazos interior. Reemplace la guata y añada otra capa de guata. Repita el proceso en el otro reposabrazos. Si el acolchado del asiento no está en buenas condiciones, renuévelo ahora con fieltro y una capa de guata.

10 Ponga la tela para tapizar en el reposabrazos interior, alineándola por debajo del rollo en el reposabrazos exterior y llevándola hasta el asiento. Clávela con alfileres en su sitio, manteniendo el estampado en línea con el respaldo interior. Clave con alfileres la sección de tela del rollo delantero en su sitio de manera que el estampado case con bastante precisión. Clave el reposabrazos interior a la tela del rollo delantero siguiendo el borde delantero del rollo desde por debajo del rollo hasta la parte superior del asiento. Corte para dejar un doblez de 1,25cm y haga muescas. Quite la sección del reposabrazos, quite los alfileres y haga como una imagen de espejo para el otro reposabrazos. Cosa a máquina el ribete alrededor del rollo, dejando un trozo colgando, que vaya hacia el reposabrazos exterior. Cosa las secciones del reposabrazos interior y el rollo desde debajo del rollo hasta el asiento.

11 Enfunde de nuevo el reposabrazos interior y asegúrelo bajo el travesaño lateral y bajo el travesaño superior del reposabrazos con tachuelas temporales. Haga cortes en la tela que encajen con los cortes de la base de la orejera. Meta la tela a través hasta el respaldo y clave temporalmente en el bastidor trasero, haciendo cortes en el respaldo interior para poder acceder. Recorte el exceso de tela alrededor de la orejera y dóblela limpiamente hacia abajo

12 Quite el relleno del asiento. Haga cortes en la tela de los rollos delanteros, donde se encuentra con el travesaño delantero y grape los ribetes naturales al armazón. Clave en firme el borde de abajo del interior del reposabrazos por debajo del travesaño lateral y el borde de arriba por debajo del travesaño superior del reposabrazos. Grape el borde exterior en el rollo del exterior del bastidor del reposabrazos. Grape el ribete a lo largo y hacia abajo del borde del bastidor. Quite todas las tachuelas temporales. Repita el proceso en el otro reposabrazos.

13 Ponga un trozo de arpillera sobre el filo del asiento y los cantos delanteros. Después ponga una capa de fieltro y luego una de guata sobre la parte superior.

14 Sujete con alfileres la tela para tapizar al filo y al canto delantero, haciendo cortes para que case el rollo delantero. Tire de la tela hacia abajo, por los laterales del canto, envuélvala alrededor del canto delantero, y sujete las pinzas con alfileres para ajustarla a cada esquina delantera.

15 Corte suficiente tela base como para tapizar el asiento. Colóquela en el asiento y marque las posiciones de los muelles del respaldo. Corte dos tiras de tela para tapizar de la longitud del asiento desde la parte de delante hasta la de atrás y de 12,5 cm de ancho. Cosa las tiras a cada lado de la tela base y dóblelas hacia atrás. Haga un dobladillo con la tela para tapizar en la parte de atrás de la sección donde se marcó el muelle, haciendo una ranura lo suficientemente grande como para ensartar el muelle luego. Prenda con alfileres la sección de la tela base a la tela del canto delantero, con los haces mirándose y haga muescas en la costura. Quite la tela base y la del canto delantero del asiento. Cosa las dos pinzas delanteras en el canto delantero. Cosa la tela base al canto delantero.

Abajo: El ribete ha sido cortado al bies para que contraste con las líneas rectas de la tela escocesa.

Arriba: El cojín del asiento se ha cortado a partir de una plantilla del asiento para que encaje perfectamente.

16 Enfunde toda la sección del asiento en el sillón. Doble los lados hacia abajo, alrededor del la parte inferior de los rollos. Grape el canto delantero por debajo del los travesaños delantero y laterales, doblando los bordes hacia abajo, alrededor de la parte superior de las patas. Grape los lados de la tela base a los travesaños laterales y trasero. Dé la vuelta al sillón y quite los muelles que estén más cerca del respaldo interior. Ensártelos a través del espacio de la tela base y reemplace los muelles. La tela base se moverá con el peso de una persona sin llegar a romperse.

17 Coloque la tela para tapizar el resposabrazos exterior hacia el borde delantero, con los haces juntos. Ponga un trozo de tela para clavar contra el ribete en el borde y asegúrela.

20 Refuerce el respaldo exterior con arpillera y ponga guata en la parte superior. Coloque la tela del respaldo exterior en el sillón y asegúrela poniendo una tira para clavar a lo largo del borde superior. Pase la tela hacia atrás por encima del respaldo exterior y prenda con alfileres los dos bordes laterales, el uno al otro. Tire de la tela hacia el travesaño inferior, corte alrededor de las patas y grápela al travesaño. Cosa los laterales con puntadas ocultas.

18 Refuerce el reposabrazos exterior con un trozo de arpillera. Ponga guata en la arpillera y vuelva a poner la tela sobre ella. Doble el borde superior hacia abajo y clávelo con alfileres a la tela del reposabrazos interior por debajo del rollo. Clave temporalmente el borde trasero en el exterior del bastidor trasero. Tome el borde inferior y llévelo por debajo del travesaño lateral, corte alrededor de las patas, doble hacia abajo y grápelo en firme.

19 Refuerce el interior de las orejeras con arpillera. Haga un trozo de ribete, lo suficientemente largo como para que vaya desde el borde inferior de una orejera, a través del respaldo, a la parte inferior de la otra. Grápelo alrededor de todo el borde, asegurándose de que comienza y termina bien. Ponga guata en el exterior de la orejera y clave la cubierta con alfileres de manera que quede bien ajustada, dejando un doblez para añadir al respaldo exterior. Corte el exceso de tela, doble hacia abajo y cósalo alrededor de los bordes superiores y delanteros de la orejera. Levante las tachuelas temporales de la tela del reposabrazos exterior para poder clavar la tela de la orejera a los travesaños del reposabrazos. Grape la tela del reposabrazos exterior en el bastidor trasero y corte el exceso de tela. Cosa el exterior del reposabrazos a la orejera.

21 Ponga cubierta negra en la base del sillón, doble los bordes y grápela a la base.

22 Para hacer el cojín, coja una plantilla en forma de «T» del asiento y corte la espuma del cojín para que se ajuste perfectamente. Haga la funda del cojín de la misma manera que hizo el cojín del asiento o del respaldo, con un canto (véase página 107), cortando en la costura para que se abra sin problemas alrededor de la forma en la parte delantera del cojín.

CUADROS

NO CABE DUDA de que los cuadros, las telas escocesas más sofisticadas, y los tartanes causan impresión. Los tartanes siempre han tenido un potencial innegable para los escoceses y son el símbolo de una rica herencia cultural y un sentimiento de la identidad arraigado. La Reina Victoria popularizó el uso de los tartanes en los interiores cuando empezó a utilizarlos en su hogar de Balmoral sobre cualquier superficie, incluyendo muebles y alfombras.

Formalidad clásica
Las telas escocesas y los tartanes aportan sensación de formalidad. Los verdaderos tartanes parecen estar más allá de los caprichos de la moda, resultando perfectos para habitaciones tales como estudios que necesiten un ambiente serio a la vez que interesante. Incluso así, algunos de estos clásicos siguen siendo susceptibles a las nuevas tendencias y puede encontrar cuadros escoceses en colores pastel y otros bonitas mezclas de colores.

No importa que la combinación de colores sea moderna o tradicional, ya que la linealidad de los cuadros y tartanes le darán a un mueble un aspecto de orden geométrico. Por ejemplo, los cuadrados pequeños en lana considerados, tradicionalmente, formales y discretos todavía mantienen una cierta quietud en la presencia, incluso cuando están tejidos en los colores más atrevidos y llamativos.

Los cuadros alargados de la tela del proyecto del cabecero infantil son una combinación inusual de colores, en asociación con un capitoné cuidadosamente planeado. El resultado es fresco y divertido, perfecto para la habitación de los niños.

Un talento para mezclar

Desde que es posible incorporar tantos colores en las telas escocesas y tartanes, son muy útiles para conjuntar una combinación tejiendo las diferentes hebras de colores de otros muebles en un todo cohesivo.

Por otro lado, los cuadros pueden ser o no multicolores. Las guingas y otros cuadros grandes y abiertos en un solo color con motivos naturales aportan cierta frescura que combina con otros muchos estampados. Incluso un tema difícil como una tela de jouy, combina estampada con cuadros de algodón y ofrece un toque veraniego a una combinación que, de otra manera, podría ser fácilmente recargada.

Existen nuevas reglas sobre el uso de los cuadros y estampados relacionados con ellos, aunque su estampado regular tiene una apariencia que queda mejor si se ve sobre un plano que en un capitoné profundo o en curvas. Tenga también cuidado en casar, alinear y centrar estas telas en los muebles con gran precisión, ya que cualquier falta de coincidencia se verá de manera muy clara y echará a perder su orden intrínseco.

Los cuadros, las telas escocesas y tartanes son algunos de los estampados más duraderos y preferidos y están destinados a vestir nuestras casas, al igual que nuestros cuerpos durante los años próximos.

Este sillón acogedor está tapizado en tela escocesa tradicional, pero utiliza una moderna combinación de diseño escocés en colores pastel con los brezos de las cañadas. En un mueble complejo como éste, una cuidadosa colocación de los cuadros es crucial para un resultado satisfactorio y profesional.

Sillón con respaldo capitoné

Este sillón victoriano con respaldo capitoné está tapizado con un tejido de terciopelo de fácil manipulación, permitiendo que los pliegues del capitoné permanezcan rectos una vez colocados en su sitio. El capitoné se muestra atado por delante, una alternativa a otros métodos utilizados en el libro.

Dimensiones

Alto: 90 cm
Ancho: 61 cm
Largo: 53 cm

Materiales

- Tela para tapizar, 2,75m
- Guata de piel dc 1700g, 3m
- Tachuelas finas de 13mm
- Grapas de 10mm
- Bramante de nailon para capitoné
- Calicó, 75cm
- 13 formas de botones de talla 24
- Alfileres para cordoncillo de 13mm
- Cordón para ribete, 15m
- Barras de cola adhesiva

EL SILLÓN ES DE MADERA vista de caoba muy llamativa, y con su respaldo bien acolchado es extremadamente cómodo para sentarse. El tapizado estaba en buenas condiciones y los bordes bien cosidos, de manera que sólo era necesario renovar la cobertura exterior para transformar el sillón.

El reflejo de la luz sobre el pelo cortado hace que la tela del terciopelo parezca viva y el color amarillo champán claro contrasta espectacularmente con la madera oscura. El ribete doble perfila el contorno aportando una elegancia discreta.

1 Quite el respaldo exterior con cuidado, corte los lazos del capitoné y quite los botones de la parte delantera. Quite cualquier elemento de pasamanería y después la cobertura del asiento, el respaldo interior y el acolchado de los reposabrazos. Incluso si el tapizado que subyace parece estar en buenas condiciones, compruebe los bordes cosidos deshaciendo la esquina superior del calicó en el respaldo y desconchando las capas del tapizado por debajo para comprobarlas. Después vuelva a colocar las capas y clávelas en su sitio.

2 Haga un patrón y corte y etiquete las piezas de la tela para el tapizado. Añada una guata de piel

nueva al asiento y coloque la tela encima, en su sitio, asegurándose de que la granilla está recta. Clave temporalmente la tela por debajo de los travesaños laterales. Haga un corte en forma de «Y» en la esquina delantera del bastidor del reposabrazos. Haga un pequeño doblez hacia abajo para que la tela se ajuste bien alrededor de la base del bastidor. Repita en el otro lado. Clave temporalmente el borde delantero de la tela por debajo del travesaño delantero.

3 Meta la tela hacia la parte de atrás del asiento y corte en el bastidor del respaldo. Meta la tela por entre el asiento y el respaldo interior y clávela temporalmente al travesaño trasero. Grape firmemente y retire las tachuelas temporales. Grape por debajo de los travesaños laterales y afloje cualquier exceso de tela hacia la parte delantera. Tire de la tela por encima del borde delantero, quitando las tachuelas temporales, y grápela al travesaño delantero, justo por encima de la madera vista.

4 Marque la posición del capitoné en el envés de la tela del respaldo interior, midiendo el que ya había en el tapizado antiguo, para incorporar el extra para el acolchado. Coloque la tela en el respaldo interior. Meta una aguja de colchonero enhebrada con bra-

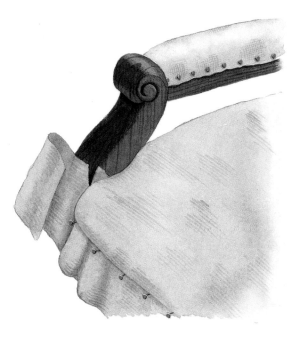

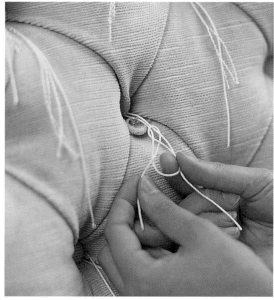

CAPITONÉ PROFUNDO

En contra de la opinión popular, el capitoné profundo no se desarrolló como método funcional para fijar los rellenos que iban aumentando de grosor en 1840. Evolucionó como un elemento puramente estilístico, ya que el relleno inferior estaba sujeto de manera firme por las ligaduras para el relleno. El capitoné profundo satisfacía el gusto victoriano por el tapizado opulento y voluptuoso. Sorprendentemente, aunque el tapizado de este periodo ha sido concebido tradicionalmente como lujoso y cómodo, en su mayoría era bastante rígido. De la misma manera que las sillas de montar, habrían necesitado «interrumpirse» las técnicas manufactureras de las que, irónicamente, se ha formado la base para las técnicas de fijación del relleno del tapizado.

mante para capitoné a través de una de las posiciones de los botones, desde el respaldo interior hasta el exterior. Ahora vuelva la aguja por el mismo agujero al respaldo interior, pero coloque una arandela de calicó por debajo del bramante, para mantener la puntada en el respaldo exterior. Cosa el botón en uno de los extremos del bramante, asegúrelo con un nudo de tapicero y meta el botón casi hasta que quede en firme. Siga de la misma manera hasta que todos los botones estén en su sitio, regulando los pliegues a medida que trabaja. Cuando esté satisfecho con la tensión y uniformidad de la tela entre los botones, corte el exceso de bramante y clave el extremo por debajo de los botones.

5 Pliegue los dobleces alrededor del borde del respaldo interior, manteniendo la tela en su sitio con la punta del regulador. Asegure los dobleces con tachuelas o grapas al rebaje. Pliegue los dobleces sobre

la zona lumbar, tirando hacia el respaldo y clave en firme en la parte superior del travesaño inferior.

6 Cubra los dos acolchados de los reposabrazos con guata. Después clave temporalmente la tela para tapizar en su sitio utilizando alfileres para cordoncillo, plegando las esquinas delantera y trasera para que coincidan unas con otras. Como alternativa, grape todo el contorno de la tela.

Izquierda: La tela tiene pliegues que parten de los botones hacia fuera y después se han asegurado al rebaje.

7 Refuerce el respaldo exterior del sillón con calicó y después con guata. Coloque la tela en su sitio, clave temporalmente para asegurarse de que la granilla está recta y después clave en firme o grape para asegurar la tela.

8 Haga un trozo de ribete doble, lo suficientemente largo como para que vaya a lo largo del borde delantero, el respaldo interior y exterior y alrededor de los acolchados de los reposabrazos, con algo de más para empezar y terminar. Utilizando un cuchillo para manualidades afilado, corte la tela en todos los bordes en los que se va a poner el ribete, reforzando el rebaje. Comience a poner el ribete doble por debajo del reposabrazos, en el respaldo interior, doblando hacia abajo y asegurándolo con una tachuela. Pegue el ribete, manteniéndolo en una línea plana cerca de la madera vista por todo el contorno. Repita el mismo proceso en el asiento, respaldo exterior y acolchado de los reposabrazos. Ponga los extremos juntos en la parte de atrás del acolchado de los reposabrazos para hacer una juntura limpia.

∞ Referencia

Destapizar, página 50

Calcular la tela para el tapizado, página 78

Capitoné profundo, tela para tapizar, página 80

Pasamanería, ribete doble, página 100

TELAS LISAS

Estas telas son la elección ideal para aquellos a los que les gusta adornar su tapizado con pasamanería lujosa. La silla auxiliar rosa presta su belleza al cordón elaborado y las borlas. En una tela animada y estampada, estos elementos de pasamanería hubieran quedado excesivos, aunque en esta silla lo que se consigue es sofisticación y elegancia.

ESTE ES EL ARMARIO almacén de un decorador interiorista. Las telas lisas tal vez no tengan el mismo interés visual de las estampadas, pero no son sosas y no le defraudarán, si no que le proporcionarán un suministro interminable de posibilidades para unir los espacios entre otras telas animadas o hacer una fina decoración dándose un festín con este tipo de colores.

Crear armonía
Las telas lisas son especialmente útiles para restablecer el aspecto desordenado que se desarrolla en muchas casas donde el mobiliario se ha acumulado a lo largo de los años.

¿Qué tipo de tela escogerá para un sillón con reposabrazos rodeado de cortinas estampadas, un sofá en un color diferente y un escabel para apoyar los pies antiguos con un tapizado de encaje? Simplemente, decídase por el color de uno de los otros muebles estampados, preferentemente uno que esté también presente en los demás, y elija una tela lisa del mismo color para obtener un resultado armonioso e imaginativo a la vez. Elija un tono suave y oscuro en una tela mate de textura uniforme que no llame la atención sobre sí mismo, si quiere que las telas estampadas sigan destacando. Como alternativa, elija un tono claro y brillante en una tela de textura más espectacular que dirigirá la atención al tapi-

zado, en caso que no desee destacar los muebles estampados.

Crear variedad

La elección del tipo de tela es tan importante como la del color. Dispone de una amplia gama de materiales donde elegir, desde algodones lisos y sedas, pasando por linos tejidos y lana, hasta pana y terciopelo. Elija la tela que le resulte más práctica, aunque también debería pensar en escoger alguna otra que le ofrezca la oportunidad de experimentar.

Puede cambiar por completo la esencia de un mueble volviéndolo a tapizar en un tipo diferente de tela, incluso si es del mismo color que la anterior.

Piense en una *chaise lounge* tapizada en su color favorito, que combine con la habitación, pero que necesita rotundamente una renovación. El familiar, pero ajado, terciopelo de color azul podría ser reemplazado por un nuevo tapizado elegante de pana color índigo. Entonces, retendrá algo del original, con sus connotaciones emocionales, agradando el gusto más conservador con su suntuoso azul y además le dará a las líneas clásicas de la *chaise* un toque de modernidad.

Tan importante es tener una cuidadosa atención como elegir la pasamanería, tanto si elige liso sobre liso o un color liso en contraste con una tela estampada.

Los colores lisos se utilizan para armonizar un entorno sirviendo de enlace entre diferentes objetos estampados; aunque también pueden utilizarse con otros colores lisos para crear un efecto audaz y llamativo. Tome un ejemplo de la naturaleza, el púrpura de una berenjena hace un contraste espectacular con los colores brillantes de las flores.

INFORMACIÓN
DE INTERÉS

Glosario

Este glosario le proporciona una referencia rápida y sencilla para muchos de los términos utilizados en el libro, e incluye instrucciones para aprender a dar las puntadas, nudos y ligaduras recomendadas para el uso en el tapizado.

Acabado de la base
Tela que termina alrededor de la línea de la base de la estructura de un sillón o de un sofá (véase también rodapiés).

Acanaladuras
Paneles acolchados por separado en el tapizado.

Achaflanar
Cortar o afilar una superficie plana formando un ángulo como el la espuma de virutas o a lo largo del borde de un armazón.

Adhesivo para tela
Sustancia que se utiliza para pegar las telas.

Adhesivo
Una sustancia utilizada para asegurar la espuma y/o la pasamanería (véase también adhesivo para tela, pistola de encolar, barras de cola adhesiva, *spray* adhesivo).

Aglomerado
Hoja delgada y rígida de virutas de madera unidas por una resina sintética.

Aguja bicipile (aguja de colchonero)
Aguja con una punta redonda en un extremo y en el otro un ojo que se utiliza para los bordes cosidos, ligaduras para sujetar el relleno y el capitoné a través del relleno grueso.

Aguja circular
Aguja para coser sobre una superficie plana; la forma semicircular se adapta mejor a esta tarea que una aguja recta.

Aguja de colchonero
Véase aguja bicipile.

Aguja para muelles
Aguja curva con un extremo puntiagudo que se utiliza para coser a través de las cinchas y la arpillera cuando se cosen los muelles.

Aguja para tapiz
Aguja con un extremo redondeado sin punta.

Aguja para tela de saco
Semejante a la aguja para muelles, pero es recta con un extremo curvo.

Agujas
Véase aguja circular, aguja bicipile, aguja para tela de saco, aguja para coser, aguja para muelles, aguja de tapicero.

Agujas para coser
Agujas rectas y cortas con un extremo puntiagudo que se utiliza para coser a mano.

Agujero guía
Agujeros marcados en un trozo de madera para servir de guía cuando se tienen que poner los tornillos.

Alfileres para cordoncillo
Alfileres pequeños y finos con una cabeza plana, que se utilizan para fijar el cordoncillo y el galón, además de utilizarlo en las zonas delicadas conde utilizar una tachuela sería demasiado.

Alfileres para tapizado
Alfileres de acero delgados, resistentes y afilados que se utilizan para clavar y colocar la tela.

Alfileres
Véase alfileres para el tapizado.

Algodón
Tela hecha de la planta del algodón.

Almohadón circular

Un cojín cilíndrico utilizado a menudo como un elemento de los sofás, la *chaise lounge*, etc.

Alva

Un relleno tradicional hecho de algas.

Armazón

La estructura que conforma un mueble.

Arpillera

Tela tejida y suelta hecha de yute que se utiliza como base para el tapizado, manteniendo el relleno en su sitio (vea también cañamazo para muelles).

Asiento desmontable

Asiento que, separado del resto del armazón, se puede tapizar independientemente y después se puede volver a colocar en el armazón.

Atado

Técnica que se utiliza para atar los muelles con cordel para mantenerlos en su posición.

Atar

Anudar los extremos del bramante o del cordel para fijarlos con seguridad.

Barras de cola adhesiva

Barras sólidas de cola que se utilizan en una pistola de encolar.

Bastidor de sargenta

Herramienta ajustable que se utiliza para mantener un armazón junto, o las junturas, mientras se seca el adhesivo.

Bergère

Un estilo de sillón que se originó en la época de Luis XIV y Luis XV con el respaldo y los reposabrazos tapizados y la madera vista tallada.

Bies

La línea diagonal o el corte a través del tejido de la tela, a un ángulo de 45°.

Bisel

Doblar la tela o un elemento de pasamanería plano formando un ángulo a medida que gira para hacer una esquina.

Bordes en forma de rollo

Borde firme hecho de arpillera o cañamazo enrollado firmemente alrededor de la fibra y asegurado con tachuelas al canto del armazón.

Borla

Pasamanería que cuelga de un cordón; se puede utilizar sola o por pares en los muebles tapizados.

Botones

Piezas de metal con forma de botón que, sobre la tela para tapizar, sirven para hacer el capitoné.

Bramante

Véase bramante de hilo de linaza, bramante de nailon para capitoné, bramante para tapizado.

Bramante de hilaza de lino

Ampliamente usado, pero no recomendado para coser.

Bramante de nailon para el capitoné

Bramante muy resistente enrollado en blanco muy adecuado para el capitoné, pero que a veces también se utiliza para coser.

Bramante para tapizado

Se utiliza para las ligaduras, las ligaduras del relleno y el borde cosido; disponible en varios grosores.

Brocado
Tela, normalmente con un estampado de flores, con un brillo suntuoso en su superficie.

Brocatel
Una tela de estampado natural con una superficie que hace luces y sombras y un efecto acolchado.

Butaca
Silla con un respaldo cóncavo y reposabrazos.

Calicó
Tela de algodón, normalmente sin teñir, que se utiliza para cubrir y moldear el relleno antes de poner la tela para el tapizado final.

Canto delantero
Superficie que va del asiento delantero hasta el travesaño de la base en un sillón o sofá.

Cañamazo
Tela de lino tejida muy suelta que se utiliza para dar forma al primer relleno y coser los bordes en el tapizado tradicional.

Cañamazo para muelles (tarpaulin)
Un tarpaulin con mucho apresto que se puede utilizar sobre los muelles en vez de la arpillera.

Capitoné
Un método que se utiliza para hacer agujeros en el tapizado con botones (véase también capitoné profundo, capitoné flotante).

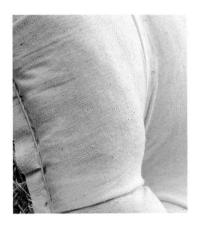

Capitoné flotante
Técnica en la que el capitoné está asegurado a través de las capas superiores del tapizado, haciendo una hendidura poco profunda en la tela.

Capitoné profundo
Técnica para el capitoné del tapizado tradicional en la que los botones se aseguran a través de todas las capas, haciendo hendiduras y pliegues profundos entre los botones.

Cardar
Acción de separar las hebras del relleno de fibra y crin para asegurarse de que no tienen nudos y enredos.

Cincha de propileno
Cincha que se utiliza en el tapizado moderno.

Cincha de yute
Cincha fuerte y *beige* ampliamente utilizada en los respaldos, los reposabrazos y algunos asientos.

Cincha inglesa
Cincha tradicional con un tejido en forma de espinapez blanco y negro.

Cincha pirelli
Cincha engomada que se utiliza como muelle plano en asientos y respaldos, se fija al armazón del sillón con ganchos o tachuelas.

Cinchas
Tiras resistentes, tejidas tradicionalmente, que se colocan sobre el armazón para sujetar los muelles y el relleno (véase también cincha inglesa, cincha de yute, cincha pirelli, cincha de polipropileno).

Clavar en firme
Clavar las cabezas de las tachuelas en el armazón.

Claveteado
Clavos decorativos clavados de manera muy próxima para formar una línea continua.

Clavos

Véase clavos decorativos.

Clavos antiguos

Véase clavos decorativos.

**Clavos decorativos
(Clavos antiguos)**

Clavos con cabezas grandes y con formas que se utilizan, o bien por separado o bien en el claveteado como pasamanería y para asegurar los bordes de la tela.

Coir

Hecho de fibra de coco, es de color rojo anaranjado, se utiliza como primer relleno.

Cojín

Un cojín para el respaldo o el asiento con un canto entre la parte superior y la de abajo.

Collar

Una pieza extra para el tapizado cosido a la sección principal de la tela para hacer una buena línea alrededor de las secciones curvas.

Copetes

Hechos de cuero o hebras de lana o seda; se utilizan como decoración y para mantener el relleno en su sitio.

Cordel (cordón para atar)

Cordón pesado que se utiliza para atar los muelles.

Cordón

Pasamanería de hilos enrollados (véase también cordel y cordón para ribete).

Cordón con reborde

Cordón decorativo cosido a una cinta de algodón o pestaña que le permite ser insertado entre secciones de tela.

Cordón para atar

Véase cordel.

Cordón para ribete

Cordón enrollado de algodón que se utiliza para hacer ribetes.

Cordoncillo

Elemento de pasamanería estrecho y tejido con un alambre típicamente vinculado que se utiliza para decorar los bordes.

Corte

Véase corte recto, corte en forma de «T» y corte en forma de «Y».

Corte en forma de «T»
Corte que permite que la tela se abra hacia los dos lados del travesaño

Doble la tela hacia atrás sobre sí misma diagonalmente a través de la esquina, alineando el doblez con el travesaño. Haga un corte recto hasta el borde de la esquina del travesaño. Doble la tela hacia abajo o póngala alrededor del travesaño.

Corte en forma de «Y»
Corte que permite que la tela se abra alrededor de los tres lados de un travesaño

Doble la tela hacia atrás sobre sí misma de manera que el doblez toque el travesaño. Haga un corte recto hacia el centro del travesaño, parando a 2,5cm. Corte a cada lado del borde del travesaño. Doble la solapa central de tela hacia abajo y lleve los laterales alrededor del travesaño.

Corte recto
Corte que permite a la tela que vaya en direcciones diferentes

Haga un corte recto en el punto en el que dos travesaños se juntan, para dejar que la tela se abra.

Costuras al bies
Una costura cosida en una ángulo de 45°, que une dos trozos de tela que han sido cortados al bies.

Crin
Pelo animal largo y rizado que se utiliza principalmente como segundo relleno en el tapizado tradicional.

Crin de caballo
Pelo largo y rizado de la crin y la cola de un caballo, está reconocido como el mejor tipo de segundo relleno en el tapizado tradicional.

Crin engomada
Mezcla de pelo animal pegada con una solución de goma y puesta en láminas; se utiliza como relleno en el tapizado moderno.

Cubierta (tela para tapizar)
Tela que se utiliza para el tapizado final.

Cubierta negra
Véase tela negra.

Cuchillo para manualidades
Cuchillo retráctil que se utiliza para cortar el exceso de tela en los bordes y la pasamanería.

Cuero (piel)
Piel de búfalo o vaca que se utiliza como tela para tapizar.

Chintz
Tela de algodón de acabado satinado o lacado.

Damasco
Tela con estampado natural con un efecto de luces y sombras.

Despuntador

Herramienta con un extremo metálico que tiene forma de horca que se mete por debajo de la tachuela para sacarla.

Despuntador o escoplo curvo

Herramienta similar a las tenazas que sirve para quitar tachuelas y clavos viejos.

Destapizador

Véase formón.

Destapizar

Quitar el tapizado viejo y el relleno del armazón de un sillón antes de volver a tapizarlo.

Doble nudo

Nudo que se utiliza para asegurar los muelles con cordel.

Lleve el cordel por encima de la parte superior del muelle de alambre. Llévelo alrededor de la parte de abajo y otra vez por la parte superior del muelle. Enróllelo alrededor de la parte de abajo y por encima del muelle otra vez, llevando el extremo a través del segundo lazo. Tire firmemente del nudo.

Enfundar

El proceso de coser las secciones de la tela una a otras en una máquina de coser y después poner todo el conjunto sobre el mueble.

Enganchón

Hebra tirada firmemente por una tachuela causando una hendidura antiestética en la tela, es muy común en la seda.

Escofina

Lima gruesa que se utiliza para achaflanar los bordes de los armazones de los sillones, antes de clavar el cañamazo.

Espacio para dobleces

Tela de más añadida para poder hacer dobleces.

Espacio para las costuras

Tela de más que se añade para tener en cuenta las costuras.

Espacio para manipular

Tela de demás que se añade para que sea más fácil manejarla y ajustarla.

Espetones, usones

Alfileres de metal largos con un extremo circular que se utilizan pasa sujetar el calicó y la tela para tapizar temporalmente.

Espuma

Véase espuma de virutas, espuma de látex, espuma de poliuretano.

Espuma de látex

Espuma firme que se utiliza como relleno de asientos y cojines.

Espuma de poliuretano

Espuma disponible en diferentes densidades que se utiliza como relleno en el tapizado moderno y los cojines.

Espuma de virutas

Espuma firme que se utiliza como relleno en el tapizado moderno.

Estoquinete

Tela elástica parecida a una red hecha de una mezcla de algodón y poliéster, se utiliza sobre el acolchado de los cojines.

Festón

Puntadas, cosidas a mano, que cosen sobre orillando dos bordes juntos.

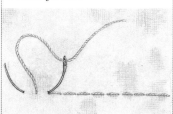

Asegure en bramante y sáquelo por el borde de la tela. Haga una puntada de 1cm, 1cm a la derecha. Lleve el hilo alrededor de la parte de atrás de la aguja. Meta la aguja a través, y dé la siguiente puntada.

Fibra

Hebras largas, negras y rizadas que se utilizan principalmente para el primer relleno en el tapizado tradicional.

Fieltro

Hoja delgada de línters de algodón sostenidos juntos entre hojas de papel que se retiran antes de utilizarlo.

Flecos
Elemento de pasamanería con
una pestaña como el cordoncillo
o las borlas, con un borde con
flecos que pueden estar cortados
o sin cortar.

Flexómetro
Regla retráctil de metal,
encerrada en una caja, que se
utiliza principalmente para medir
zonas grandes.

Floca
Relleno tradicional, muy
accesible pero poco
recomendado en la actualidad,
hecho de deshechos de fibras.

Formación en «W»
Diseño de tachuelas colocadas en
la cincha.

Formón
Tipo de formón que se utiliza
con una maza para quitar las
tachuelas.

Forro
Véase papel de burbujas y tela
base.

Galón
Pasamanería plana, normalmente
tejida, que se utiliza para decorar
los bordes.

Gamuza
El interior de una piel, tratado y
afeitado para conseguir una
superficie uniforme.

Grapadora automática
Herramienta eléctrica que se
utiliza para grapar con precisión
en la madera.

Grapas
Fijaciones de metal que se colocan
con una grapadora automática, se
utilizan en el tapizado moderno,
en los armazones delicados y las
telas finas.

Guata
Material que se utiliza encima del
relleno o del calicó para evitar
que el relleno se salga a través del
tapizado (véase también fieltro,
guata de poliéster, guata de piel).

**Guata de piel
(lámina de guata)**
Guata hecha de algodón con una
capa mullida entre dos capas
similares a la piel que la
mantienen unida.

Guata de poliéster
Relleno que se utiliza a menudo
en el tapizado moderno entre el
calicó y la tela para tapizar en vez
de la guata de algodón, en
aquellos muebles en los que el
segundo relleno no es de crin;
también se utiliza para envolver
la espuma de los cojines.

Hilo
Véase hilo para coser a máquina,
hilo para coser a mano.

Hilo de algodón y poliéster
Hilo que se utiliza para coser a
máquina y a mano.

Hilo para coser a mano
Hilo de lino encerado que se
utiliza para coser las telas a mano
y la pasamanería.

Hilo para coser a máquina
Algodón mezclado con poliéster o
hilos para coser a máquina de
nailon también se pueden utilizar.

Jaboncillo
Se utiliza para marcar el revés de
la tela.

Jacquard
Tela con un estampado tejido en
ella.

Lámina de guata
Véase guata de piel.

Lana
Tela tejida del vellón de las
ovejas, a menudo la lana se
mezcla con otras fibras para
hacerla más versátil.

Lana de acero
Véase lana de alambre.

Lana de alambre
Relleno abrasivo hecho de fibras
finas de acero.

Lezna con punta
Una lezna con un extremo
apuntado que se utiliza para
hacer agujeros estándares o para
marcar la madera.

Ligaduras
Lazos superpuestos de bramante
cosidos a la arpillera y el
cañamazo para sujetar el relleno
de fibra y de crin en su sitio.

Ligaduras para el relleno
Ligaduras hechas con bramante
para sujetar el cañamazo y el
primer relleno en su sitio.

Ligaduras para tachuelas
Lazos de bramante clavados en el
armazón con tachuelas para
mantener el relleno en su sitio en
vez de las ligaduras.

Línea de tachuelas
Línea en el armazón a lo largo de
donde están clavadas las
tachuelas.

Lino
Tela hecha de lino y que a
menudo se mezcla con otras
fibras para darles más resistencia.

Madera blanca
Un armazón nuevo antes de ser
lijado y encerado.

Madera contrachapada
Compuesta de un número de
capas delgadas de madera
pegadas juntas, con la veta de
una capa en ángulo recto con la
veta de la capa adyacente.

Madera vista
La madera visible y encerada en
un armazón, a menudo decorada
con tallas.

Malla de muelles
Unidad de muelles para cubrir
todo un asiento o respaldo en el
tapizado tradicional; disponible
en tienda o se puede encargar a
medida.

**Máquina universal
inalámbrica**
Herramienta recargable que
consta de diferentes accesorios,
pudiendo ser utilizada como
destornillador o taladro.

**Martillo con orejas o
saca clavos**
Martillo de cabeza estrecha con
un gancho en uno de los
extremos para retirar las
tachuelas o clavos y un extremo
sin filo para utilizarlo en trabajos
como el encinchado.

Martillo de tapicero

Un martillo con una punta muy fina en un extremo que sirve para trabajar sobre madera vista o en zonas delicadas.

Martillo magnético

Martillo con un extremo imantado para sujetar los clavos.

Matelassé o acolchado

Tela del tapizado tradicional que presentan unos contornos ahuecados.

Mazo

Herramienta con cabeza cuadrada o redonda que se utiliza con un formón para destapizar.

Medio doble nudo

Se utiliza para atar el cordel alrededor de los muelles.

Lleve el cordel por encima de la parte de arriba del muelle de alambre. Lleve el extremo a la parte de abajo del alambre, por encima del cordel y otra vez hacia abajo bajo el alambre. Tire firmemente del nudo.

Meter

Clavar la tela o el calicó fuera de la vista por debajo del respaldo interior, reposabrazos y asiento y clavado al armazón.

Moqueta

Tela muy resistente hecha de lana, algodón o de fibras artificiales; tiene el pelo rizado que puede estar cortado o sin cortar.

Muelle sinuoso

Véase muelle de serpentina.

Muelles

Forman parte de la base del tapizado, se utilizan en el asiento y el respaldo de los sillones para añadir profundidad y comodidad; se sujetan al armazón con ataduras (véase también muelles helicoidales, muelles de serpentina, malla de muelles, muelles de tensión).

Muelles de doble cono

Véase muelles helicoidales.

Muelles de serpentina

Muelles con forma de zigzag, que se cortan a medida y se fijan con clips al armazón del respaldo o del asiento; se utilizan en el tapizado moderno.

Muelles de tensión

Consisten en una larga espiral con un gancho a cada extremo que normalmente se encaja en un soporte en los travesaños laterales; se utiliza en el tapizado moderno.

Muelles en zigzag

Véase muelles de serpentina.

Muelles entrelazados

Véase malla de muelles.

Muelles helicoidales (Muelles de doble cono)

Muelles con forma de reloj de arena que se utilizan en el tapizado tradicional.

Muesca

Corte en forma de «V» que se hace en costuras cuando todavía están sujetas con alfileres, de manera que puedan ser emparejadas otra vez fácilmente.

Nudo corredizo de tapicero

Nudo que se hace para asegurar un extremo de bramante o hilo.

a) Dé una puntada con el bramante de derecha a izquierda. Manteniendo el trozo derecho largo tenso, haga un lazo en el extremo por debajo y después por encima, llevándolo a través del hueco y otra vez hacia debajo de sí mismo.

b) Cruce el mismo extremo por encima de la parte de delante de los dos bramantes, haciendo un segundo lazo.

c) Lleve el extremo alrededor de la parte de atrás del bramante derecho y a través del lazo inferior hacia delante. Tire firmemente del nudo.

Nudo corredizo

Véase nudo corredizo de tapicero.

Nudo sencillo

Nudo sencillo que cierra otro nudo previo.

Lleve el extremo del bramante y enróllelo alrededor de sí mismo en la base del nudo anterior. Lleve el extremo a través del lazo y tire firmemente del nudo.

Nudo temporal

Nudo sencillo que se deja como una lazada, de manera que es fácil deshacerlo o apretarlo después.

Orejeras

Partes de la estructura de un sillón o sofá que sobresalen del respaldo para dar descanso a la cabeza.

Papel de burbujas

Forro suave que normalmente se utiliza para acolchar mobiliario ligero.

Pasamanería

Material que se utiliza para decorar y terminar un mueble.

Passementerie o pasamanería

Término para la pasamanería, tomado del francés.

Passementière

El profesional que se encarga de fabricar la pasamanería.

Patrón

Diagrama, con medidas, de las secciones de la tela para tapizar que se utiliza para calcular la tela que se necesita y para cortarla.

Patrón de estampado

Diagrama, con medidas, de las secciones de la tela para tapizar que tiene en cuenta que la tela case, se utiliza para calcular y cortar la tela tapizada.

Patrón de estimación

Diagrama, con medidas, de las secciones de la tela que se utiliza para calcular y cortar las telas lisas.

Pespunte

Forma una fila continua de puntadas que se utiliza para hacer costuras resistentes cosidas a mano.

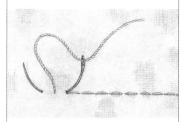

Se trabaja de derecha a izquierda, haciendo una puntadas dos veces más larga, metiendo la aguja a través. Haga la siguiente puntada al final de la anterior. Repita para hacer una línea continua de puntadas.

Pie

Véase pie de hendidura, pie para ribete sencillo, pie para cremalleras.

Pie de presión

Accesorio de la máquina de coser que se utiliza para coser en línea recta.

Pie de una hendidura para ribete

Accesorio para la máquina de coser que se utiliza para hacer precisamente ribete sencillo, ribete doble y para coser un cordón con reborde.

Pie normal

Véase pie de presión.

Pie para cremalleras

Accesorio para la máquina de coser que se utiliza para coser cremalleras y también como pie para hacer ribetes.

Pie para ribetes

Accesorio de la máquina de coser, ideal para hacer el ribete doble.

Piel

Véase cuero.

Pistola de encolar

Herramienta que funde adhesivo sólido y lo eyecta cuando se pulsa un gatillo.

Prie-dieu (reclinatorio)

Silla con un respaldo alto en forma de «T», también llamada reclinatorio.

Primer relleno

El relleno principal en el tapizado tradicional, normalmente hecho de fibra, que se mantiene en su sitio con ligaduras.

Puntada ciega

Se utiliza una fila de puntadas ciegas para hacer una pared firme en un borde cosido. (véase páginas 65-66)

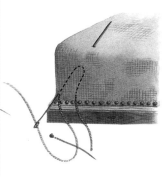

a) Empuje la aguja hacia arriba en ángulo, justo por encima de la línea de clavado, hasta 10cm del borde superior. Tire de la aguja hacia arriba de manera que el extremo enhebrado quede justo por debajo de la superficie. Empújelo hacia abajo por encima de la línea de clavado, 2cm a la izquierda. Tire de él hacia fuera, haga un nudo corredizo en el extremo del bramante y termine con un nudo sencillo.

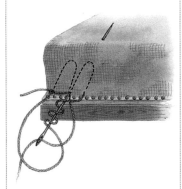

b) Empuje la aguja 4cm a la izquierda. Dé una puntada como antes. Tire de la aguja a medias y envuelva un extremo con bramante alrededor de ella tres veces.

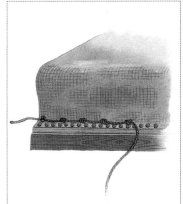

c) Tire de la aguja y el bramante a través de los lazos. Tire del bramante hacia la izquierda y después a la derecha para cerrarlo. Cosa a lo largo de todo el borde. Envuelva los extremos alternos del bramante alrededor de la aguja, tire a izquierda y derecha para cerrarlos y haga un nudo sencillo.

Puntada de vuelta redonda

Se utiliza después de las puntadas ciegas para formar un rollo firme y marcado en el borde cosido.

Puntada invisible

Puntada cosida a mano que se utiliza para unir de forma casi invisible dos trozos de tela, o para coser pasamanería a la tela para tapizar.

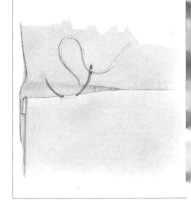

Trabaje de derecha a izquierda, dé una puntada a lo largo de la línea de costura en el trozo de tela subyacente. Comience la siguiente puntada justo en el lado opuesto del extremo de la primera, a lo largo del doblez en la tela de arriba. Continúe dando puntadas alternando los lados, tirando de ellos para que las puntadas se junten.

Quita grapas
Se utiliza para quitar las grapas cortándolas y después sacándolas de la madera.

Rebaje
Corte hueco o hendidura en la superficie o a lo largo del borde de un trozo de madera.

Recortar
Cortar los materiales de pasamanería o la tela pegada a la línea de clavado.

Refuerzo
Llenar una zona de la estructura antes del tapizado final.

Regla de madera
Barra de madera que se utiliza para medir cuando se va a cortar en una superficie plana.

Regla de metal
Barra de metal que sirve para medir. Se utiliza cuando se va a cortar sobre una superficie plana.

Regulador
Herramienta similar a una aguja larga con un extremo puntiagudo muy útil para colocar la tela en su sitio cuando se está clavando. También sirve para regular el relleno y hoja plana que se utiliza para arreglar los pliegues del capitoné profundo.

Relleno
Los materiales que se utilizan para acolchar un mueble por debajo del tapizado (véase también coir, fibra, crin).

Reposabrazos exterior
La zona del exterior del reposabrazos que va desde el travesaño base hasta la parte superior del reposabrazos.

Reposabrazos interior
La zona del interior del reposabrazos que va desde el travesaño de la base por encima de la parte superior del reposabrazos, hasta la parte de arriba del travesaño del reposabrazos.

Respaldo exterior
La zona del exterior del respaldo que va desde el travesaño base hasta el travesaño de la cabeza.

Respaldo interior
La zona del interior del respaldo que va desde el travesaño de la base por encima, hasta la parte de arriba de la parte de atrás del travesaño de la cabeza.

Ribete
Pasamanería hecha de cordón para ribete puesto entre la tela para tapizar (véase también ribete doble, ribete sencillo).

Ribete doble
Elemento de pasamanería hecho de dos trozos de cordón para ribete, metido en un trozo de tela para tapizar.

Ribete sencillo
Pasamanería hecha con un cordón cubierto por tela para tapizar.

Rodapiés
Acabado de la base que consiste en trozos de tela que cuelgan como pliegues a intervalos alrededor de la base de un sillón o sofá.

Rollo
El bastidor curvo en la parte delantera del reposabrazos o en el lateral superior del respaldo de un sillón o sofá.

Rollo del respaldo
El panel con forma a cada lado del respaldo de un sillón o sofá.

Rollo delantero
Panel con forma en la parte delantera de cada reposabrazos de un sillón o sofá.

Rollo para clavar
Borde firme hecho de arpillera o cañamazo enrollado firmemente alrededor de fibra y asegurado con tachuelas al borde del armazón.

Rosetas
Pasamanería circular que se puede utilizar por sí misma o con borlas.

Ruche
Trozo de tela plisada que se utiliza como pasamanería.

Sargenta o gato
Herramienta con forma de «G» ajustable, de metal sólido, que sirve para sujetar los trozos de madera.

Seda
Tela tejida de las fibras que producen los gusanos de seda.

Segundo relleno
Relleno suave, generalmente de crin, bajo el calicó en el tapizado tradicional.

Silla auxiliar
Término del siglo XIX para una silla con el asiento bajo.

Silla de campaña
Tipo de silla ligera y plegable que, probablemente, se utilizaba en maniobras militares.

Spray adhesivo
Adhesivo que va en un aerosol que se utiliza para pegar la espuma.

Tachuela temporal
Clavar tachuelas lo suficientemente profundo como para que sujeten el material del tapizado y la tela al armazón antes de quitarlas o clavarlas en firme.

Tachuelas
Se utilizan en el tapizado tradicional para clavar todos los materiales y la tela para tapizar (véase también tachuelas finas, tachuelas mejoradas).

Tachuelas finas
Tachuelas con una cabeza pequeña que pueden ser retiradas fácilmente y que no tienden a romper los hilos de las telas finas, se utilizan para fijar el calicó, la cubierta negra, la tela para tapizar y para clavar de manera temporal.

Tachuelas mejoradas
Tachuelas con una cabeza grande que se utilizan para fijar el cañamazo y las cinchas.

Tapiz
Originalmente, una tela de lana tejida o cosida a mano o, más recientemente, una tela diseñada para que tenga el mismo efecto.

Tarp
Véase cañamazo para muelles.

Tarpaulin
Véase cañamazo para muelles.

Tela base
Tela de algodón que se utiliza como base bajo en el cojín del asiento, sobre los muelles de tensión.

Tela de pelo
Tela con una superficie de hilos rizados o cortados, como el terciopelo o el velours.

Tela negra (cubierta negra)
Tela negra ligeramente elástica y finamente tejida que se utiliza para cubrir la parte inferior de los muebles, para atrapar el polvo y dar un acabado limpio.

Tela para tapizar
Véase cubierta.

Tenazas
Herramienta que se utiliza para eliminar las tachuelas y los clavos; algunas tienen un extremo con un gancho para llegar a lugares inaccesibles.

Tensor
Herramienta que se utiliza para tensar las cinchas antes de ser clavadas al armazón; el tipo más común es una pala y una clavija.

Terciopelo
Véase tela con pelo.

Tijeras
Las tijeras de hojas largas se utilizan para cortar telas sobre una superficie plana: las de hojas cortas para cortes en general y para dar forma a la tela en los muebles.

Tira para clavar
Una tira hecha de cartón para hacer un borde recto a lo largo de la línea de clavado de la tela para tapizar.

Trama
El hilo que forma las hebras que cruzan la tela.

Travesaño del reposacabezas
Barra horizontal a través de la parte superior del respaldo de un sillón o sofá.

Travesaño del respaldo
Barra horizontal a lo largo del respaldo de la estructura del sillón o sofá.

Travesaño delantero
Barra horizontal inferior a lo largo de la parte de delante del armazón de un sillón o sofá.

Travesaño lateral
Barra horizontal inferior a lo largo de cada lado del armazón de un sillón o sofá.

Travesaños
Barras rectas y cruzadas que forman el armazón de un mueble.

Travesaños de la base
Las barras horizontales delanteras, trasera y laterales alrededor de la base de la estructura de un sillón o sofá.

Travesaños de los reposabrazos
Las barras horizontales en la parte superior e inferior del reposabrazos de la estructura del sillón o el sofá.

Tweed
Tela hecha de algodón, lana o una mezcla de hilos; se puede tejer lisa o en ligamentos diagonales.

Urdimbre
El hilo que va a lo largo de la tela.

Velours
Véase tela con pelo.

Vinilo
Tela que imita el cuero, con colores veteados o lisos; tiene un revés tejido para darle mayor flexibilidad.

Volante
Pieza extra de tela que se añade a las secciones de la tela principal para extenderla hacia los travesaños.

Vuelta de agarre
Técnica que se utiliza para sujetar el cordel en su sitio cuando se cruza con otro.

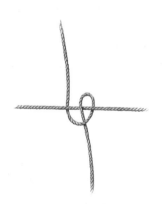

Para sujetar uno de los cordeles en su sitio cuando se cruza con otro, llévelo por encima alrededor del otro cordel, tirando firmemente y continúe atando.

Yute
Fibra natural que se usa para hacer cordeles, cinchas y arpillera.

Agradecimientos

A los editores le gustaría dar las gracias a las compañías mencionadas abajo que generosamente donaron telas o pasamanería para los muebles tapizados presentados en este libro. Agradecimientos especiales a Rebecca Metclafe y Lucy Meharg de Osborne & Little, Londres y Melina Coffey de The Decorattive Fabrics Gallery, Lodres, por su ayuda alegre e incansable entusiasmo.

Los detalles de los contactos pueden encontrarse en el listado de proveedores e instituciones.

Cabecero infantil (página 114): Zimmer + Rohde UK Ltd (tela)

Cabecero romántico (página 117): Lee Jofa International Ltd (tela); Troynorth Ltd (cordón)

Biombo de cuatro paneles (página 122): Sandberg Tepeter AB (tela color pastel); Sheila Coombes de Brian Yates Interiors (Ltd) (tela beige dorada); Wemyss Houles (galón)

Taburete circular (página 126): JAB International Furnishings Ltd (tela)

Silla de asiento desmontable (página 130): Arthur Sanderson & Sons (tela)

Silla de metal (página 132): Christian Fischbacher de Chelsea of London Ltd (tela)

Silla de campaña (página 136): Malabar Ltd (tela); Fisco Fasteners Ltd (clavos: sólo disponibles para detallistas locales)

Taburete estilo Chippendale (página 139): GP & Baker Ltd (tela)

Silla georgiana de asiento desmontable (página 144): Warner Fabrics plc (tela)

Silla de comedor moderna (página 149): Lee Jofa International Ltd (tela); Fisco Fasteners Ltd (clavos sólo disponibles para detallistas locales)

Sofá con acerico (página 149): Brunschwig & fils (tela); British Trimmings (cordoncillo: sólo disponible de detallistas locales)

Arcón (página 154): Lee Jofa International Ltd (tela exterior); Brunschwig & Fils (tela interior); Henry Newbery & CO (codoncillo y cordón)

Butaca estilo Luis XVI (página 162): Baumann Fabrics Limited (tela); Turnell & Gigon Ltd (cordoncillo)

Butaca (página 168): The Isle Mill Ltd (tela de la silla); Zimmer + Rohde UK Ltd (tela del cojín)

Silla de comedor victoriana (página 174): L. Rubelli de HA Percheron Ltd (tela); Monkwell Ltd (galón); Fisco Fasteners Ltd (clavos: sólo disponibles para detallistas locales)

Taburete para piano (página 177): Monkwell Ltd (tela); Wemyss Houles (galón con borlas); VV Rouleaux (galón a rayas)

Silla con respaldo acolchado (página 182): Monkwell Ltd (tela); Wemyss Houles (cordoncillo)

Silla tallada de estilo Luis XV (página 188): Pongees (tela); Wemyss Houles (cordoncillo)

Silla auxilar (páginas 40 y 192): Baumann Fabrics Limited (tela); Abbot & Boyd (páginas 40, derecha y 192: pasamanería); VV **Roouleaux** (página 40): izquierda: cinta y cordón)

Silla prie-dieu (páginas 41 y 198): Thomas Dare (tela); Brunschwig & Fils (pasamanería)

Sofá moderno (página 202): Baumann Fabrics Limted (tela)

Chaise lounge (página 208): Fabrics Limited (tela); Anna Crutchley (pasamanería)

Silla con respaldo de muelles (página 222): Liberty de Osborne & Little (tela)

Sillón con orejeras (página 222): Nina Campbell de Osborne & Little (tela de la silla y los cojines)

Sillón con respaldo capitoné (página 230): Monkwell Ltd (tela)

Sillón de muestra con respaldo capitoné (página 89): Osborne & Little (tela); Henry Newbery & CO (cordón)

Escabel para apoyar los pies (página 36, izquierda): Sahco Hesslein (tela)

Escabel para apoyar los pies (página 36, derecha): Ross & CO Ltd (tela para tapizar): GP & J Bker Ltd (tela principal); VV Rouleaux (flecos y cinta)

Escabel para apoyar los pies (página 37, izquierda): Nobilis-Fontan (tela); Henry Newbery & CO (cordón)

Escabel para apoyar los pies (página 37, derecha): Thomas Dare (tela); VV Rouleaux (galón)

A los editores también les gustaría agradecer a las siguientes compañías (y otras que no están en la lista) por prestar los artículos que aparecen en las fotografías a lo largo del libro, como sigue:

Cojines: aparecen en las páginas 38-39: De Le Cuona Designs Ltd en The General Trading Company (+44 20 7730 0411), Evertrading Ltd (+44 20 8878 4050), Nono Desings Ltd (+44 161 929 9930), Osborne & Little (+44 20 8675 2255), Sussex House (+44 20 7371 5455), The Decorative Fabrics Gallery Ltd (+44 20 7589 4778)

Telas: aparecen en las páginas 75 y 77: Rolyston House (+61 2 9331 3033), DJís Upholstery (+61 2 9550 5946), Julie Garner Agencies (+61 2 9552 1121)

Otros accesorios: Pittards plc, para el cuero (+44 1935 474 321); Zoffany, para la pasamanería (+44 20 7495 2505); Brats, para la pintura (+44 20 7351 7674)

Herramientas presentadas en la página 27: Webber & Sons para el despuntador (+44 1483 202 963)

Agradecimientos del autor:

Agradezco a las siguientes personas su generosidad por ofrecerme su tiempo y experiencia, sin los cuales este libro no hubiera sido posible.

A mi marido John, quien me ayudó a reparar, pintar y encerar los armazones.

A mi hijo y socio comercial, Jonathan, por su paciencia y sentido del humor durante el desbarajuste de nuestro taller.

A Jim Cunnigham, por su colaboración en The Furnishing Workshop, quien contribuyó en los proyectos y nos ayudó a mantener a flote el exceso de trabajo.

A mi hijo Matthew, quien a pesar de sus propios comentarios en Gatestone Upholstery, nos brindó su tiempo e interés para ayudar en los proyectos y elaboró los escabeles de la sección «La elección de la decoración».

A Fred Garner, un buen amigo de la familia, que siempre nos ha ayudado cuando se le ha necesitado; su papel fue un nexo importante en este maravilloso equipo de maestros tapiceros, colaborando además en la terminación de los proyectos y el sillón de muestra a tiempo.

Gracias a mi nieta Tracey Croswell por el uso de sus manos, y por hacer de «perro guardián» durante las sesiones de fotos.

A Andrew Newton-Cox, un maravilloso fotógrafo y una persona muy práctica, que demostró un gran interés en el campo del tapizado.

A Deena Beverly por su contribución en el estilismo de las fotografías y en la elaboración de la sección de «La elección de la decoración» y la de «Características especiales».

A Carolyn Jenkins, por convertir mis bocetos en obras de arte.

A Marylouise Brammer y Carolinne Verity, las responsables de la inspiración del diseño y el formato del libro.

A Geraldine Christy y Justine Harding, editoras de mi manuscrito y ajustes.

A Karen Hemingway, la editora senior, quien me encargó escribir este libro, en plazo de tiempo imposible, y me motivó con su entusiasmo.

Gracias a todos. Ha sido un placer trabajar con vosotros.

Índice